如何把收入
轉化為財富

原來有錢人都這麼做 2——
經濟低迷時代學習有錢人致富的財務行為

The Next Millionaire Next Door
Enduring Strategies for Building Wealth

湯瑪斯・史丹利博士（Thomas J. Stanley, PhD.）
莎拉・史丹利・法洛博士（Sarah Stanley Fallaw, PhD.）
著

李自軒　戴榕儀
譯

遠流出版公司

目次

Contents

目次

Contents

前言

先父湯瑪斯．J．史丹利（Thomas J. Stanley）花了將近四十年研究美國的有錢人階級，發現了一條「靠著自己的力量，邁向財務自由以及經濟成功」的路，而且凡是踏上這條路的人，毋須倚靠遺產或是他人的鉅額金錢贈與。他在代表作《原來有錢人都這麼做》中，不但辨識出一些放諸四海皆準的致富原因，同時指出了許多致富的方法，包含：選對職業、正確的消費行為等。

儘管他在書裡指出不少有理有據的財務原則，而且許多一定會成功的致富之道也早已被清楚記載下來了，但還是有很多人在問：「那我怎麼還沒致富？」其實，實務早已證明，不論你是小企業業主、老師、律師或業務員，都必須採用一套自律的、有系統的財富累積方法。就像我父親在《原來有錢人都這麼做》中所寫的：「本書提及的有錢人都是靠著日積月累的努力，達成致富的目標，他們沒有和洋基隊簽下一只昂貴的合約，也沒有中樂透，或變成搖滾天團歌手米克．傑格。」[1]

這種細水長流的方法，也能應用到生命中的各種挑戰上，包含學習新技能、鍛鍊好身材、教養小孩、自行創業等。若想達成任何重大目標（包含財務自由），都需要長時間自律，瞭解自己的能力到哪裡，並且有效地分配資源。

不過，很多人想要過著一定水準的生活，還要展現地位，因此使得致富這條路更加難走。如果我們看到別人怎樣自己也想怎樣，別人開什麼車我們也要比照，別人穿什麼潮牌我們也要跟進……這種「被他人牽著走」的生活型態，除非擁有穩定的高收入來源，否則對大部分人來說是撐不久的。可惜，大多數人似乎只想照著現在的習慣走，要不就是堅持不肯改變，但另一方面又抱怨或陷入依賴、擔憂的狀態。

儘管有些評論者批評我父親的書，但他並非天真無知，他反而明白直言：想要白手起家，然後成為暴富，機率實在很低。不過他的研究一再說明，行為可以改變一個人的境況，而他本人就是個活生生的例子——他長期、嚴格地改變自己的行為，終於達到財務自由，脫離貧窮的過去。

《原來有錢人都這麼做》於一九九六出版後便成了經典，可是我父親從未想過要將它更新，部分原因是他想要創作全新的書籍，針對致富這個主題為讀者們提供不同的、新的見解。他的續作包含了《為什麼他們擁有億萬財富，而你卻沒有？》、《下個富翁就是你》以及《別再裝闊了》（暫譯）。

這本書的研究以及寫作始於二〇一二年，想要搭上二〇一六年《原來有錢人都這麼做》出版二十週年的時機，重新上市。最初的寫作目的在於檢視在時間推演下的一些新主題，並對比父親前作當中所蒐集的資料。

我們決定採用不同的方式來觀察「有錢人」這個族群，以求探討過去二十年來，這個族群發生了什麼樣的改變。我們的目標是重新檢視有錢人的重要行為特徵，以及如何在今日的社會中累積財富。我父親身為「富裕市場機構（Affluent Market Institute）」的創始人以及《原來有錢人都這麼做》的原作者，他在本書裡反映的是嬰兒潮世代的觀點以及他的行銷專業知識；而我身為 X 世代的一員，以及一位受過專業訓練的工業心理學家，則從旁協助。

我父親不幸在二〇一五年遭酒駕的駕駛人撞擊身亡，那時我們才剛寄出新書的第一批研究邀請。這件事大大改變了你手上這本書的風貌。父親過世後，我繼續彙整他的筆記以及我們最新的研究結果，我將這些筆記、部落格內容以及他的點子融入各章節，並附上了針對新資料的詮釋，還有我在過去幾年所蒐集的新資料，這項苦功花了我三年的時間來完成。就算我有父親的筆記以及文稿，我還是無法取代他對於新資料及新事件的獨特觀點。也因此，我得戰戰兢兢地寫出我的詮釋。

儘管父親不在了，還是有許多原因讓我覺得這本書必須付梓。基於相同的原因，消費者科學、財務規劃、行為財務以及社會心理學的研究也都必須持續下去，因為這些研究的目的就是要幫助人們在財務上成功。總之，我們必須持續研究「人們如何靠自己累積財富」這個主題，這樣才能檢視那些關於財富的迷思、傳言以及幻想故事。我們必須透過嚴謹的科學方式，來區分「聽起來不錯」與「真正有效」的理財方式。

社會上依然充斥著許多財富迷思。媒體、政府以及一般人心中，對於收入與財富的概念還是很模糊。人們常常帶著懷疑看待那些白手起家的人，彷彿要致富的唯一途徑只有「開外掛」似的（亦即要繼承先人的大筆遺產、要中樂透、要搞詐騙）。社群媒體上隨處可見到紙醉金迷、炫麗奪目的照片，更混淆了我們對於財務自由的認知。

今天有很多人缺乏準備，甚至缺乏管理自己財務的能力。據統計，近一半的美國人面臨四百美元以上的費用時，就得借貸或賣掉動產或不動產才能支應。[2]許多人也在擔憂自己的財務狀況，美國心理學會（American Psychological Association）發現，將近百分之六十四的美國人覺得金錢是生活中「有點大」或「非常大」的壓力來源。[3]雖然這與整體經濟情況的消長有關，但**普遍來說金錢是一般人最大的壓力來源**，更甚於工作、健康問題以及家庭問題。

最後，很重要的是，有些人批評，《原來有錢人都這麼做》當中的成功故事都是因為一九九〇年代中期網路經濟帶動股市繁榮才促成的；還有人說我們的研究結果僅說明了倖存者偏差（survivorship bias），亦即我們的資料只看成功致富的人，卻沒有檢視無法致富的人是否也有與成功者一樣的特徵。但這些批評者卻刻意忽略了父親書中「超優理財族」與「超遜理財族」之間的鮮明對比（而且通常有極顯著的差異）：超優理財族能有效將他們的收入轉換為財富，而超遜理財族儘管擁有相同等級的收入，卻沒什麼錢。其次，我們確實有將《原來有錢人都這麼做》當中所檢驗的行為與習慣，應用到大眾市場以及高收入族群上（亦即那些尚未致富的人），而從這群「非富人群體」所獲得的資料，一致顯示「加速累積財富」與以下的這些因素呈現正相關：**謹慎的理財決策、不受到社會消費壓力的影響、專注於目標**。[4]

這本書不只包含了我父親過世前後對於資料的描述與解釋，也包含了他自己所寫的篇章，例如他在部落格上所寫的文章，他生前也說過要把這些內容收錄在本書中。書中許多資料是於二〇一五到二〇一六年之間蒐集的，但我也加入了其他於二〇一二到二〇一八年間所做的研究結果，以及我的資料研究公司「數據點（DataPoints）」在不同的時間所蒐集的數據和研究。

在敘事觀點上，我決定全書使用代名詞「我們」。某些地方則會突顯我父親的個人研究，包含筆記、部落格、章節大意以及數據評論。我覺得這些對本書而言相當重要，而且讀者也應該要知道這些是父親自己寫的。在其他案例中，我也加入了一些自己的觀點，並指出我的觀點源於我自己的經驗與研究。

我父親在二〇一五年過世，不但讓他所愛的家庭感到悵然若失，也在讀者的生活中留下了遺憾。這些讀者都拜讀過父親的著作與部落格，他們在父親過世後，透過他的網站以及其他管道告訴我們，他們都在追求財務自由的路上獲得過父親的協助與鼓勵。

有了這些感人的背景，我決定要用這本書將父親的研究和努力延續下去。他剛過世才幾天，媒體上就有人說「鄰家富人」的概念已不復存在，但我們的數據卻證明了剛好相反的事實。我希望本書能告訴大家：鄰家富人還是存在的，過得很好；只要認真努力，人人都能達到財務自由。

莎拉・史丹利・法洛，於喬治亞州亞特蘭大，二〇一八年六月

第1章

原來，隔壁還是住著一個有錢人

要相信自己辦得到。你相信自己能完成一件事情，且是真心相信自己做得到，那麼你的心自然就能找到方法去達成。心有解方，自能水到渠成。

——大衛．舒茲，《大膽思考的力量》

湯瑪斯．J．史丹利博士職涯中大部分的時間，都在檢視一般人如何靠自己的力量達成財務的成功。為什麼有些人比較能夠把「收入」轉換成「財富」？要回答這個問題，他研究了企業主、經理人、教師、工程師，以及收入在平均或平均之上的各種人，他用畢生的研究來回答這個問題並出版了許多著作，已銷售超過五百萬本。

為何這本書有如此大的影響力？也許是因為它顯示了致富可透過我們本身的行為來達成，出身豪門或種族等因素都不是累積財富的先決條件；今天仍有可能不必依靠大筆遺產或樂透彩券，就建立財富（相較之下，媒體常見聳動的突然暴富標題）。只要這個社會依舊自由，就有人能夠創造財富。他們不是因為運氣、膚色或父母的成就，而是因為他們自己設定了目標，為了實現目標採取行動，並在過程中心無旁騖，不受旁人的冷嘲熱諷所影響。

《原來有錢人都這麼做》在二十年前所提出的論述，至今依然經得起考驗。「別把賺來的錢花光」這句話也可以用數學方程式來表達，且這個方程式永遠有效，不論政治局勢、經濟環境和潮流如何變化。數學總是有用的，但無論是一九九〇年代至二十一世紀初的擴大消費心態，還是今天蓬勃的社交媒體，在在讓人難以專心累積財富，也使我們不再儲蓄，花得比存得還多。醫療保健和教育成本的增加，也迫使我們以不同角度思考我們的生活方式：難道，我們父母和祖父母遵循的傳統生活或職業道路，用在今日已經無助於打造財富了嗎？

有些評論家認為「鄰家富人」的概念已死，還說我父親在《原來有錢人都這麼做》中提到的成功故事，是一九九〇年代網路帶動的股票促成的。也有人說書中的分析受到「倖存者偏差」所影響（也就是我們只分析「贏家」，卻忽略了「輸家」可能有與贏家一樣的特徵）。幸好，對於那些尋求財務自由的人來說，我們的研究數據顯示：這二十年來，有助於累積財富的行為、習慣和生活方式並沒有改變，而且這些與當下的經濟榮枯、社會情況或科技發展無關。還有，即使在不太有錢的人當中，也存在著「比較能夠把收入轉化為財富的人」及「無法把收入轉化為財富的人」，而且這兩種人的行為、習慣和生活方式，有著顯著的差異。

誰是有錢人

我們可以用科學方法尋找出有錢人，但他們在整體人口中屬於少數，因此對調查研究工作而言，很難找到大量的有錢人。透過住址與郵遞區號可以取得海量資料，讓研究人員在事先推定的高收入、高資產社區進行取樣（雖然這些社區的居民並非全部都是有錢人）。不過，傳統的調查研究法不一定有用，因為有錢人通常不會消費太多，也不一定住在富裕的社區。儘管在群眾外包（crowdsourcing）和財務自由的部落格中常見到有錢人發言，但他們通常不會告訴人自己發財的秘訣。畢竟，他們一開始會發財，原因就是他們「不讓自己看起來很有錢」。

在今天，仍然有人靠著自己的力量和自己的方法致富。本書及先前著作中記載的許多富人都寫信給我們，分享了他們的故事。雖然這些人不太喜歡向世界宣傳他們的成功，但他們也確實樂於把經驗分享給（通常以匿名方式）有興趣仿效他們行為而致富的人。我們在研究群眾外包的範例時，也遇到了一些應被歸類為「正在努力成為有錢人」的人，他們雖然還沒致富，但已經走上這條路了。

若想找出那些善於將「收入」轉化為「財富」的人，光是觀察他們的消費行為或工作職稱，這樣還不夠。我父親在一九九六年研究採訪的有錢人，通常從事一些大家認為乏味或平凡的行業，例如會計、回收金屬廢料等。在今日，如同一九九六年，工程師、律師等專業人士往往具有能力、性格和習慣，可以讓他們巧妙地將自己的收入轉化為財富。不過，並不是「所有的」中小企業主（不管他們是不是做金屬廢料回收的）都能將收入轉化為財富。也不是「每一個」開老車、戴便宜手錶、生長在普通人家的人，都能夠擁有必要的知識、技巧、能力和職能，來讓他們獨力累積財富。這些只是特徵，但不一定有因果關係。我們要預測一個人的財富時，應該考慮更廣泛的行為和經驗模式，而不是只看他單一的財務決策或生活方式。

有一群人，正在追求財務自由

自《原來有錢人都這麼做》首度推出以來，已經出現了一個新的社群，他們致力於調整自己的生活型態和努力焦點，好讓自己提早退休（或離開受薪工作）——而且是難以想像的早。三十幾歲的人可以存夠錢退休嗎？這個蓬勃的網路社群通常被稱為「FI／RE」（財務自由／提前退休）。二〇一一年，一位筆名為「錢鬍子先生」（Money Moustache）的部落客開始記錄他的儲蓄習慣、消費習慣、投資方式以及他對消費者行為的理念（而且他的語言很生猛，例如我最喜歡的一篇叫〈你目前的中產階級生活真的是揮霍到爆炸了〉）。[1]雖然他不是第一個在網路上談論節儉和簡樸生活的人，但卻是最早被大量點閱和引用的人之一。錢鬍子先生在三十歲那年辭去了工作，總資產約為九十萬美元。他的著作和其他類似的文章催生了一場文化運動。

如今，在搖滾星財經（Rockstar Finance，FI/RE社群的一種名錄）當中，可以找到一千七百多個相關部落格的排名。[2]涉及的主題大多大同小異：專心省錢，盡快過你想要的生活。社群中的許多部落客都說，《原來有錢人都這麼做》這本書影響他們很大。這些部落客的案例和故事，或許比本書涵蓋的內容更豐富；他們的工作從超高年薪的醫生、律師到其他專業人士都有。有的部落客已經存了數百萬元，但仍未放棄他們的事業；同時有些淨資產不到一百萬美元的人卻已經退休了。不過他們都鼓吹：要專注、要有紀律地去規劃自己的生活方式，使你不再被公司或組織的薪水所束縛，反而可以自己決定想做什麼。這些人並不是六、七十歲的人，而是二、三、四十幾歲的人。

你不妨花三十分鐘時間仔細研究一下這些部落客，瞭解他們，留意他們所描述的生活方式以及他們的執行細節。或許你不喜歡他們採行的生活方式，但很難否定的是，他們採行的生活方式是有效的！很明顯，「鄰家富人」在這個特殊的社群中相當常見。

致富第一步：尊重金錢

艾莉森出身偏鄉，她母親酗酒，父親一邊努力維持生計一邊照顧妻子。艾莉森最後靠著祖父母的指導，她才學會了掌控自己的財務生活。我採訪她時，她從「尊重金錢」這個獨特的角度分享：「你不理財，財不理你。若有人說他不在乎錢，那此人只是在找藉口，不去理財。」

艾莉森現年五十四歲，擁有自己的房子，兩個孩子正在讀大學。她開心地訂婚、結婚又在同一個地方生活了二十年。她說，幼年時的經歷以及在這些經歷中磨練出來的行為，是讓她能夠累積財富的動力：

我是家裡孩子最大的，所以必須幫忙解決（母親的）問題。十三歲的我，當然有我想要的東西，但絕不想要討人憐憫……我去送報紙，即使是攝氏零下十幾度的天氣，我也去送。我天生就是行動派，天生勤勞，能夠解決問題。我常和祖父母在一起，祖父一生辛苦，累積出一筆財富，而我的表兄弟姊妹們竟然有人認為他們有權繼承這些財富，這點讓我祖父非常失望。這種心態，現在在臉書上面屢見不鮮——許多人過著不可思議的炫富生活，但事實不是這樣的……父親和祖父母常提醒我要留下百分之十的錢來儲蓄。後來大學時，我每小時才賺六點五美元，我也是保留百分之十存起來。朋友都笑我：「幹嘛不等到你有正職的時候再存？」不過，這是習慣，我養成了這種習慣，從未間斷。這不是犧牲，只是一種習慣。我也藉著「存錢致富」來向祖父母致敬。我對自己致富的過程感到很滿足：達成目標，接著找尋另一個目標繼續努力。我一直都知道自己會致富，我為此工作，努力工作，一天工作十四個小時也沒問題，這些犧牲都是值得的。我三十五歲那年首度存下一百萬美元，現在我五十四歲，淨資產為兩百萬美元。我的朋友永遠不會知道我有這麼多錢，因為我表現得相當「一般」。金錢本身很好，但我更關心金錢能做什麼，而不是累積了多少錢。

至於為何有這麼多人無法累積出財富，艾莉森認為原因是：

- 他們比來比去，藉由外在的社交線索來決定什麼東西重要、如何與他人競爭。她說：「有時候，父母的鬥爭心特別強。」
- 「人們需要面對自己所處的現實。」換句話說，能認識並評價自己的財務狀況，才能決定下一步該怎麼走。
- 他們認為微小的決定不會產生結果。艾莉森在冰點以下的酷寒環境工作賺錢時，體會到微小的決定能夠散發出多大的力量。

艾莉森早年的經歷，讓她在致富之路上走得更遠。許多時候她大可放棄或是走簡單的捷徑，但她受到祖父母的影響很大，學會了尊重金錢，又有長遠的眼光，現在她擁有很大的自由：

你要勇敢面對現實，不要害怕，但一定要知道自己資產負債表所呈現的事實是什麼。這個特性，讓我面對離婚而無所畏懼，我知道我有選擇權。有些女人因為不瞭解金錢或著因為害怕，只好勉強維持關係。但是，我知道我有選擇權。我工作是因為我想工作，而我現在透過投資，而非工作，賺進更多的錢，其他人卻毫無頭緒。我喜歡這樣。

艾莉森願意分享她的故事，用意不在出名，也不是為了在ＩＧ貼文，而是為了向其他人證明：無論此刻你的情況如何，過去不管發生什麼事，都不會影響你的致富成功，重點在於你今天和明天的行為。

還債的原則

戴夫．拉姆齊（Dave Ramsey）在個人理財領域的成就和影響力，眾人皆知。根據拉姆齊集團的網站，每周有一千三百萬人收聽他的全國聯播電台節目，迄今已有超過四百五十萬人上過他的「財務平安大學」（Financial Peace University）十二週的課程。

有些號稱理財專家的人會批評他的某些言論，我們暫且先撇開具體的財務討論，將重點放在他理財方法中的行為層面以及其結果。拉姆齊先生教導人們先清償金額最低的債務，這樣能產生激勵作用，繼續償債，最後把更大筆的債也還清了（例如學貸和房貸），並使家庭有能力儲蓄和投資。而在他的粉絲當中，似乎大家一致認為，同儕壓力最能對個人理財習慣產生影響。此外，培訓課程（通常是數周的小組會議）、相關知識、書籍和技術都大大強化了積極的理財行為。

賈氏人家的致富之路

賈布森這一家人從來沒上過頭條新聞，沒中過樂透，也沒有創辦科技公司然後被亞馬遜或谷歌收購。他們的財富來自穩定、簡單的生活方式，以及數十年來有益於致富的行為。他們的房子有一千九百平方英尺（約五十三坪），根本無法與頂級富人的豪宅相提並論。但他們遵循了典型的「鄰家富人」生活方式，在積累出可觀的財富之後，依然採用一定的消費行為，確保他們的財富持續擴大。我父親在二〇一〇年《原來有錢人都這麼做》的新版序言中，引用了賈布森夫人寫給他的信：[3]

我嫁給了對的人，過著簡單的生活，相守了二十二年，生下三個孩子，養了三條狗、兩匹馬。從一九七五年來我們一直住在同一個地方，大約五十多坪，大小剛好。我有化學工程碩士學位，我丈夫則是化學工程博士，現在是一家化學公司的副總裁。

我的高中成績都拿A，舊制SAT拿了一千一百多分，是家裡第一個上大學的。我出生在阿肯色州的偏僻地區。大學畢業後，我和丈夫都找到很好的工作，我們只用一個人的收入來過生活，另一個人的收入全部存起來。只要有加薪，我們就存更多。我現在是個家庭主婦。

我們已經致富了，但我們還有三個孩子要上大學，所以我們不覺得自己有錢。有時候孩子們會問：我們家是不是很窮，因為我只讓他們點一塊美元的餐點！

值得一提的是，美國住宅面積平均一戶約為兩千四百平方英尺（約六十七坪），比賈布森家大了約十五坪。即使他們家比較小，但他們的淨資產卻位居全美國前百分之十。統計數字顯示，房屋越大，屋主的財富就越少。全國人口當中，大約有百分之九十二的人資產少於一百萬美元（約三千萬台幣），但卻有很多人的住家面積超過了五十三坪。

據估計，未來三十年內，退休儲蓄的不足額，將達到四百兆美元！[4] 但賈布森這家人不必擔心這個。由於現在人的壽命更長，可是退休金的選擇卻更少，因此確保經濟獨立和有錢退休這樣的重擔，就可能落在每個人的肩上了。

富人的行為，一定適合我嗎？

有些人無法想像艾莉森早年的打工經歷，而賈布森家的生活方式並不適合每一個人。有些人不想吃著便宜的餐點，有些人出於各種原因想要更大的房子。沒人喜歡「三十五歲退休但必須過著節儉的生活」，所以並不是每個人都可以或想要這種生活。

但今日很多人的消費是基於「自己日後收入會增加」的預想，加上為了跟上流行而買了很多東西如汽車等，無窮無盡，使得人們無法在致富之路上成功，更不要說能夠成為「鄰家富翁」了。有這種消費行為的人，很容易成為行銷人員的目標，因此他們更無法專注去達成財務自由。許多有關財務的評論，在背後有其特定目的，因此很少會提到這種消費競賽，可是我們已經屢次看到了，行為能帶來財富。

想想看，你知道有多少人：

- 只要沒了收入，就無法繼續住在目前的房子；
- 住在一個明顯炫富的社區；
- 家人或朋友們都不想對他們未來的財務狀況負責；
- 幾乎沒有為了退休或其他事項（如學費）存錢；
- 時常擔心自己的消費生活模式會改變。

有這種現象的人，很難跳脫眼前的現實，所以他們沒辦法創業，也無法成功度過財務難關。

或許你不想過著本書描述的、富人身上常見的節儉生活方式。如果是這樣的話，那你最好是有一筆很高的收入來支撐你的高額消費，幫住你未來平安度日。

「收入」不是「財富」

今日我們擁有極大的自由，可以去選擇自己想要的生活方式，選擇我們累積財富、積存財富的方法。無論怎麼選，在過程中一定會面臨一個最大的考慮：如何為我們的家庭創造收入。可是，收入和財富不同。今天你帶回家的是收入，明天、後天、大後天擁有的則是財富。

財富不是收入，收入也不等於財富。財富是你積累的結果，淨資產是資產負債表上的數字：你的資產減去你的負債。收入是你在一段時間內的所得，例如在年度所得稅申報表上申報的數字。一段期間內的收入肯定會影響你的淨資產（資產負債表），但不會決定你真正的財富有多少。試想，一個人在一年內賺到了一百萬美元的工資，但在同一年花掉了一百二十萬美元，這個事實對他的財務（資產負債表）產生的影響，將是負二十萬美元。

媒體經常以收入，而非淨資產，來描述人的財富，這樣會造成誤會，讓人以為只要領到高薪必然等於擁有財富。「收入高」和「淨資產值高」的人之間有個相似之處，就是他們是透過自己的努力，而具有高度的經濟生產力。

在美國，隨著時間，個人的財富還一直增加。二〇一七年的時候，美國大約有一千一百五十萬戶的人家淨資產超過一百萬美元，[5]約佔全美國家戶數的百分之九。[6]相較之下，一九九六年間僅有三百五十萬戶的淨資產超過一百萬美元，佔當時全美家戶數的百分之三點五。一九九六年的時候，美國的個人財富總值為二十二兆美元，但這筆財富有將近一半集中在百分之三點五的家庭中。財富分配不均的狀況在今日也頗為相似：二〇一六年間個人財富總值為八十四點九兆美元，而前百分之十的家庭握有這筆錢的百分之七十六。[7]

定義上來看，美國非常富裕，但大多數人卻沒什麼錢。當你聽到美國平均一戶家庭的**平均**淨資產為六十九萬二千一百美元時，可別誤會了。[8]這並不意味著一般人就算失業了，也能靠著他的財富再活大概五個甚至六個月。「平均」的數字確實很有問題，誤導性極強。由於有些家庭的淨資產值超級高（例如華倫．巴菲特或是比爾．蓋茲），讓整體的平均值變得相當扭曲。

用**中位數**來衡量家庭的淨資產，較能精確呈現一般家庭的財富狀況。中位數的概念就是，若將全美國超過一億二千四百萬個家庭以淨資產的大小從低排到高，排序在正中央的那幾個就是中位數。本書談錢的時候，都是採用中位數的概念（例外狀況則會特別註明）。舉例來看，二〇一三年的美國家庭收入中位數為五萬九千零三十九美元，而當年平均數則是八萬三千一百四十三美元。[9]而二〇一六年美國人淨資產的中位數估計為九萬七千三百美元，[10]遠低於平均數六十九萬二千一百美元——個人淨資產的中位數，竟然還不夠支付老年人護理之家一年的費用。[11]換句話說，能夠付錢住進老人護理之家的人還不到一半，即使他們把手上的東西全賣了。

大多數的家庭距離財務自由還差很遠，更沒辦法舒服地退休。我們對於財務自由的定義是：老闆不付你薪水或是沒有其他收入的情況下，你可以活一段時間。後面還有更糟的：假如把「房地產的價值」從淨資產中位數當中扣除的話，那這個中位數就會降至兩萬五千一百一十六美元，大約等於現在一般美國家庭年收入中位數的一半。想想，這些人無法自食其力，那麼誰又能照顧他們呢？別指望政府。未來你只能仰賴自己或是親人。生存，有如慈善工作，必須從自己家中做起。

我們來看看，如果用「淨資產」當作財富指標的話，會出現什麼情況。我們常從人們口中或是媒體上聽到：「一百萬元？已經沒什麼了啦。」這句話雖然代表「一百萬美元」的價值比二十年前低（今日大約要一百五十萬美元，才等於一九九六年的一百萬美元），[13]不過這個數字還是比美國淨資產的中位數高出十倍。

今日許多家庭遠遠稱不上「富有」，這點就和一九九六年一樣。在今日，用一百萬美元的財富退休，或許更難支撐高度消費的生活。如果你已經習慣花很多錢的話，那麼你現在一定要有極高的經常性收入。可是勞務收入不能保證永遠會有，所以那些想達到財務自由的人，靠的是儲蓄，以及藉由投入資本所產生的被動收入。

有錢人的樣貌

所以，今天的富人到底是誰呢？我們想知道，過去這一段時間以來，富人的生活習慣、行為、態度與財富累積等等是否有什麼改變。這個世界上是否存在著某些不受時空影響的關鍵行為，能幫助我們累積財富呢？今日這群富人的淨資產中位數為三千五百萬美金（依照最新的調查），而他們又到底具有什麼樣貌呢？以下是這些有錢人的側寫：

- 大多數為六十一歲的已婚（百分之六十八）或再婚（百分之二十五）男性（百分之八十七）。其中有超過百分之八十的人相信，自己的伴侶是他們經濟成就當中很重要的因素。

圖：現有資料顯示的淨資產平均數與淨資產中位數相比[12]

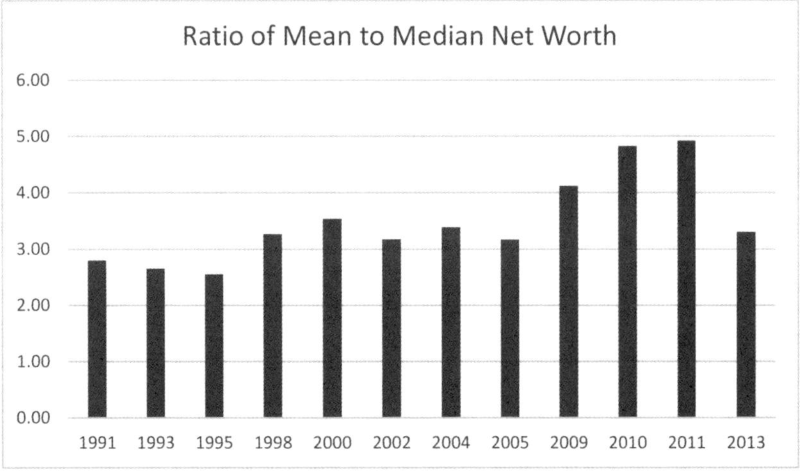

• 過去一年的收入中位數為二十五萬美元，淨資產中位數則是三百五十萬美元。和一般的人相比，他們的收入多了五倍，而他們的淨資產則是平均的三十六倍。
• 教育，扮演著舉足輕重的角度。他們有百分之九十三的人至少擁有一個大學學位，將近百分之六十的人則有碩士學位，超過一半以上的人畢業於公立學校。
• 百分之二十的人已經退休，而另外百分之八十尚未退休。他們大都是企業業主、律師、工程師、領導者、經理、醫師和諮詢顧問，每週工作達四十五小時。
• 他們靠著自己的收入維生，超過百分之八十六的人在過去幾年內並沒有以信託基金或是遺產作為收入來源，也只有百分之十的人接受了來自親戚的現金、有價證券、房地產或汽車贈與。
• 百分之九十的人對生活感到滿意，而有將近百分之八十的人說自己維持著一貫的好身材。平均而言他們每天晚上睡七點六五個小時。
• 他們過得很節儉，也都注意自己的開支。百分之七十的人知道自己每年在食衣住行上花了多少錢，而百分之五十九的人從小到大都過得很節儉。超過百分之六十的人認為節儉是成功很重要的一個因素。
• 他們買過最貴的一條牛仔褲是五十美元，最貴的太陽眼鏡為一百五十美元，手錶的話則是三百美元。
• 他們也不會刻意去逛促銷活動。百分之七十七的人在過去五年內，從未趁著感恩節過後的大減價期間去逛街。

●那麼，名車呢？他們都開 Toyota、Honda 或福特。車齡至少三年。平均來說，他們最進購入的車款價格為三萬五千美元。他們買過最貴的車是多少錢呢？四萬美元。

●百分之七十的人表示自己的父母也很節儉。他們大多數人（百分之八十六點三）的父母在他們十八歲之前還維持婚姻狀態。他們的父母都鼓勵他們努力成功（近百分之七十五的人如此表示）。但他們只有百分之四十二的人相信「父母的關愛對我的成功很重要」。不到三分之一的人表示，自己的父母在成長過程中過得比別人要好。

●他們對投資很有把握，百分之七十的人表示自己比一般人更懂投資，僅三分之一表示自己非常依賴投資顧問，超過百分之七十的人在投資公司設有至少一個帳戶。

●他們在過程中也犯過錯誤，超過百分之六十的人曾經將手中的超級績優股賣掉，百分之七十三表示曾經太晚出售手中的垃圾股票，百分之四十說曾經想要抓準進場或退場的時機。

●在投資這件事上，他們早就開始體驗「承擔風險」這件事了。有一半以上的人指出，他們剛入社會的時候，採取了高度風險或風險很大的投資策略；到現在，百分之五十六的人認為自己目前的投資策略很穩當。

●他們需要投資方面的專業建議時，並沒有為此支付大筆諮詢費用：百分之五十六的人表示，過去一年間總收入約有百分之一是用在諮詢費用上，百分之三十三的人所付的還不到收入的百分之一。

• 他們會把財富傳給後世嗎？會。大約有三分之二的人說，他們會贈與財富給子女或孫輩。約百分之三十四的人會把自己收入的百分之一贈與親戚，百分之二十三的人會把收入的百分之五贈給親戚。

以上的「富人側寫」只是個起點。研究富人真正的價值在於瞭解他們在成就財務自由的過程當中到底做了什麼事，亦即研究「造就他們成功的行為模式」。其次，瞭解過去幾年間各地的富人和我們分享的案例也很重要，他們告訴了我們關於態度、生活習慣和行為等方面的細節。

你的預期資產淨值是多少

本書大部分資料來自於我們於二〇一五到二〇一六年間所做的富人調查（參閱附錄A），調查中比較了不同時期的富人們在行為上和習性上的差異。我們也利用了富裕市場以及數據點這兩家公司在不同時期所收集的資料，許多資訊都以圖表的方式呈現。

本書大部分的篇幅中，都將「富人」定義為：家戶淨資產值達一百萬美元或更多。另外有些時候，為了幫助讀者瞭解富人的經濟成就，我們採用了《原來有錢人都這麼做》當中的預期淨資產公式：年齡乘以收入，再除以十，即能求得預期淨資產。

預期淨資產＝年齡×收入×0.1

這樣的目的是要用實例與數學的方式來證明：一個人或一個特定族群，有多大的能力可以將收入轉換為財富。

前面說過，有人批評我們的研究及結論受到「倖存者偏差」的影響：我們研究的人，都是那些已經在淨資產、收入或是職涯上「成功」的人；還有，我們描述的那些白手起家者的行為，說不定在「不成功的人」身上也可以看得見。針對這項質疑，我們提出兩點反駁：

首先，除了呈現與富人相關的數據（如平均數、百分位數）之外，我們的先導研究也檢視了我們稱之為「超優理財族」（prodigious accumulators of wealth, PAW）以及「超遜理財族」（under accumulators of wealth, UAW）這兩個族群之間不同的習性、行為和態度。在我們目前的研究中，為了檢視這兩個族群之間可能不同的行為與態度，我們還依照他們實際淨資產以及預期淨資產的差額，將他們分為四個組別。這個差額就是我們衡量財務自由的方式：排在最後四分之一的那組即為超遜理財族，亦即在他們這個年齡層和收入等級當中，他們的實際淨資產低於預期。排在最前的四分之一即為超優理財族，亦即在他們這個年齡層和收入等級當中，他們的實際淨資產高於預期。這是根據標準規範來區分的，換句話說，這些人是以年齡、收入和淨資產為依據的特定樣本。也唯有如此，我們才能採用一致的標準來看待「成功」這件事，並且比較「很成功」和「不太成功」這兩組人。

其次，我們證明了財務行為模式是很有力的預測指標，能用來預測某人的淨資產有多少（不管此人的年紀多大、收入多少）。也就是說，有些關鍵行為和你有多少淨資產是相關的，無論你幾歲、是否剛入社會、收入多少。過去幾年，我加入了父親的研究領域，我從「研究特定職業的人有多成功」，轉變為「探討一個人在打造財富的路上能有多成功」。我採用了以前是用來預測管理階層和員工工作表現的科學方法，然後發現，我們可以用同樣一套的習慣、行為和態度，把「善於將收入轉化為財富的人」和「不太有錢的人」（這些人當中，大部分都還沒有成就財務自由）區別出來。換句話說，這一套有助累積淨資產的習慣、行為和態度，可以適用在不同財富階級的人當中（包含那些不富裕的人）。我們同時知道，很多高淨資產的家戶所進行的財務操作，在富裕大眾階級的家戶也在操作，[14]因為這些財務事項是相似的，所需要的能力也差不多。本書第五章將指出，不管你屬於哪一族群，行為模式都與財富累積有關。

某個角度來看，過去二十年的研究可以稱之為工作分析（job analysis），[15]也是如何累積財富的科學檢驗。「工作分析」常用在人力資源的領域，指的是分析某個在職務上、工作領域中表現優秀的人有哪些特質、做了哪些關鍵事項，然後把這些特質進一步檢測，看能否準確有效的預測未來的人是否能在同樣職務或工作領域中成功。透過這個方法，雇主就能在眾多申請者當中擇優錄取，挑出最能勝任職務和工作者。

至於要衡量「管理財務」這項工作做得好不好，指標則是「實際淨資產與預期淨資產之間的差異」。當老闆招募新員工時，過去的行為和經驗都是用來預測未來績效的最佳指標。對於那些想要打造財富的人而言（對那些有家室的人來說，這應該是最重要的工作之一了），「管理財務」這份工作包含了具體的項目，[16]以及必須執行的明確行為，而這些都能預測一個人的財務管理績效。[17]

當然，淨資產會受到收入與年齡的影響：有較高的收入，自然更有可能累積財富；年紀越大，累積財富的時間也越久。若能繼承大筆遺產，當然更好。儘管有以上的因素，但行為與經驗還是最重要的——不管我們研究的是哪裡的富人（本書中記載的案例也好，或是大眾市場或社會上一般的富人階層），得出的結果都一樣。打造財富時，行為與經驗的模式很重要，而我們只要用這一套同樣的行為模式（包含消費紀律、儲蓄紀律、財務管理行為）就可以篩檢出誰是超遜理財族，誰是超優理財族，不管他們的年齡、收入或是繼承財富多寡。

所以，結論是什麼？各式各樣的財務成功榜樣，乃是具體明確、放諸四海皆準的，不會隨著選舉、科技與文化規範而改變，也不會因為經濟的榮枯而更替；只要具備相同的技巧和能力，就可以靠自己達成財務自由，不受時間所影響。你的地位、年齡和收入等級都不是重點，你都可以找到一條財務自由的致富之路。

我們可以選擇自己的生活方式，也可以選擇是否要追求財務自由。我們可以低調追求我們自己的財務自由，也可以跟著潮流走，然後成為商人或業務員的大肥羊。

財務自由的意思是，再也不要受到債務、老闆及薪資的束縛。那麼，財務自由可以帶來什麼好處呢？你能擁有真正的自由，自由自在地採用你覺得適當的方法解決問題。你可以做志工，可以享受和家人共度的時光；你可以做一份薪水不高但能獲得更多滿足的工作，你也可以創造自己的經濟機會。此外，你可以在三十五歲或四十歲的時候就離開狹小的辦公室，拋下固定的死薪水，正如許多財務自由／提前退休的人在他們的故事中所說的一樣。

但是，財務自由，正如我們在民主社會所體驗到的自由一樣，是有代價的：你必須努力工作，高度自律，才能達到這個境界。可惜的是，並非每個人都願意付出。

致富的機會

儘管有許多幸運兒中樂透發了財，或是變成吸睛名人，也有很多戰後嬰兒潮世代把財富傳承給下一代，但普遍來說現代人的致富主因，絕不是繼承遺產。我們也常聽見虛擲家產的故事。白手起家的第一代創造出財富之後，富二代要達到同樣的經濟成就，機率其實還挺低的。

我們的研究顯示，想達到財務自由，就必須換一種方式來思考生活和金錢，正如那些提倡財務自由／提前退休的人所立下的榜樣。這需要自律與勤奮工作，還要清楚自己的強項和弱項、認清環境及市場，也要很有技巧地分配資源如財務、情緒、知識、時間等。

對許多人來說，這意味著在建立財富的路途上必須節儉，不要被潮流牽著走，也不要裝闊。這也意味著好好管理眼前的高額收入，換取未來的財務自由。也就是說，不要買那種需要高薪才負擔得起的房子，乃是要採行「儲蓄、投資都比一般人高」的生活方式。對其他人來說，這意味著把情緒的、知識的資源投注在工作內，追求未來的財務獨立與自由。這些都需要勇氣與毅力。

令人難過的是，只有百分之二十八的人覺得自己已經為退休做好了「萬全的準備」，[18]而且只有百分之五十四的人手頭上擁有四百美元的餘錢，可以應付突如其來的開支。[19]因此，前面提到的艾莉森或是賈布森家族的經歷，就顯得格外罕見了。雖然市面上有很多自我成長書籍，網路上也有各式個人理財部落格，還

表 1-1：富人的信託基金、遺產和繼承佔收入百分比（一九九六年與二〇一六年）

年分	0%	1%–5%	10%–30%	50%	75%或更多
1996	80%	7.8%	9.7%	1.2%	0.9%
2016	86%	6.5%	5.9%	0.7%	0.7%

有很多所謂的理財專家（其實他們只想推銷產品），但一般社會大眾的財務狀況還是很不好。或許，要求大家長時間過著簡單的生活，慢慢累積財富，這樣沒什麼好說嘴的，而且要做到也太難了。無論如何，「支出」才是最主要的問題，特別是對那些收入高於平均的人來說，更是如此。

通往財富之路

儘管一般人的情況看來不佳，但這個世界上還是有許多方法，可以讓我們致富。但在美國有那些選擇呢？我們先看看一份研究，這是我們最近針對富庶區域所進行的研究。先前討論過，單純從地理區域來辨識出「鄰家富人」，效果很不好，因為富庶地區裡面找不到靠著兼差而有很高收入的人，況且有些富人是一直住在剛出社會時購買的房子裡面。雖然以淨資產值很高或超級高的富庶地區為樣本，可以看出取得經濟成就的一些方法，但事情的真相是：

想要達成財務自由，不是只有一條路可走。

假如只能靠一條路通往財務自由，那麼環繞著個人理財部落格、理財書籍及出版物、財經知識 podcasts 以及各種財務規劃所形成的一個社群，就不可能存在了。這個社群的基本意見就是，財富是可以創造的，而不必透過繼承或贈與。這也是本書最主要的基礎。況且這個社群現在依舊蓬勃發展，誕生了許多意見領袖、評述家及各式討論會議。

致富的方法很多，但本書及《原來有錢人都這麼做》也只能詳細描述其中幾個，包含節制的消費行為、專心存錢、勤奮的財務管理。事實上，要達到財務自由，靠的是每個人自身的努力，可是其中也有些共通的道理。在我們所做超過一萬六千個個案、訪談和調查中，都可見到一些共通的道理。本書中我們將強調這些共通道理，同時也指出，自《原來有錢人都這麼做》出版二十年以來，累積財富、達成財務自由的成功因子與行為，至今依舊適用。

本書將探討某些關於消費、預算、職業選擇、投資與財務管理的決策與行為，將如何影響財富累積。我們會把焦點放在科技、媒體與消費主義的變化上。舉例來說，我們很想知道：過去二十年來科技賦予了人們自由，可是到今天對於那些想要管理自己的財富、想要創業以及自我學習財經知識的人來說，相同的科技卻使得人們分心，無法達成財務目標。我們也想瞭解，教育與健保費用越來越高，這點對於天性簡樸的人來說會造成什麼影響。我們還想知道，金融服務業高度關注的投資行為偏誤，會影響績優投資族嗎？難道，他們也會犯下相同的錯誤嗎？

收入高於平均的人

在本書中，典型的「鄰家富人」所從事的職業有點無趣，他們的收入高於平均，可是行為節儉又不受潮流趨勢以及社會風氣影響。或許並不是每個人都適合這樣，但這個策略保守而穩健，重點是採行了簡單又不招搖的生活方法。百之七十的有錢人（不管他們的職業與收入水準有多高）表示，他們向來就很簡樸。

收入很高的人

這個組別指的是那些收入很高，但淨資產值很低的人，一般來說包含大公司的領導階層以及專業人士如投資管理人、醫生、牙醫師等等。如果周圍的人過度消費，這個組別的人通常就會受到誘惑，跟著身邊的人買豪宅、名車以及其他昂貴的消費產品。如果你想利用自己的高收入來累積財富，那麼你在消費方面就需要極度自律；若想要讓子女在經濟上也能自給自足，這個組別的家長就一定要教導孩子節儉，且身教言教都要力行。

小企業業主

假若有創意、勇氣和決心，又擁有看準市場機會的眼光，那麼小企業業主就能累積出遠比受薪階級更高的淨資產。對小企業業主來說，他的收入來源就是他所建立的企業，而這些收入又能投注在其他投資上。但是，創業並不自動等於高收入、大筆財富。想想，光是二〇一五年，就有超過兩千五百萬個自行創業、獨資的企業主，他們的平均年度淨收益僅有一萬三千一百五十四點二一美元！[20]

兼差、零工（彈性工作）以及財務自由／提前退休

將近三分之一的上班族在自己的工作之外，另行兼差。這意味著在他們的正職之外，他們有其他的收入來源。「開發多重收入來源」是鄰家富人最顯著的行為之一。和以前相比，今天要找到多重的收入來源更加容易了，只要利用垂手可得的科技，分秒間就能開創多重事業。成功的兼差者擁有足夠的經驗與管道，能接觸到客戶，辨識出客戶的需求，並且測試自己的技術是否有市場。

表 1-2：富人組別樣本的職業與生活風格

選項	平均年齡	年收入中位數	淨資產實際值與期望值之平均差距	職稱範例
緩慢而穩定累積財富	57.4	$250,000	$1,360,000	IT 主任、工程師、主任、經理、教授
高收入者	58.2	$400,000	$1,160,000	律師、醫師、副總裁、私人產權公司領導人、投資經理
小企業業主 / 企業家	59.8	$400,000	$2,510,000	會計、工程、IT、不動產

附註：每個組別的淨資產中位數為三百五十萬美元。實際淨資產高出預期淨資產越多，越有可能成為超優理財族。

很多兼差者、零工（彈性工作）者是我們所稱的「隱形富人」，換句話說，我們無法透過傳統的抽樣方式在富庶社區裡面找到這些人。但在我們的調查中，卻發現了一些正在崛起的鄰家富人，他們用群眾外包的方式來增加收入。[21]他們的本職是開發者、行政人員、老師、教授、律師、行銷專員、零售業員工、護士……橫跨了各種職業類型、興趣和收入階層。對這群人而言，經濟成就與財務自由的重要性遠高過自己花錢消費。

優良的致富範例

達成經濟成就的人，在心中都有一個指引，如北極星般引導他們，還有一份長時間累積財富的計畫。他們所做的決定都有利於達成他們的財富目標，不會選擇看似簡單的捷徑。我們隨時都可以開始追求財務自由，不過越早越好，正如同肯恩的例子一樣。

十多年前，我父親第一次訪談他，並將他的案例收錄在《原來有錢人都這麼做》中。肯恩的父親在經濟上很成功，但肯恩和家人在他父親死前都不知道父親的財務成就。肯恩既不知道家裡有錢，也未曾從家裡得到經濟資助，於是走上了自己的理財之路。肯恩的經驗其實是優良的典範，他在生活與財富方面做出了艱難但智慧的抉擇。在你思索如何達到經濟成就的過程中，不妨看看他的故事。

家裡傳承的價值

雖然他父親是一位高收入的外科醫生，但肯恩成長的環境卻相當簡樸，家裡一方面強調子女要有出息，另一方面也禁止高消費，但父親也鼓勵肯恩打高爾夫球和慢跑以維持身材。肯恩的父親過世時，留給了他母親超過一千萬美元的遺產。那麼，肯恩父親是如何成功累積出大筆財富呢？肯恩說：

> 我父親相當節儉，直到我們收到關於他遺產的資產負債表，才知道他很有錢，我們都很意外。以前他大約每隔八年就買一輛新的別克轎車，因為舊車開到那時候大概連輪子都快掉了。而我追隨父親的身教，從儲蓄和投資當中獲得了極大的滿足感。有其父必有其子。我過得很節儉，而我太太比我更省。我的車都是用低價向小型的租賃公司買的，因為有時候承租人付不出錢，租賃公司就會把車收回轉賣。我最近花了兩萬兩千美元買了輛車齡一年半的車，原價是三萬五千美元。這家租賃公司有四輛這種車，於是我就打了黃頁上的電話給這家租賃公司。

肯恩快六十歲了，他累積的財富也快要超越他父親了。他父親常告訴他：「我不會記住他人所擁有的財富，而會記住他人所創出的成就。你一定要在你的領域中成為最好的人才。不要追逐金錢。如果你是你的領域當中最棒的，金錢就會不請自來。」（在第三章裡，我們將會討論影響我們累積財富的因素，包含人生早年的經驗。）

地點，地點，地點

肯恩和她太太一開始住在曼哈頓一個不錯的區域，走路就能抵達上班地點。但這對夫妻展開了兩人未來三十年（沒錯，三十年期）的財務計畫時，很快就發現若繼續住在紐約這個世界上最昂貴的城市之一，恐怕存不了錢。於是肯恩便向公司提出調職到南方，獲得老闆首肯後，兩夫婦在喬治亞州的亞特蘭大郊區以三十萬美元買了一棟房子。過去三十年來，他們一直住在這裡，而類似的房子在紐約郊區可要一百萬美元。（在第三和第四章中，我們會討論財富累積過程當中的房子因素和其他消費因素。）

運用優勢與早期工作經驗

肯恩在公立大學取得MBA學位，在校時就運用他與別人共事的技巧，展開人脈網絡的建構。他對運動轉播相當有興趣，於是他找了一位老師資助他一項有關運動轉播的田野調查計畫。這個計畫讓他在研究所畢業後，於運動電視轉播行業找了一份工作，起薪十萬美元，他負責美國四大地區的其中一個，而其他三個地區的負責人都出身長春藤菁英學校。為什麼肯恩能獲得這個層級的工作？因為他有經驗，這份經驗來自就讀ＭＢＡ時從事的田野調查。（在第五章裡，我們會談談富人成功的因素，並強調同樣的因素如何與他們工作中的其他方面產生連結。接著在第六章我們會探討人生早期職涯經驗。）

分配資源

肯恩和他太太買過幾輛全新的休旅車，各自開了八年和十年。我們也將在第四章中討論消費、節儉這兩件事，也就是白手起家、經濟有成的人們永恆不變的特點。在第七章中我們將討論富人如何分配資源，包含投資。

肯恩不認同「若要成功，必須接受昂貴的教育」這個觀點。他念的學校和大學都是公立的，而他的孩子們也一樣。不過，肯恩夫婦刻意選擇了一個社區居住，因為當地有全州評價最高的公立學校。若要在肯恩所住的社區讀私立學校，一到十二年級共十二年的學費落在十一萬到二十六萬四千美元之間。試想，為了付出這筆學費，那收入需要多高？我們調查的富人當中，有百分之七十二表示在買房時會選擇有優質公立學校的社區。這點並不意外。透過這個方法，肯恩和太太省下超過三十萬美元，而且省下的開銷可以拿來投資，在往後幾十年增值，光是這項決定就讓肯恩和他的家人獲得了一筆小財富。稍後，我們將在第二和第五章中討論更多關於財富的迷思，以及圍繞著教育的迷思。

《原來有錢人都這麼做》最受歡迎的章節

許多有錢人常常和我父親分享他們的經驗，以及他們對《原來有錢人都這麼做》等書的意見。父親常問這些有錢人，最喜歡《原來有錢人都這麼做》裡的哪些篇章版。我父親說：

我喜歡詢問讀過《原來有錢人都這麼做》的有錢人，問他們最喜歡書中的哪一章。或許有點驚訝，但他們最喜歡的不是第二章〈真正有錢人的致富之道：節儉、節儉，再節儉〉。這章的喜愛排名第三，內容詳細描述了富人的節儉生活，以及他們花在服飾、鞋、錶和車的費用並不高。這一章比較像是檢視富人的生活，驗證了他們的為人。不過，這一章卻是他們最常要求子女閱讀的一章！

喜愛排名度第二的是第五章〈富二代的金錢觀念：送錢給子女〉。通常在富人達到財務自由的門檻後，會有新的問題產生。一般的鄰家富人養育有三子，並有大約六到八位孫子孫女，所以富人與後代子孫在財務方面的互動，就可能帶來家庭不和或者擔憂。當然，富人的子女們不是每一個都不成材，只不過比起那些未接受贈與者，接受上一代經濟援助的人，他們的淨資產值（財富）較低。在十種統計的職業類別中，有八種出現了這種現象。這些職業包含會計師、律師、行銷專家、企業家、高級管理人、工程師、醫師和中階經理。當然，這項數據並不代表啃老族，因為高收入家長的子女當中，每四人就有一位（二十五到三十四歲之間）與父母同住。

最受歡迎的章節，是第六章〈注意，不要養出啃老族〉。這章的副標題是「富人的成年子女能夠達成金錢上的自給自足」，望文生義就知道這章在講什麼。然而家長們卻常常將他們的財富分給子女，分法也引發了成年子女之間的摩擦。分到父母最多財產的那些子女在經濟上來看也是最沒有生產力的一群。

父母的財富用不公平的方法分配給下一代，後果顯而易見，造成子女之間強者更強、弱者更弱的狀況。有位富人曾經說：「子女們若靠著克服難關來累積財富，才有機會面對逆境。不勞而獲的子女，獲得了太好的保護，這樣對他們其實很不利，而且讓他們無法免於恐懼、擔憂和依賴。」

以上的結果呢？**肯恩在五十五歲那年退休，身價超過千萬美元**。

什麼條件的人，才能自主達成財務自由？

那些收入只有平均水準或略超過平均水準的人，在今日要如何追求財務自由？假設叫你用簡單的言詞解釋「人可以透過長時間的努力，累積出一筆可觀財富」，而你也真心相信這件事，那你會如何說明呢？你可能會說：只要量入為出，將錢存起來或拿去投資錢滾錢。話說得容易，但做起來可難了。最難的是，外部不斷有壓力叫我們不要實施這個簡單的理財方法。

所以，本書融合了最新的研究成果，並以跨越四十年的數據為基礎，說明白手起家的人有哪些習性、特徵和行為，同時檢視這些模式是否在這幾十年當中有所改變。我們得出的結果是，儘管網路盛行，房產又泡沫化了，但上述這些模式依然維持不變。就算總統一直換，我們達成財務自由的行為模式依舊沒有改變。前面提到的賈布森家族吃飯都很省，以及肯恩擬定了三十年期財務計畫，這些因素都決定了一個人能否將收入轉化為財富。

外在環境的變化，會影響財富累積嗎？

自《原來有錢人都這麼做》於一九九六年出版以來，整體大環境發生了不少改變。最大的改變無疑是個人科技的擴散，這些進步讓我們有了社群媒體，我們也得以輕易與無數的家庭成員或是朋友建立、維持關係。以正面來看，社群媒體提供我們在網路上和他人連結的機會；但負面來說，這也讓行銷人員在網路上持續對我們疲勞轟炸，告訴我們說我們「必須」要買這個買那個，又告訴我們有關朋友、親人的消費經驗：他們的購物、派對、活動、娛樂、昂貴的教育。即使你在一定程度上能避開社群媒體上的廣告，你可能也會發現你難以免於朋友和家庭的影響，因為百分之七十的美國人都在使用社群媒體（這項數據可能還低估了）。[22]資訊不斷湧入，告知我們其他人在做什麼事、開什麼車、買了什麼東西……這些都讓「自律」這件事變得更加重要，我們才不會輕易受到別人影響。

另一個改變是，個人理財工具在一九九〇年代還尚未成熟，時至今日卻是人人都能運用。這使得聘請財務顧問的成本大幅降低，也改變了投資的本質，這對一般人及富人都一樣。我們會在第七章中討論更多關於投資的事。

最後一個變化是，一九九〇年代的經濟繁榮讓許多評論者以及學院派的人認為，當時比今日有更多的機會可以靠自己致富。一般來說，生活成本自一九九六年開始增加，但健保和教育是增加最多的項目。特別是高等教育，漲幅已超過了通膨，導致近日許多人開始質疑，接受四年、五年甚至六年的高等教育，還有何價值可言。[23]難道這些成本的增加意味著，以前那些白手起家的人所做出的行為與習慣，對今日大部分想要發財的人來說，已經不能再援用了？我們當然不能說，這些增加的成本完全沒有影響到今日我們「靠著自己的力量致富」的能力。可是我們的研究卻讓我們看見，一九八〇、九〇年代靠自己的力量致富、成為鄰家富人的人，他們當年擁有的特質足以面對今日的轉變。這些特質就是簡樸、自律、創意思考。今天，有動機、有意願想要靠著自己力量致富的人，依舊能夠秉持這些特質達到目標。

財務紀律

在我們研究富人的過程中，有個共通的主題倒是引起兩極的爭論：紀律。我們的富人樣本將「紀律」評為最重要的成功因素。在公元兩千年的時候，百分之九十五的富人說，紀律對於成功來說最重要。而到了二〇一六年，依舊有百分之九十一的富人認為自律是成功最重要的因素。

將收入轉換為財富的過程中，尤其需要紀律。紀律包含：（1）瞭解自己能賺多少，（2）瞭解自己能花多少，（3）確實編列預算或消費計畫以確保收支為正值。這個簡單的數學問題只需要用到加法和減法，而「紀律」才是讓這道算術成立的原因。

你存得越多，可能就有更多可以投資的機會。此時我們就可以加入另一道數學等式：複利。這裡同樣需要紀律。但如果你頻繁交易，而且一直在尋找「對」的時機進場或退場，要不然就是去買一些很罕見的金融商品，那麼複利就無法為你施展魔法——除非你是那極少數能夠長期打敗市場的投資人。

至於那些累積不到財富而且還在找藉口的人，則不太喜歡紀律這件事，特別是那群收入高消費也高的人。這些人可能住在昂貴的區域，背了一屁股學貸，因為他們覺得他們必須上那麼貴的學校。

「紀律」這件事阻撓了很多人，因為它要我們下定決心，要我們不要什麼都買。遵守紀律通常需要逆勢而行，包含外部的社會潮流以及你從小受到的教導或是你心中長期的認知（你認為你此刻、現在就應該享受到某些東西）。

紀律與認知

參與我們最新研究的富人，和我們之前研究的富人非常相似，都瞭解自己的財務是否健康。雖然他們的收入和淨資產都比一般人高很多，但他們對於財務生活中的細節還是相當敏銳。在我們最新的研究中，百分之七十的富人知道他們在食衣住行等方面花了多少錢。儘管資產淨值相當高，超過百分之六十五的富人還是持續依照預算經營家庭。他們的活動都是有利於建立財富與維持財富，例如他們會研究投資，閱讀交易雜誌，而且認真工作。

大多數經濟有成的人對於自己的能力、技術都有認知，也知道如何將這些轉化到自己的職業、工作以及事業中。他們都有前瞻的能力，能夠洞察周圍環境、市場與社會上的趨勢，尋找他們產品與服務的未來需求（及正在成長的需求）。一般來說，這種認知是靠著父母的引導、早期職涯經驗與不斷嘗試不斷修正等等，才能培養出來。

做決定需要知識，這樣才能配合你自身的優勢、利益、家庭目標以及你的周圍環境——包含了你的社區、社交圈、工作市場或產業。

分配資源

不管是財務目標還是其他目標，最重要的是採用一種專注、有效率的方式來分配時間、精力與金錢。就如我父親在其他著作中討論到的，經濟有成的人士或是正在努力累積財富的人，都有能力有效分配資源，心無旁騖地去達成目標。

超優理財族會比超遜理財族花更多的時間規劃投資，今日的鄰家富人還是會將時間花在對建立財富或是身心健康有益的活動上。（就像我們將在第五章討論的，富人打電動的時間只有一般人的一半，而運動和閱讀享樂的時間卻是一般人的兩倍。）**財務自由只屬於那些願意分配時間、金錢、精力和知識等資源，致力去達成財務目標的人。**

逆勢而行

假設，你在大眾媒體、社群媒體上所讀到關於累積財富的以下事情，全部都是真的：現在已經沒人能夠靠著自己的力量致富了，因為健保、教育等相關成本飛漲，而且雇主無力提撥養老金與退休基金給員工，加上廠商擁有越來越多的方法能左右你的消費者行為。假設你現在已經相信了：只有最頂端的那一趴或是十趴（或是任何比例）的人，能夠繼續生存下去。

然後假設，你突然決定要逆勢而行，想靠著自己的力量，去做些大家都說根本不可能的事情。我希望你抱著一點點希望看看下面幾章。這個世界許多人都認為靠自己做任何事都是不可能的，只有靠著政府幫助、靠著救濟，要不就是走狗屎運。如果你想要靠著自己的話，你需要做什麼呢？你需要自我反省，以及更重要的，你需要激烈改變一些與財務相關的行為與態度，包含：

- 你必須看透並消除許多關於財富的迷思，例如什麼是財富以及如何累積財富。你必須停止仇富，而且還要想想如何才能利用自己獨特的背景與才能來獲致成功。
- 你必須要看看今日你身邊的人，以及成長過程中周遭的人是如何面對財務問題的。你要明白：你真的不必承擔父母或監護人所犯下的過錯。或許更重要的是，你需要瞭解四周的人對你的財務行為帶來了多大的影響，並做出明確的決定：不要讓這些影響持續發生在你身上。
- 你得想想你的消費行為。從大額的消費看起，包含你的房、你的車，以及小額的日常消費。你住的地方或買房的地點都會對你的財務決策有重大的影響。你必須決定，車子、房子等消費決策是否有助於你的總體財務目標，還是說，你買這種車這種房，其實只是有樣學樣，因為你看見那些超級富豪或炫富的人都在這樣做。

- 你的自我反省當中，必須要包含一份自我評量表，評估你在一切有關財務的事情上具有哪些優勢，哪些劣勢。想想，你要如何運用你的優勢來幫助你創造財富，達成財務自由呢？你也必須要在評量表中添加一份與財務事項相關的自我改進目標：你要更專注、對於財務決策更自信、更節儉。
- 你得靠自己來賺錢，也因此必須反思工作對你而言意義何在？要在哪裡上班？上什麼班？要是一週工作超過四十個工時，你得做多久才能賺到一定程度的收入？抑或你是否能承受自行創業的風險來賺取收入。或許，你可以設定提早退休的條件，然後在你的工作上用力存錢。接著，一輩子三十多年朝九晚五的工作，就留給別人去做吧。
- 最後，一定要將收入拿去投資，而且你要想清楚再決定如何投資，如何獲得財務諮詢。你也得意識到，自己該如何使用精神資源，包含精力和時間，它們都是消耗性的資源，雖能提升我們財務自由的機會，但也可能使我們受制於賺了花、花了賺的惡性循環。

第2章
破除七大迷思，踏上財務自由路

假作富足的，卻一無所有；裝作窮乏的，卻廣有財物。

——《聖經》〈箴言〉第十三章第七節

儘管美國政府、社會環境以及經濟市場發生重大變化，如果要給年輕人建議，過去二十年的經驗一言以蔽之就是：若要長時間累積並擁有財富，管理財務時就必須要比身邊其他人更自律，包含消費、儲蓄、生財和投資。要做到這點，就要靠自身的行動，而非僅止於信念、態度和性格。雖然後三者會影響你的行為，但長久下來，你累積並擁有財富的能力，還是會被你的所作所為（而非你腦中的念頭）所影響。

而在一九八四年到二〇一六年間，健保成本不斷增長，學費也增長了百分之一百五十三。[1]對於那些富人而言，這又意味著什麼？這代表當今以及未來世代若要靠著自己、用自己的方式打造財富，就得要因應這些費用的變化而改變自己的心態。他們要改變做事的方法，就連上哪間大學（或是否要上大學）及自己的職涯都要好好規劃。畢竟成本、政府政策或金融市場都是我們不能控制的，但我們可以控制自己的支出，控制自己的投資，也可以控制自己要追尋什麼樣的機會，同時控制我們財務生活的其他問題。

這些都是基本、真實的原則，無可反駁。可是許多人還是對財富抱持著不正確的迷思，也因此降低了「以負責任的方式靠自己打造財富」的可能。

要打破的迷思一：我也和大家一樣

如果你相信，自己和身邊具有相似統計特徵的其他人，具有同樣的成功機會，那你就等於忽視了你自己的驅動力和你倚靠自己致富的獨特特質。過去的社會確實會基於膚色、性別等因素而阻礙特定族群致富。就算是今日，我們還是會依照族群（例如出生年代）來劃分別人，

例如有人喜歡嘲笑千禧世代的人習慣手持拿鐵咖啡和酪梨吐司，有人喜歡說嬰兒潮時期出生的那群人快要過時了。這些針對特定族群的刻板印象雖然在行銷、政府政策上相當好用，也可能很有用，但若要拿來討論打造財富的條件，就不是很有幫助了。

如果我們抱持著上述的想法，結果是什麼？結果是給了我們一個藉口，只要自己沒有進步，或是自己的為人處世有問題，就用「出身」當藉口。「我看妳像個X世代的女性、又是白人、育有三子、已婚，還住在這個社區裡，那我想妳應該就是這類人當中的一個吧。」

一位聰明的教授曾提醒她心理系的研究生：「族群內部的差異，比族群之間的差異還要大。」換句話說，一個族群內部各成員的心理、行為之差異，比兩個不同人口統計類別的族群之間的差異更大（例如，興趣、個性和能力上的差異）。相反地，就如第五章即將討論的，能大大影響我們長期累積財富能力的，是我們的行為，而非膚色或是出生的時間。

種族性與驅動力？

《原來有錢人都這麼做》研究的一個面向，就是祖先的出身，或是你父母以及祖父母來自何方。多年前我加入父親的研究時，開始注意到人格特質與行為（這些能隨時間改變）。雖然將「出身」寫在調查結果裡面，是件挺有趣也挺容易的事，但對我們改變、成長和成功來說幫助不大。

「移民到美國」這種經驗一定會影響第一代美國人自食其力建立財富的能力，因為「移民到美國」的初衷就是為了讓家人過上更好的生活。那股想到達美國的慾望和動力，或許能說明那批移民為何能成功。至於種族本身，並非成功的原因。

看看下面這位移民到美國之後致富的人。儘管在新環境一定會遭遇許多挑戰，但他的行為和選擇使他在經濟上獲得成功：

我是第一代移民，七歲時移民美國。我們家一般來說並不富裕，雖然也不至於匱乏。我讀的

要做什麼才能有錢？

打造財富的條件到底是什麼？在今日，我們還有機會累積出財富嗎？我父親於二〇一四年針對經濟成就寫了如下的一些話，簡潔地描述了財務自由的條件：

新聞媒體上常說今天要致富的機會很少。但其實今日在這個社會裡，要致富的機會比以前還要來得多，但若要善用這些機會，就要領會經濟成功等式中的八項關鍵要素。

1. 要體會到，努力工作、誠實與專注是經濟成功的關鍵要素，它們現在會持續回報你，未來也同樣如此。
2. 不要讓普通的學業成績，阻礙你致富。
3. 勇敢接受某些財務風險，並學著克服失敗。
4. 選擇你所愛的事業，這份事業不只是獨特，而且有利可圖。
5. 慎選伴侶。那些經濟有成的夫妻，都有著與成功相呼應的特質。
6. 以省錢的方式經營家務。許多富人傾向維修、整修，而非購入新的物品。

7. 購置房產時會遵循富人採用的原則，積極地研究、搜尋和談判。

8. 過著收支平衡的生活。許多富人都「不太會喝酒」，畢竟享受家人與朋友的陪伴未必要花上大把銀子。

高中沒有資優班，大約有一半的新生沒辦法畢業。幸運的是，我知道教育的價值，也順利進入加州大學就讀。

我決定學習電腦科學，部分原因在於這門學科前途看好。一九九六年，我在校外的第一份工作年薪為三萬八千美金，當時整體經濟環境相當好，我的薪資也一直增加；住房也相對便宜，我以百分之十的自備款在舊金山買的公寓總價為十九萬兩千美金。到了公元兩千年，紐約有家大型投資銀行有個不錯的工作機會，於是我到紐約工作了十二年，薪水相當優渥，但也不至於領到手抽筋（主修電腦平均來說薪資大約二十萬美金）。

我謹慎投資，於去年決定退休，移居奧勒岡州。我現在靠著收租月入三千美金，每個月另有三千到四千美金的股息，我的個人退休帳戶還替我每個月多賺了一千五百美金的股利。其實我在四十一歲那年就已經可以不用再工作了。

附註：我現在沒車，而我買過最貴的車為兩千兩百美金。我不曾擁有過名錶，也不曾買超過兩百美金的鞋。

所以我們很難想像：個人背景對個人的職業道德與消費習慣沒有任何重大影響，最後也沒有影響到他的經濟成就。

要打破的迷思二：收入等於財富

我們在第一章已經強調過這件事，但這裡還是要請大家留意，收入和財富的概念時常被混淆。那些「收入增加就增加消費」的人就是以為收入和財富是相等的。若相信這種迷思的話，還會造成一種錯覺，就是那些看起來很有錢的人（開豪車或是穿著好幾百元美金牛仔褲的鄰居）真的很有錢。但事實上這只代表著他們在這些物件上的消費，比真正的有錢人還要多。

我父親曾寫道：「除了許多家長、學生和老師外，許多作家、記者和政治家也都需要返校充電，因為他們還是分不清收入和財富。」事實上，就算是稅務基金會（Tax Foundation）也是從所得申報的角度來談論「富人」，而非他們財產的淨值。[3]

我們使用「財富」這個詞時，指的是一個家庭的淨值，例如這個家戶的所有資產減去所有負債。我們對於家庭收入的定義相當簡單：個人所得稅申報表上所報或是該報的（已實現）收入。弄混「財富」和「收入」的話，會導致我們對於許多經濟與社會議題產生錯誤的結論，另外還會產生一個實際的影響，就是當我們想要達成財務自由的時候，對許多該關注的數字或標準卻產生了扭曲。

移民美國？這只是第一步

只是移民到美國，這樣還不足以致富。因為並不是每一個移民（以及每一個生在美國的人）都明白「此刻享有的自由，讓我們有機會努力工作、創業，過著理想的生活方式」這個道理。我們的街道並不是用金子鋪出來的，正如我父親幾年前在這篇文章中提醒我們的一樣：

「妳喜歡住在美國嗎？」一聽到這個問題，娜塔莎一口氣連講了三十分鐘。她在美國並不快樂。她和先生於二〇〇四年從俄羅斯移民到美國，她是美髮師，開了一家美髮院，店內美髮椅都是用租的。她先生是木工，替人安裝、修繕硬木地板。兩人當時都認為現在應該已經發財了，但他們其實還差得遠。這對夫妻顯然只是看了新聞標題形容的美國有錢人總資產達六十五兆美元，以及富比世四百榜上那些億萬富翁的消息。以往俄羅斯的媒體也大肆渲染那些日進斗金的職業運動員、資深企業經理人及大學校長。

娜塔莎說不定也忘不了聯準會的報告：報告估計美國平均一個家庭的淨資產

約為五十七萬五千美元。就算在他們移居美國之前，美國家戶平均淨資產也已達四十萬美元。她和丈夫相信，只要落腳美國，就能賺錢快速改善生活。但她沒注意到藏在後面的細節：美國平均一個家庭的淨資產中位數其實低於八萬五千美元，約為平均數五十七萬五千美元的百分之十五。而收入中位數距離一百萬美元也相去甚遠，僅有五萬兩千美元，僅比她和丈夫賺得多一點點。年收入才五萬，想當富人並不容易。[2]

娜塔莎對於自己房屋的市場價值也感到灰心。他們在房產泡沫化之前以小額頭期款買下現在的房子，以為市場價格很快就會回升，但現在房子的現值只值當年售價的百分之七十。事實上，就算是景氣好時，房子真正的淨升值也比大部分人估計的還要低。

這對夫妻所犯的錯誤是，他們以為只要在美國，不用工作、不需自律和犧牲，也能致富。對所有移民而言，這也是一種迷思。

一個富人的收入，只佔他整體財富的百分之八點二

許多年前，三十六歲的布利特和他太太擁有的房子價值一落千丈，卻還有巨額房貸要還，使得他們不但資產淨值是負的，而且光是卡債就欠了超過六萬美元。但今天這對夫妻的淨值卻是正的，約兩萬美元。布利特說，還債很難，要做出很大的犧牲，不過他們對於這樣的成就感到自豪。儘管如此，布利特說他還是很沮喪：「很難過啊，就算是我倆努力打拼，我還是不知道要怎樣才能變有錢。」

那些不相信自己會致富的人，一般來說都會使得「我不會有錢啦」這句話應驗成真。布利特曾經一度是「帳面上有錢人」排行榜上的富豪，我父親向他解釋，他本來享有絕佳機會能成為「鄰家富人」型態的富豪，而當時典型的「鄰家富豪」平均年齡為五十七歲。這對夫婦為了還清巨額債務而展現出的意志與紀律其實可以證明，假如他們使用相同的決心，就能在他們的收入中至少再擠出百分之十五來儲蓄和投資。

那麼，你覺得典型的「鄰家富人」應該有哪些特色？

1. 若套用第一章的「預期淨資產淨值」公式，鄰家富人的實際淨資產超過所期望的兩倍或著更多。
2. 房子的市場價值不到他淨資產的百分之二十。

3. 負債等於或少於他淨資產的百分之五。

4. 年所得稅等於淨資產的百分之二。

5. 年度已實現收入總額約為淨資產的百分之八點二（中位數），或是每一百美元淨資產當中就有八塊二美元的收入。

八塊二美元這個數字，是我父親研究中得到的，而且和其他人的研究所得出的數字相當一致。例如，三位受雇於財政部的學者透過二〇〇七年去世者在世時的個人收入，及他們向聯邦政府申報的三萬六千三百五十二份財產，來比較富人的特性。這些已婚的富人皆年屆七十（就和我父親在《原來有錢人都這麼做》這本書裡所調查的大多數富人們一樣），且他們每一百美元的淨資產只有約八點四五美元是收入。這個數字，也還落在我父親調查出的八點二美元數據之誤差範圍內（百分之三）。[4]

收入和淨值當然是互相關聯的，但並不相等。在衡量整體財務狀況的時候，不要弄混淆收入和淨值。

要打破的迷思三：只要看一個人的穿著、消費和車，就知道他有多少錢

每個人對於「富有」都有看法，而且這種看法很大程度上是受到媒體及政治派系的論述，但媒體和政治派系都有各自的目的。我父親一生的研究中，都很想要破除對財富的迷思，他想告訴大家要如何創造財富，以及富人用錢做什麼。他常用自己的研究與相關案例來闡明這些迷思。我們用國家公園警察瑞奇先生來舉例，他是我父親於二〇一〇年間在亞特蘭大附近的國家公園裡遇見的。瑞奇先生恰好示範了一個人對於財富的可怕迷思，以及一個人若對於金錢擁有錯誤的看法（對有錢人、窮人擁有錯誤的看法），將會如何影響他的滿足感，以及影響他是否會努力追求經濟獨立。

我們散步走出停車場時，注意到了這位國家公園警察，他正在翻開他的罰單簿準備開單。我太太對我說：「你有把你的停車券放在車窗上嗎？」沒有，我忘了。於是我對這位警察說：「我還是把停車券放到車窗上好了，免得被你開單。」他笑了笑，指向停車場問我開的是什麼車。我回答：「豐田 4Runner」。

接著他說的話令我們大吃一驚。他說：「我大概不會想給這些豐田開單吧。開豐田、福

特、雪佛蘭車款的車主，大多數都會支付三塊美金來停車。通常不付錢的都是那些開著賓士、ＢＭＷ、捷豹的人，這些是最糟的。開著荒原路華的人也常常想停霸王車。我做這行很久了，我知道辛勤工作的人會繳錢給國家，有錢人根本不繳稅，他們都白停車。」

我沒有調查過有錢人的停車習慣，所以無法斷言國家公園警察瑞奇先生的假設是否正確，他覺得開名車的有錢人更有可能不付停車費。有意思的是，瑞奇斷言，那些開名車的人是「有錢人」。但就像我父親在《別再裝闊了》這本書中所說的，開名車的有百分之八十六不是有錢人。所以，開名車的許多駕駛很可能沒有錢付停車費，在餐廳也沒錢給服務生小費。

你想開好車，還是想致富

瑞奇先生開罰單時，秉持著「有錢的先罰」這個原則。他開單時就專找那些名車，因為他認為，有錢人都不繳稅，也不付停車費。而瑞奇相信有錢人都開名車，但正如我父親的部落格以及《別再裝闊了》這本書中所說的：「受訪的百萬美元等級富人最近一次購買的車輛，價錢的中位數僅有三萬一千三百六十七美元。而千萬美元等級富人一般來說買車的費用為四萬一千九百九十七美元。許多富人開的其實是所謂的普通車。」在我們的研究中，百萬美元等級富人為他們最近購車所支付的中位數價格，則為三萬五千美元。

但瑞奇先生就和許多人一樣，用收入來定義有錢人，而非淨值。當然，有許多人藉由名車來展現他們的社經成就，所以一般人可能都覺得收入高的人都開著名車，開普通車款的人收入就不那麼高。但實際數據顯示，開的車有多名貴，和駕駛者有多少收入，兩者並未呈現正相關。事實上，許多開著名車的人，不論是收入或是資產淨值，都與他們的經濟成就不相符。

富比世網站（Forbes.com）作者喬安・穆勒（Joann Muller）寫過一篇題為「有錢人究竟開什麼車」的文章，[5]文中她以收入來界定有錢人，而非資產淨值：「最有錢的人，最有可能買名牌：家中收入超過二十五萬美元的人，有百分之三十九的可能性，而低於十萬美元的僅有百分之八的可能性。」

她的分析指出，家庭收入較高者更有可能會買名車。但只因為某人開著名車，不一定意味著他的收入較高，或是有較高的淨資產。

我父親於二〇一二年曾指出：「我估計有兩千五百萬個家庭，或是大約百分之二點二的家庭，每年的實現收入達二十五萬美元或更多。我們採用喬安小姐的估計，有百分之三十九的有錢人會買名牌，那我們就可以推估這些人數大約有九十七萬五千人。可是，這批人的數量卻遠遠少於開著名車但年收入不到十萬美元的人。僅僅是年收入落在五萬到十萬美元之間的，就有大約有三千萬個家庭。換算一下，三千萬的百分之八是兩百四十萬，換句話說有兩百四十萬個家庭會買名車卻又不屬於富有的一群。這些人的數量是有著高收入還開著名車的人的二點五倍。」[6]

還是說，其實就是因為這些假富人以及追名求利者，才讓名車車商生存呢？

不論是目前的研究，或是二〇〇七年針對一千五百九十四戶高收入／高資產淨值家庭的調查，我們都發現，比起資產淨值，「年度家庭實現收入」是用來衡量購車價格更好的指標。在二〇〇七年的研究中，我們也得到結論，最近購車花費不到三萬二美元的人，在年收入達二十萬美元或更多的受訪者當中，佔了百分之四十八點五；年收入達五十萬美元或更多的受訪者當中有百分之三十五點九；而年收入落在二十萬到五十萬美元之間的受訪者則有百分之五十四。

要打破的迷思四：很多「富人」都沒有誠實納稅

國家公園警察瑞奇先生之所以討厭「富人」，還有其他因素。他認為富人都不會誠實納稅，富人搞到國家稅基流失，而他又受雇於國家，於是造成了國家開支縮減，他的工作內容變動。

其實，關於收入與財富的迷思可以幫助我們瞭解為何瑞奇先生覺得富人不會誠實納稅。首先，瑞奇先生被名車和財富迷惑了，或許他想要講的是收入，但若這樣看，他還是錯了。

瑞奇先生要是聰明點，就應該想想這些能花大錢買名車的高收入者所繳的稅。他們有能力撥出自己財富或年薪當中的一點點，購買名車。

誰敢在我的俱樂部裡抽菸

《原來有錢人都這麼做》當中最恆久的教訓，或許就是「富人不會裝闊」。以下這段話是我父親在二〇一一年補充闡釋的，他再次強調富人通常不會高調行事：

鎖定有錢、「鄰家富人」類型的客戶，依舊是今日專業顧問服務的目標。但並不是每個鎖定這個族群提供服務的專業顧問，最後都能成功。那什麼人才能滿足富人族群的需求呢？這種人通常是在他們人格發展時期，和富人族群打過交道的人。

東尼是位成功的投資經理，他在年輕時就對於低調富翁和裝闊人士之間的差異特別敏銳。東尼十歲時送過報紙，他說：「藍領階層的人總是準時付錢並給小費，相形之下有位女律師會在她的房子亂忙個二十分鐘，甚至更久，然後才想到要付五十五分錢買報紙，她和她先生都在上班，但他們從不給小費。」

之後東尼擔任球童（我也當過），對於那些在高爾夫球場打球的人，東尼的第一印象也和我一樣。我在《別再裝闊了》當中提到我曾在一座公共球場為藍領階級和白手起家的富人當球童。他們所給的小費，比起我在私人的鄉村俱樂部給他們擔任球童的那些闊少所給的還要優渥。

東尼回想起來，他在球場上所學到的商務運作比他在商學院學到的還多。那些白手起家的人小費都給得很優渥，而且還在東尼念大學時給予鼓勵。有一位叫R先生的會員，是一家大型包商的負責人，這家俱樂部的建設資金有一半是他出的。由於康乃狄克州的冬天太冷，所以R先生必須在夏天投入多一倍的工作時間，在週六時也不能和其他會員打高爾夫，因為他還要工作。R先生會在週六下午報到，在露台上喝杯啤酒，穿著他那「富人般的」制服——卡其工作褲和鋼頭鞋。某天一位新會員的太太（她認為自己是這間俱樂部的一姐）看到R先生在露台上喝著啤酒抽雪茄，於是對著R先生叫嚷，因為工人不可以在露台上喝酒抽菸。她怒斥：「你以為你是誰啊？你當這是你家嗎？」R先生冷靜地回道：「差不多吧，小姐。」於是這位女士邊跑邊叫著去找經理，經理卻告訴她，R先生擁有這家俱樂部百分之七十五的股權，如果有任何問題，可以直接和R先生商量。

所得稅：另一項昂貴的負擔

華倫．巴菲特是波克夏．海瑟威（Berkshire Hathaway）的董事長兼執行長，談到將收入轉換為財富，他可說是箇中好手。那他是怎麼做的呢？你或許會說，謹慎投資，加上他的名氣，使他坐擁多家實業。他向來以樸素生活為人所知。說到消費，他秉持著傳統的價值觀，雖然坐擁巨額財富，他住在一間相對簡樸的屋子，開的也是美國國產車。但還有一件事，就如我父親在《原來有錢人都這麼做》當中說的：「富人知道若想花得越多，就要賺得越多。賺得越多，要繳的所得稅也越多。所以堅守一個重要的原則：要建立財富，就要盡量減少你已實現、要被課稅的收入，盡量擴大你未實現的收入（在沒有現金流動的情形下使財富或資本增值）。」

典型的鄰家富人的實現收入（中位數），相當於自身財富的百分之八點二。但是巴菲特先生擅長讓收入在淨資產中降到最低，根據二〇一二年《富比世》四百富人名單，巴菲特先生的資產淨值約四百六十億美元，CNN Money 報導，二〇一〇年他的可課稅收入為三千九百八十一萬七千七百八十四美元。[9]這大約只佔他資產淨值的百分之零點零八七。換句話說，典型的鄰家富人之可課稅收入，雖然占了他資產淨值約百分之八點二，但這還是巴菲特的九十五倍（8.2%除以0.087%）。

上述算式中還有其他值得思考的事：所得稅，在資產淨值當中是個因素。典型的鄰家富人每年大約支付相當於自身資產淨值百分之二（中位數）的所得稅。但這裡要再次強調，巴菲特先生

一直買名車，會帶來什麼好處呢

在《別再裝闊了》中，我父親描述了一位莫先生，他在我父親的一份問卷空白處草草寫著：「什麼法拉利，我有三輛！勞力士？我有三支以上……百年靈、卡地亞、摩凡陀、歐米茄、泰格豪雅……我的藏酒有兩千瓶。」我父親解釋，為何屬於「超級富豪」一員的莫先生勇於展示自己的經濟成就：

他有強烈的需求，想要切割自己出身貧困工人階級的家庭背景。只辛苦了一個世代就致富的人，傾向砸大錢購買象徵自己地位的物品。

莫先生的第一份全職工作是銷售員，一夕間成功，靠著佣金就完全自付大學學費。他在二十一歲時買了第一棟房子，三十二歲那年跨過了一百萬美元資產淨值這道門檻。還不到三十歲，老闆就讓他擁有股權。

莫先生完全是白手起家，但他的開銷也相當驚人。為了花上大把銀子，就得要賺更多。要是賺多了，繳的稅也多。就以莫先生價值三十三萬美元的法拉利為例吧（他用現金買的）。假設他要繳聯邦稅、州政府稅以及地方稅，那為了買這台法拉利，他得賺多少呢？答案是六十萬美元（付現），扣除三十三萬美元，餘下的二十七萬是繳給國家、州和相關部門。

這些超級富豪是真正的愛國者，賺超多，繳的也多，真該用這筆錢為他們鑄一面獎牌，以資獎勵此類愛國情操。[7]

許多人不瞭解這些超級富豪所扮演的角色多麼重要，有些人認為莫先生們沒有誠實納稅，有些人甚至相信他們不是靠自己致富的，而是靠拐、騙或繼承。這種想法也為野心家利用。

想像這個場景：有一對超級富豪夫妻某天決定要去豪華山莊中過個長週末，開著頂級法拉利前往，真是愜意無比。就二〇一三年於《人車誌》（Car and Driver）這本雜誌的報導，就在這對夫婦即將抵達度假中心時，他們的車以及其他高檔車款突然全部被攔停，政府人員要求這些有錢人在車裡乖乖坐好，掏出報稅紀錄受檢！被攔停的四十二輛車當中，有六分之一的駕駛謊報年收入，數字遠遠低於購車所花的錢……稅務警察大膽臨檢，甚至突擊法拉利俱樂部聯歡會，原來是政府有了一項新規定，針對購買高價值商品的人，檢查其繳稅狀況。[8]

其實這是二〇一三年發生在義大利的真實故事，對階級所產生的嫉妒在政治上被利用，就如《人車誌》雜誌的標題所寫的〈臨檢：稅務警察如何扼殺了義大利名車市場〉。要是其他國家也採用這套體系的話怎麼辦？我們不但買不到超跑，還會被惱人的警察纏上，莫先生們也不會購買三十三萬美元的跑車了。於是，他們也覺得不需要賺進可被課稅的收入，來購買這些成功象徵了。

所以，讓我們向這群超級富豪們致敬吧。別恨他們，許多超級富豪可是繳了相當於收入的一半給各級政府呢。有趣的是，大約有一半的人並沒有繳所得稅給政府，但那批被義大利警察所發現的四十多位超跑駕駛呢？他們當中有六位，幾乎沒什麼收入，所以是否有可能，他們大部分人其實都是靠他們的龐大資產來過活？

很善於節所得稅，按照路透社的報導，他在二〇一〇年僅繳了六百九十萬元的聯邦所得稅。[10]

表面上來看，六百九十萬美元的所得稅是一筆大數目，但六百九十萬其實只是他那四百六十億美元財富的極小一部分。就這個稅率而言，他其實只繳了相當於資產淨值的百分之零點零一五的稅而已。和鄰家富人所繳的百分之二（中位數）相比，後者超過巴菲特一百三十三倍。事實上，如果巴菲特被課以相同的稅率（百分之二），他就會欠財政部九億兩千萬美元，將近十億美元。你或許會說，巴菲特沒有公平、誠信地納稅，但在這項議題上，他有特別的豁免權，因為他有崇高的理由：他保證未來把他大部分的財產捐出，而且根據富比世的報導，他早已經慷慨解囊了：二〇一二年七月，他捐了十五億美金給蓋茲基金會，使他的捐贈總額達到一百七十五億美金；同年八月，他又保證捐出三十億給他兒子們的基金會。[11]

況且，他大部分的（就算不是全部的）可課稅收入，來自於長期配置手中資產而獲得的長期資本利得，進而使他的聯邦稅率低到讓他滿意，這對他來說，也可降低稅率。

綜上所述，若要將錢從你的資產中分配出去，由誰來做比較有效率？是政府？還是英明的慈善機構？你一定知道答案，顯然巴菲特也是如此。

要破除的迷思五：都是富人害我沒辦法發財

我們收過許多郵件和電子信件，來自於那些自己經濟無成、卻把原因責怪他人的人。信中內容包含：

要是我這幾年來，沒有將投資組合當中的百分之三拿來繳給投資經理的話，我早就發財了。他年年都賺，我卻沒賺。

我弟弟高中就輟學，至今還賴在家裡，可是他最近繼承了我奶奶百分之九十的財產。而我有MBA學位，卻沒分到那麼多！

如果我當初修的是商科，不是藝術的話（都是我爸媽堅持要我修藝術）……

大部分經濟有成的人士，都知道如何面對困境。他們善於克服困境、逆風、偏見、裙帶關係、運氣不好，甚至「裁判誤審」等等情境。他們不會為糟糕的情況所困，反而會將自己的情緒能量導向成功之路，而非怨恨。許多富人都說，他們的成功都是因為自己經歷了來自親戚、老師、主管、頂級財金顧問、媒體以及其他一大堆所謂的公正專家，所抛給他們的壞球。或者，就如同一位沒有繼承父母財產的大富翁最近說的：「就是要證明我爸媽當初的賭注是錯的。」

我們都知道，「習得的無助」（learned helplessness），亦即「不管怎麼做努力，反正一定不可能成功的」這種想法，正是阻擋你建立財富的最大障礙。我們還看過有些人有一種觀念：他們想要找出，是誰該為他們累積財富的過程來負責。可是綜觀不同的樣本，不管年齡多大、收入多少，真正會決定最後累積多少淨資產的因素，其實就是「好好管理自己的行為，相信自己的行為能影響我們財富成就」這種特質。[12]那些相信不管自己做什麼都無法達到財務自由的人，會採取比較沒有風險的財務行為。[13]真的，萬一誤信錯誤的觀念，對於長期的經濟成就來說是百害而無一利。

但在這個社會上，許多針對經濟的所謂「解方」，在本質上都需要政府法規及管制措施。媒體上、名嘴或是其他人談論著解決方案時，他們心底往往都想著要政府管制。不論政治立場為何，似乎都存在著一種假設：我們可以透過管制措施，影響一個人的致富。但我們的信念完全相反，我們認為要達成目標，必須從自身做起，先改變態度，接著改變行為（雖然行為也可能先改變）：先改變你和家人習以為常的事情，先忽略其他人的瘋狂消費行為，將你的時間和精力集中在達成財務和其他目標上。

國家公園警察瑞奇的其他特徵

再回頭看看我們的國家公園警察瑞奇先生，他一直是向外跑的性格，這是他選擇擔任國家公園巡守、為國家服務原因之一。他原本的工作是巡視野地公園與森林，他也熱愛這份工作，對於保護國家自然資源投入了很多心力，也讓他多了份驕傲和自豪。但就在二〇〇八年經濟衰退後不久，瑞奇先生的環境發生了巨大變故，財務緊縮和人事凍結造成他的職務內容改變。現在他不再巡視野地，也不再追捕違法的山老鼠，他現在只負責次要的工作，巡視停車場，給那些停霸王車的人開罰單。至於其他時間，就負責在停車場收費站收取停車費。

瑞奇先生不喜歡他的工作，但他意識到如果他想要繼續為國家服務，就必須接受停車場的工作。在他心中，經濟衰退並非造成工作成就感低落的原因；按照瑞奇先生的說法，「富人」才是該責怪的人。但值得注意的是，他並沒有思考，也沒有詳細描述「富人」的定義，以及富人如何導致經濟衰退，他只是認定富人最該為他的職務變動負責。一切都是他們的錯，害得他「再也不能守護國家資源」，他現在基本上就只是個停車場服務人員，負責開罰單。所以他對職務內容心生不滿，進而痛恨富人。

不過瑞奇先生並沒有因此去進修增進工作技能。他應該這麼做的，這樣讓他更有競爭力。如果他是這麼深愛著森林和樹木，那他可以去讀夜校，修習木料管理、森林農業等等課程，許多學校都有開設這類相關課程。而藉著返校充電，學生們可以互相交流，往往能從其他同學那裡聽聞他們公司的招募訊息。

瑞奇先生和他的太太本來有機會成為有錢的藍領階層。但這對藍領夫婦卻進入了奢華消費的高速公路。這個雙薪工人階級家庭的教育水準及相關社經特質都不高，其實真的沒有「住在高級社區」的這種社會需求，在工作上來說也不用西裝筆挺，而且在社交上也穿不到名牌貨。如果他們的經常性開支夠低，他們家很輕易地就能每年存下百分之二十的已實現收入用於投資。可惜他們背道而馳，沒有編列預算、沒有財務計畫，也沒有存下「自己優先」的基金。

要打破的思六：光靠我自己，是沒辦法靠成功的

大部分情況下，不管你的宗教信仰、膚色或你祖先是昨天還是兩百五十年前來到美國的，你都能在美國創業獲得成功。無論是透過就業或自行創業，只要你的產品或服務能創造價值，在今日的社會就能成功。世界各國人民都嚮往著這種自由而慕名來到美國：全美國三億一千一百萬人民當中，第一代美國人就佔了百分之十三。[14]

不管你的家族在美國落腳多久，或你的祖籍是哪個國家，你必須自問下面幾個重要問題：

- 你（商品或服務）的價值是否能產生利潤？能否繼續投注資金令其成長？
- 你能運用自身經驗或技術來為他人創造工作機會，讓你持續累積財富並造就滿足感嗎？
- 你存錢夠自律嗎？你有足夠的洞察力去發現市場（人才、金融）的改變方向嗎？你瞭解你的技能要持續精進嗎？
- 你能免於消費主義與媒體干擾嗎？

不論種族、膚色、宗教和性別，任何人都能透過工作或是透過創業來運用他們的知識、技術、能力和其他特質。但工作和努力兩者都是必須的，尤其是你手上的牌相當不利的時候。

收入不均這個話題一直廣受討論，美國家庭收入最底層的那五分之一家庭，在所有家庭總收入當中所佔的份額越來越小；反之收入最多的那五分之一家庭所佔的份額越來越大，這也是不爭的事實。

所以，當媒體聲稱「富者越富，窮者越窮」，這是真的嗎？要注意，今日包含媒體在內的大多數人都搞不清楚收入和財富的差異。收入頂端和底層之間的變化雖然是真的，但並非所有二十年前在底層的那群人，今日還乖乖原地踏步；也不是所有高高在上的那群人一直穩坐泰山。社會的流動性其實非常的大，就算是在一個世代之內，人們都可能力爭上游或是向下沉淪，若延長到好幾個世代來看，這個現象就能看得更清楚。不幸的是，許多白手起家的富翁太晚才看清這個事實了，導致他們的孩子無法複製他們的成功。

但還是有許多人相信，一個人能擁有大筆的財富，必定是由繼承而來，也深信那些越來越有錢的人只是靠著受贈和轉讓罷了。但真實情況卻與他們所想的相反：報稅資料顯示，百分之八十六的富人完全沒有來自於贈與、繼承或是信託基金所得到的收入。[15] 確實，今日和一九九六年一樣，數據顯示大多數富人都是靠著自己而建立財富。

今天要白手起家？

靠自己致富已不是什麼新鮮事。經濟學家史坦利．勒柏葛特（Stanley Lebergott）指出，一八九二年的研究發現，有百分之八十四的富翁是第一代富人，而我們的研究所得出的數據也和史蒂芬．G．霍威茲教授（Steven G. Horwitz）的數據相符。縱使有許多經濟學家相信，這個社會面臨的貧富差距越來越大，但一個人能變富或是變窮，並不像是在專制國家一樣永遠不變。就如霍威茲教授所言：「根據財政部數據，一九七九年的時候，家庭收入為最低的第五階層中，有百分之八十六的家庭到了一九八八年的時候已經成功脫貧。」他所說的最低的第五階層，指的是「剛組成的家庭、高中剛畢業者、新移民……這些人才剛開始努力提升收入。」[16]

從實際財富的角度來看（不是看收入），我們發現今日至少有百分之八十的富人是靠自己打拼的。在《別再裝闊了》這本書中觀察了二〇〇五到二〇〇六年間的資料，大約有四分之一的富人（百分之二十四）說他們的父親為藍領階級（這也是產生最多富人的階級）；百分之十九表示他們的父親為小型企業老闆；百分之四務農。僅有百分之九為資深公司管理層；百分之三為醫生。只有百分之四十七的人說他們的父親讀過大學，母親則有百分之四十。大約有三分之一的富人自己支付大學學費。百分之四十二的富人剛開始全職工作時資產淨值為零，甚至是負的；大部分（百分之八十八）表示從沒有從親戚接受過信託基金、遺產、贈與等等。

迷思七：有錢人都是壞蛋

有錢人越來越在意媒體和政治圈將他們描述為「壞蛋」。當然，在大約五百到一千萬戶有錢家庭中，難免有一些人想出奧步。但大多數的有錢人還是用相當老派的方式賺錢：走正道。儘管許多研究都指出，大部分的富人具有傳統美德，但總是得不到媒體的青睞。

我父親收到一封D先生從德州寄來的信，他提出了一個方法，希望能使年輕人對富人的本質有所理解：

你有沒有想過，在公立學校裡用《為什麼他們擁有億萬財富，而你卻沒有？》這本書來開設課程？大多公立學校都教導學生輕視「有錢人」並與他們為敵；但如果我們教學生仿效他們，或許就能改善這種狀況，在學生進入職場前，為大家製造更多財富。我正仔細考慮要在我家鄉的學校教育委員會提案，也樂見針對其他地方的孩子能有類似的方案。

收到這樣的評論，讓我感到很榮幸。還有一位來自奧克拉荷馬州「只有一所高中」的城市的有錢男性，為每位即將要畢業的學生買了一本《原來有錢人都這麼做》。以上只是兩個例子，其

在今天，致富依舊得靠自己

當年我父親發現，百分之八十的富翁都是白手起家的。今日這仍是我們所見的趨勢。儘管有人堅稱，「不必靠著豐厚的遺產或超好的狗屎運也能致富」的時代早已過去了，但我父親在二〇一四年時於部落格上討論了這件事：

在我研究百萬級富人的幾十年間，我不斷地驗證，有百分之八十到八十六的富人是憑自身努力致富的，而同樣的道理也適用於千萬級的富翁。一九八二年，根據富比世報導，美國最有錢的人當中有百分之三十八是白手起家的，但到了二〇一二年，這個數字躍昇為百分之七十。[17]

哈佛大學的切堤教授（Chetty）以及加州大學柏克萊分校的薩耶茲教授（Saez）研究了五千萬份家長及子女的聯邦所得稅資料。[18]研究指出：過去三十年間，孩子爬向更高經濟階層的可能性，依舊維持不變。可是卻有許多人持相反的敘述，說近幾年社會流動性在下降。

今日社會依然充滿著許多經濟機會，但大多數的人卻不富有，因此很容易就讓人怪罪於經濟上的「不平等」。但更重要的是，許多人將大部分或是全部的收入花在毫無價值、沒有持久價值的物品上，他們在累積財富上毫無自制力。大部分的家庭也都在工作和消費兩端拔河，一般家庭的已實現年收入中位數落在五萬到七萬五美元，而在這當中僅有百分之六點三的人有實際的資本利得收入。

就算如此，二〇一四年的《紐約時報》頭版標題與上述兩位教授的研究一致：「研究表明，向上流動並未減少。」[19]這類文章應該多多轉傳，特別是讓孩子閱讀。那些經濟有成的人，當他們回頭看看自己當年的態度和想法時，他們會說什麼？他們的成功大部分可以歸因於他們相信自己能成功，以及相信社會上到處都有機會，而他們的想法和現實是一致的。不幸的是，越來越多的媒體宣稱，現今的經濟潮流，越來越不利於經濟階級的向上流動。

上述的研究談的只是不同世代之間的收入比較。收入與財富（也就是資產淨值）有關。但假如要我們選用一種標準來衡量經濟成功，那麼用資產淨值顯然是比收入更加確切。財富當中只有一小部分能用收入去解釋，反之亦然。高資產淨值族群當中，有超過百分之八十的人都是靠自己致富的，而且不論從百萬級富翁、千萬級富翁、人口中頂尖百分之五富人、頂端百分之二、百分之一等不同的角度去定義「富裕」，「大部分富人靠自己致富」的現象也從未改變。

實還有很多人貢獻時間和精力，來教導孩子如何財務自由，如何瞭解財務自由的真意。

誠實與信用

與財富相關的誠信和正直議題，已有很多討論。「邪惡的小氣鬼」這種觀念，從以前到現在都一直存在，而顯然瑞奇先生相信這種表象。但是有些關於良知（以及與良知密切相關的誠信）的研究一再顯示，在追求財富的路上，良知與誠信缺一不可，這點我們將在第五章討論。我們就以勞倫斯先生為例吧，他是驗光師，今日身價超過五百萬美元，自行創立了完全符合他興趣以及專業技術的一個小公司，但他還是以滿足客戶需求為優先。他分享道：

我很喜歡我的工作，因為我所做的是加強、保護人們的視力。驗光是一份健保職業，讓執業者能夠獨立，又保有企業家精神。我執業一貫的原則就是將病人的需求置於首要，透過口耳相傳和先進科技，我的事業越來越興旺，雖然我開業並非為了把公司賣出去，不過有位醫生找上了門來，想要接手我的事業。六十一歲那年我把我的事業賣給他，每週兩天在他手下工作。我的初衷從不是為了賺錢，但是我明白，只要執業時心存善念，財富就可能不請自來。時時保持誠心、誠實，超前思考並關注未來。除了我的房子之外，所有的消費都是用儲蓄來支付的，這樣可降低衝動消費。畢竟衝動購物常常會在事後感到後悔。

誕生最多富人的家庭

一家紐約大型財務公司的私人銀行部門負責人，有次和我父親分享了一段有趣的經驗。一位來自小鎮的律師轉介了一對有錢的夫婦給這位銀行家，這對夫婦想到家鄉以外的銀行開戶。就像許多小城裡的富人一樣，他們不希望當地的企業知道他們累積了巨額財富，這點尤其重要，因為他們想要把自己的許多事業轉售，他們也計畫將財產的一大部分以匿名的方式捐贈給多家慈善機構。

這對夫婦抵達紐約的這家私人銀行不久後，銀行專員就告訴他們有關客戶享有的附加服務，包含限量電影票、上流俱樂部會員證、最佳房地產標的資訊、藝術品與古董拍賣會等等。銀行專員介紹了約莫十分鐘後，有錢的太太從她的大型手提包中拿出了《原來有錢人都這麼做》這本書，放在銀行員的桌上說：「我們是鄰家富人，如果你還沒讀過這本書，那你應該看一看。」

銀行專員當場面紅耳赤，稍後他們都笑了，也緩解了室內緊張的氣氛。這對夫婦講得很明白，他們要的是由私人銀行提供的傳統財務服務，包含匿名性。他們沒興趣雇用財務顧問，也不想在紐約社交圈當中打知名度加強形象，更沒打算要在紐約市購置公寓或是其他房產。

想要對富人推銷生意時，致勝關鍵在於站在他們的立場去想。本案例中，這位銀行員應該要這麼問這對夫妻：「你們是怎麼從兩手空空，一路發展到現在這個地步？」換句話說，這位銀行員應該要讓這對夫妻談談自身經驗。但是在大多數情況下，沒什麼人會去詢問鄰家富人的過去以及成就。

這對夫妻的家庭背景，來自於出產最多富人的類型，不過這樣的家庭向來沒沒無聞。我父親經常收到許多基金會、大學、慈善組織所寄來的年報，而我父親好像不管怎麼看，無名富人夫妻們都會出現在這些年報上，在五位數、六位數、七位數或更多數額的捐款欄底下，都有他們的芳名。

討厭富人，無法讓我們致富

那為什麼就是有人可以累積出大筆財富呢？為什麼有著高於平均收入的、受過良好教育的、時常一帆風順的人，反而常常無法靠自己累積出財富？或許他們都有和瑞奇先生一樣的迷思吧，他們一知半解，聽信新聞以及評論的疲勞轟炸，誤信了關於財富的迷思。

至於那些真正在經濟上成功的人，對於這些迷思是不屑一顧的，尤其是那些所謂專家所散播的迷思，以及背後有政治用意的言論。瑞奇先生對於富人的鄙視心態就是一種沒有發洩出去的情緒能量，他陷入了負面情緒，同時也忽視了，其實自己在財務上沒有認真地自律。他從社群媒體

富人追求財富的動機

我父親曾舉過一個例子，告訴大家有錢人的善心。

二〇一一年《紐約時報》有篇文章，探討了賈伯斯追求成功的動機：「賈伯斯顯然不是為了錢而賺錢，也從不誇耀自己的財富。他在辭去CEO一職之前，他一個月只從蘋果公司領一美元當年薪。」[20]

賈伯斯過世當下是個億萬富翁，他和鄰家富人一樣有許多共通之處：他們都成就斐然，但初衷從不是為了要過上高消費的生活。《原來有錢人都這麼做》當中訪問的一位富人曾說，如果你賺錢是為了花錢過上好生活，那你絕不可能做得到。金錢從來不該改變一個人的價值。賺錢只是你過得好不好的一項指標。」

這篇文章引用了賈伯斯的話：「你知道，我對於錢這種東西的看法是它非常幽默，因為錢乃身外之物，卻讓我全神貫注。」

大多數人常誤解鄰家富人賺錢的動機。打造財富的目的，是為了追求財務自由，而不是為了住在陳設奢華的豪宅裡。二〇一一年一篇《美國思想家》（The

American Thinker）所刊出的文章，巧妙地回應了那些支持提升富人稅的人。[21] 文章簡要地討論了《原來有錢人都這麼做》這本書中所載的富人特性：

「該書作者有著深刻的洞察力，他的書告訴我們，大部分的富人過得相當節儉，而且大約百分之八十的富人都是第一代富人，他們的財富幾乎沒有繼承而來的。當他開著一輛二〇〇四年的皮卡貨車、穿著平價商場買來的衣服時，那些提倡奢侈稅的人應該很難檢討他們是貪婪的有錢人。」

「相對地，一般對富人的傳統印象都是道德上有瑕疵的：穿著義大利的精製西裝，將法拉利開到遊艇上，然後一面乘著遊艇在地中海上飽覽美景，一面抽著價值一百美元的雪茄。別忘了他們公司的飛機呢。這就是左派對於富人的印象，讓左派在政治上取得不少優勢。」

上收到的新聞報導也都存在片面的、偏誤的評論。換個角度來想，瑞奇先生沒有足夠的金錢或是資產淨值，因此他應該沒有時間、精神去痛恨富人才對；他刻意針對富人開罰，也不會讓他財務獨立。

我們發現，「對富人的憎惡」將會取代我們對財富的追求，且無助於我們建立財富。要是瑞奇先生能夠將一些用於憎惡的時間與精力，分配到更有意義的目標上呢？例如讓自己在財務上更加獨立？如果這樣的話，他就不會花那麼多時間憎惡富人，嫌棄自己目前的工作。諷刺的是，許多對工作滿意度低的人都有些共同的特色：他們不會採取行動，好讓自己不需要依靠這份討厭的工作維生。

有些收入不錯的家庭，基於他們的社會地位，他們覺得有必要將錢花在豪宅、名車、華服、國外奢華假期等等。但瑞奇先生和他的家人並沒有這類負擔，那麼，他們到底為何距離財務自由那麼遠呢？這是因為他們一家人屬於過度消費的類型。

瑞奇先生以及那些相信財富迷思的人，真的可以從富人身上學到很多事情。大多數富人在創造財富的過程中，內心沒有成見或是憎惡。沒錯，他們在過程中曾遭到欺騙，但他們整理好心情繼續向前，專注於正向的事情。憎恨不會讓你的職涯順遂，也不會創造亮麗的資產負債表。良好的財務行為，會帶來高度的財務滿意度，善於將收入轉變為財富的超優理財族裡面，有將近百分之九十二表示他們對生活感到非常滿足，超過了超遜理財族（百分之八十四）。而在超遜理財族當中有百分之五十六擔心無法達成財務獨立，而超優理財族只有大約四分之一在擔心這件事。有將近五分之四的超遜理財族擔心無法舒適地退休，而有同樣擔憂的超優理財族僅有五分之二。

關於建立財富的迷思，必須要破除

如果我們不聽信致富的迷思，還可以做什麼呢？答案是：我們的行為、選擇以及生活方式。

雖然我們的收入在統計上來看與財富相關，但收入並非財富。一旦明白這個道理，我們就知道「儲蓄率」這件事有多重要。儲蓄率這件事，和我們收入多少無關，而是和我們的行為有關（我們如何消費和儲蓄）。花的少存的多，要量入為出，這些動作全部操之在我，而且對累積財富來說只是個數學真理。

一旦我們瞭解，炫富的消費生活將大多數人推向無止境的依賴、不斷的工作、沒什麼財務自由，我們就能開始為我們的生活規劃一個避免重蹈覆轍的方案。這種做法或許會和我們的父母、祖父母輩有所不同，而且會讓你的生活跟你周遭的人以及社群媒體上所上傳的內容大不相同。

一旦我們明白，沒有什麼外部的力量或是捐助可以改變我們財務自由的目標，那很顯然我們可以靠自己。我們的財富不是由我們的老闆、政府或是家庭成員所控制，而是掌握在自己手中。當我們瞭解自己的能力可以讓我們累積財富，就能開始決定要如何運用我們的時間、精力和金錢。

為什麼有些人有錢，有些人很窮？

我們可以如何幫助人們看破這些迷思，開始邁向經濟成功呢？如果人的心中堅守這些錯誤想法，或許就很難。二〇一四年，我父親的一篇部落格文章探討了人們相信人有富有窮的原因：

要回答這個問題，就得先看看皮尤研究中心（Pew Research Center）之前所做的一份全國性調查，一共有一千五百零四位成人參與了這項調查，[22]只有十分之四（百分之三十八）指出有錢人之所以有錢是「因為他們比別人更加努力工作。」

但是真正的有錢人是如何解釋他們的致富之道呢？將近九成（百分之八十八）的有錢人將「努力工作」列為一項非常重要／重要的因素。[23]

在同樣一份研究當中，百分之五十一的受訪者認同有錢人之所以有錢，是「因為他有比別人更多優勢」的想法，而有百分之五十的人指出窮人之所以窮困是因為「情況不是窮人所能控制的」。

但「百分之八十的富人是白手起家的」這個事實，卻打臉了這項調查結果。

值得注意的，還有百分之九十五的富人在說明他們如何致富時，將「自律」視為為一項非常重要／重要的因素。

一般大眾與富人之間的想法有如此巨大的差別，這個事實產生了許多影響，尤其是在政治層面。

假設皮尤研究中心的研究只代表成人族群約百分之四到百分之八的富人受訪者的心聲。那麼，在解釋我國財富累積的狀況上來講，研究中這些受訪者的想法的效度有多高呢？一般的美國家庭資產淨值大約比九萬美元多一點，而年收入大約為五萬兩千美元（二〇一四年的數據）。這些人真的知道如何致富嗎？

如果你的目標是要達成財務自由，你或許會覺得，照著富人的方法以及生活方式去做，還挺有效的，而不是盲從一般大眾。

為自己的金錢負責，是累積財富的過程中很重要的一項元素，這點我們將在第五章討論。

如果我們能欣賞那些靠自己致富的人，不把他們當成全民公敵，而從更好的角度來觀察他們，這樣就能研究這些人的行為，看看是什麼原因讓他們致富，而不是去責備他們（彷彿我們見不得別人好），然後為自己的失敗找藉口。

如果我們能打破累積財富的迷思，或許我們就能專注在有益於建立財富的行為和選擇上面。不管我們來自哪個族群，正是這些行為和決定，讓我們有機會能在自由的社會裡累積財富。

接著，我們才能效法那些已經在經濟上真正有成就的人。這樣做的話，或許財富就會不請自來。

第3章

理財的後天因素：你可以做的事

不管你爺爺有多高，能長多高是你自己的事。

——亞伯拉罕・林肯轉述的愛爾蘭諺語

科學證明，我們做什麼是先天（我們的特質）與後天（所受的教養及成長的環境）的結合。用我們的行為當例子，先天決定了我們可以做、能夠做的事，而後天養成則決定了我們在「先天」的界線中如何發揮、如何決定等。

只要討論到財務自由，就一定要花點時間研究後天這個部分，探討我們所受的教養、交友及擇偶的選擇、社會文化如何影響我們能否或怎麼樣將收入轉變為財富。例如我們發現，家庭和樂是一個重要因素，讓富人養成自食其力、努力成功的特質。過去三十年，全國調查中將近百分之七十的富人表示他們生長在一個和樂融融的家庭裡，而在這群人當中有四分之三說他們的父母鼓勵他們追求卓越。

但不是每個家中都有著溫暖和親情。我們無法選擇出身，無法選擇父母或是我們所受的早期教育。我們或許會將現狀歸咎於成長過程，這樣講或許有幾分道理。但這個社會不能控制我們的選擇，身為成年人，我們有選擇與誰攜手共度以及如何運用時間，這些選擇都會影響我們的財務狀況。財務自由的人會專注於他們的選擇，為他們與金錢相關的行為負責。

不止一堂課

有些專家提出以教育手段來改善人們對於金錢的認知，改善差勁的財務行為。但要改變財務行為，並不是開個工作坊或是一個半月的課程就能解決的。沒有一種課程、方式或是應用程式能造就終身財富，這需要持之以恆的財務行為。若能早期開始，越可能創造越多財富。例如，鄰家富人約翰的早年生活塑造了他的行為，這奠定了他成功的根基，他孩子們的教養也反映了他的行為：

> 我的父母相當簡樸，他們活到快五十歲才領了第一張信用卡，而且還是因為他們在旅行的時候要訂房及租車才辦的。我爸爸辦卡之後，花了一小時的時間向我們家六個兄弟姊妹解釋辦卡的原因，還告訴我們除非自己有能力在還款期之前全額償付，否則千萬不要辦卡。
>
> 我家中排行老四。小學四年級時，我爸爸要大家坐在客廳，向我們解釋如何讓大家都進大學

念書。他沒有辦法為我們付任何一分學費，所以我們得自行負擔學費。大學畢業之前我們沒有錢買車，但他會給我們二手車，因為他希望我們到了十五歲，能用二手車找份兼差工作。

我們六個都用自己賺的錢付學費，我們一共拿了三個輔系學位，四個大學學位，兩個碩士以及兩個MBA。

我父母只有過一筆貸款，那是他們花了二十年所付清的房貸。他們從沒有貸過車貸、質押借貸，信用卡帳單的款項也都是第一個月就付清。

那我呢？我擁有財金學士學位以及MBA學位，專攻行銷與金融。我的信用卡帳單都是第一個月就付清，我開車的這二十八年中有過三筆車貸，每一筆利率都很低，所以我能夠投資的金額比我支付的利息要多。

我現在僅有一筆房貸，車貸也僅剩下一筆，沒有其他債務。依照我自己的退休計畫，我在外部的投資已經超過401（k）和退休金了。

我太太二十年來一直是全職媽媽，照顧兩個小男孩。大兒子在兩週前開始念大學，他獲得了獎學金，而我也有足夠的存款來支付他四年的學費以及住宿。課本的部分則由他支付。

他唯一的一份薪水是從我公司領的。小學四年級的時候，他就替我的公司做了一個設計案，而且還被客戶買下。我告訴他，任何一筆他的設計作品，我會把賺到的錢扣掉成本與我必須支付的所得稅，然後交給他，畢竟交易是經由我的公司產生的。他可以保留扣除相關費用後的利潤，但是其中的百分之八十必須存起來支付大學學費。另外百分之十也必須存起來，作為生活中無法預期的支出，例如需要錢來換洗衣機、修車或是支付醫藥費。剩下的百分之十他可以自由使用，但必須經過我和我太太同意。

他四年級的第一筆交易扣除了成本和稅額後，賺進了三千美元。他可以保留三百美元任意花用，不過他還是全額存了下來。幾個月後，他決定買一個不到三百美元的ipod。

十五歲時，他開始替航運業做文書，當成自己的副業。他的工作包含了卸貨與驗貨，除此之外還幫忙記帳。他的收入是最低工資。他後來賣了更多設計，收入不錯。而他在小學的時候就開始定存，還在醫院做志工，最後總共在銀行裡為自己的大學學費存到了一萬五千美元，是我當時去念大學時所存得的三倍。在念大學時，他也自行開創了副業。

另一個十六歲的孩子以他哥哥為榜樣，成績也相當出色，雖然他還沒有銀行帳戶，但他還有兩年可以賺五千來趕上他哥哥。

他們都沒有車，都沒有信用卡，但兩人都靠著自己買電子產品。他們在中小學時，想要買最新的Game Boy，我們告訴他們，要他們把現有的賣掉，得到的款項拿去買新的。所以他們學會了愛惜物品，並將原封包裝的盒子留著，這樣才能在eBay上賣。後來他們發現，可以買二手的，這樣價錢比全新的便宜許多。他們也常常賣掉舊版的東西，價格約為他們當初購買二手的價格。

那這樣他們就會變得富有嗎？時間會告訴我們答案，但他們的起步不錯。

約翰的家庭會出現這種成就，就是本章一開始所討論的先天與後天加總的結果。後天是我們可以控制的。不過，要達到約翰家族的成果，現在的家長是否願意去做這些事呢？

- 鼓勵小孩存錢。
- 鼓勵或要求小孩工作。
- 讓你的孩子用自己的錢購買電子產品（包含最新款的手機）。
- 教導孩子對消費產品負責，並愛惜手中的玩具。
- 為孩子的大學教育存錢（家長和小孩都要存）。

約翰使用自律的方式來管教小孩，包含教育他們尊重金錢，這裡面有許多艱難的決定，而且在這些決定下所過的生活，絕非媒體的消費故事裡面的那種生活。

為達經濟成功的訓練

讓我們回想一下從小到大的經歷，有哪些影響了我們今日的財務決策。另有一些原因會塑造儲蓄與消費的習慣，如家教以及家庭的影響。我們不敢說這種後天培養肯定是造就今日財富的原因，但一定有所關連。財務上成功的人們都有一些共同的特色，這一點我們將在第五章深入討論。但是他們也有類似的成長經驗：穩定的家庭背景、很自律、很努力達成目標。就算沒有穩定的童年與青少年成長背景，他們也都傾向將龐大的難題拆解，各個擊破。七位數的資產淨值也是從一塊錢開始存起，然後一塊一塊地存，這必須要持之以恆。

當然，有些人生長在一個和諧家庭，但家裡卻沒有教導他們學習財務管理。換句話說，幸福美滿的童年可能會讓你完全沒有機會學習財務。一般人對於財務的概念，可說是少得嚇人，TIAA機構與GFLEC個人財金指數（TIAA Institute-GFLEC Personal Finance Index）測驗了全美各地人民對於個人理財的知識，發現僅僅有百分之十六的人，獲有該機構所稱的「高級個人理財知識與理解」——要答對問卷中百分之七十五的問題才能達到這種等級。在另一個極端，則有約五分之一的人，對個人理財的理解太低。[1]

針對青年與童年成長經驗的研究顯示，我們的早年生活對長大後的職涯、收入與個性有重大影響，其結果也可以預測得到。這項研究由喬治亞大學心理系的威廉．歐文斯（William Owens）教授於一九六〇年代所做，顯示環境與青年時期的成長經歷，對許多人成長後的結果有很大影響。歐文斯教授和他的學生於一九六〇年代晚期和一九七〇年代初期訪問了大一新鮮人，並於一九九〇年代（受訪者長大後）再次對他們進行訪問。研究發現有著類似生活經驗的大一新鮮人，之後都有相似的職業、個性和收入水準。這些生活經驗小至家中訂閱幾份雜誌和報紙，大至他們的家長對孩子的照顧程度。[2]當然，這些生活經驗較可能發生在社經地位較高的家庭中。

在一項我們於二〇一二到一三年研究富裕大眾階層與高資產淨值人士的研究中，我們詢問了受訪者青少年成長經驗，想找出與創造財富行為的關係。結果我們發現，父母們簡樸的習性，以及父母教育孩子財務管理的意願，將會影響孩子把收入轉換為財富的能力。針對中等收入階層以及富人的研究也發現，習性簡樸的父母與孩子的資產淨值為正相關。換句話說，如果平均來講你爸媽的行為對於建立財富相當有利的話，你的行為很可能也是如此。孩子的父母若是節儉、會談論和金錢相關的話題，則也會向孩子示範優良的財務管理技巧；與沒有這種父母的孩子相比，這些孩子長大後也更有可能累積巨大財富。

明尼蘇達大學的一項研究，為家庭生活與父母對於孩子在財務能力上的影響提供了很多的看法。[3]研究者發現，家長提到會給予孩子的三大財務主題教育，包含儲蓄、管理財務以及金錢的重要性。研究中的大多數孩子透過直接觀察，學習到自己家中的儲蓄與財務管理行為，而非藉由與家長的財務談話。也就是說，對於下一代財務行為的影響，家長的身教比言教更重要。

儘管有上述的結果，若要說到底是什麼造就了他們的財富，富人們還是會將「父母的影響」這個因素的重要性，排在其他因素之下，如抗壓性、勤奮工作等（參閱第五章，表5-5）。百分之四十二的富人指出，他們的成功是因為父母參與和投入；而有百分之五十九表示是因為父母支持。

斷開過去的鎖鍊

還有哪些早期經歷會影響我們累積財富呢？除了父母或監護人所塑造的良好財務行為會影響財富累積之外，財務壓力也會影響我們日後的經濟能力。其實我們研究的富人都親眼見識到金錢對於家庭和關係的影響有多大。許多富人都強調要揮別過去：

我許多同齡朋友的父母，讓子女任意揮霍，彷彿錢不是錢。結果這些朋友後來成了人性的負面教材，例如，生日收到一輛賓士（生命中第一輛車）的女兒，在一週內就把它撞爛了，然後又得到一輛賓士作為補償。——一位淨資產一百二十萬美元的紐澤西富人

（我的）父母是不會管錢的經典示範。——一位淨資產為一百九十萬美元的富人，來自佛羅里達邁阿密

我覺得我父親很不會管理財富。雖然他身為白領階級，但不管他賺了多少錢，他總是留不住，

賺了就花。——一位淨資產為一百一十萬美元的企業業主，來自田納西州納什維爾市

（我）聽見我爸媽因為失去了房子在爭吵。我真希望我懂一些貸款、儲蓄和投資的知識。——一位淨資產為一百七十萬美元的經理，來自佛羅里達州清水市

管錢不良造成的壓力，通常會傳給孩子。就如同這位來自喬治亞州拉格蘭奇市、即將成為鄰家富人（淨資產為八十二萬五千美元）的人所描述的：

高中時我才意識到就算我父母非常努力工作，他們所面臨的財務壓力還是非常巨大。回想起來，我父親極度不善於理財，他賺五萬就會花六萬，因為所有的財務決策都是在衝動之下做的。由於理財技巧不成熟，又不諳數字，我父親吃了不少虧。儘管他在事業上賺了不少錢，我父母卻靠著救濟金過活。這一切都是父親咎由自取。我所有的財務決策都以父親為借鑑，我所做的一切都和他相反。我真希望我以前有學到儲蓄、投資、謹慎借貸以及累積淨資產的重要性，但他們都沒有教我這些。不過我父母非常愛孩子，是很棒的父母，但沒有教我們和錢有關的事。我和我太太在三十歲出頭的時候，擁有四萬美元的淨資產，現在我們快要五十歲了，淨資產為八十二萬五千美元。我們將我們的退休計畫結合起來，盡力降低負債。幸運的是，我們明白要如何管理資

金，但我們之前也可能像我父母一樣，很快地就揮霍掉未來的生活費。我父母不善理財這件事實在很丟臉，但我希望我的體悟能幫助現在以及未來的父母們瞭解教導孩子金錢觀的重要性。我們現在正將財務管理的重要性灌輸給八歲的兒子，他很快就會告訴你家人和朋友的重要性遠超過金錢，同時他也會告訴你錢非常重要，因為你不理財，財不理你。

每個人成長經驗不同，但現在有能力扭轉你經濟狀況的，正是你個人的行為。

尊重金錢

財金知識對於累積財富而言非常重要，但「自律」在儲蓄與支出上往往扮演著更關鍵的角色。「擁有財金知識」與「節制消費」，兩者相加起來可說是打造財富的強力組合。對於財務的瞭解以及對於財務的意識，與所持有的資產（流動與非流動）一直都是正相關。[4]有個研究認為，把財金知識、自律與財務成功三者連結起來，證明了「童年、青少年和成年時期，加強自制力的教育是有效的。」[5]

尊重金錢的人能夠吸引財富，而尊重金錢包含了有效管理金錢的紀律。凡是不編列預算或是記帳每筆消費項目的人，都沒有尊重金錢的心態。生長在這種家庭的孩子，最後都會變得跟他們的父母一樣，都只有名義上富有而已。在我們最新的研究當中，百分之七十的富人表示他們的父母都很節儉。

我父親說過，他曾訪談過許多鄰家富人，他們的已實現家戶收入從未超過十萬美元，但他們卻可以清楚告訴你在他們的預算中，每個項目編列了多少錢。他們也根據自己的預期收入、消費項目以及用於投資的閒錢、退休金、大學學費等編列了一份年度預算。試想，尊重金錢的環境對於孩子社會化有什麼樣的影響？他們看到父母會規劃自己的資金，就能學到讓他們長大成人後累積財富的技巧。

想想你成長過程中和財務管理相關的經驗，如果金錢是禁忌的話題，或者你從未聽過你的父母或是監護人說過「這不是本月的預算項目」，那麼你基本的財務行為模式或許就和鄰家富人克莉絲蒂的早年經歷很不同。她是我父親在《鄰家女富豪》（Millionaire Women Next Door）當中所記載的第一位富人。她認為她的成功有賴於小時候的教育，特別是父母的辛勤和開放態度，幫助她建立尊重金錢的態度。她父親是職業軍人，母親則是全職家庭主婦。家庭預算和簡樸的家庭生活是她早年社會化過程中的一部份，她解釋：「我們全家會在每個月的第一個週日下午坐下來，我們的錢不多，但我們總是會看著爸爸的帳單，然後才開始做功課。」

她的父母會優先考慮慈善認捐，接著是待支付的帳單，然後估計本月支出。克莉絲蒂回憶起當父母將一定比例的收入編列為孩子們大學基金時，父母的臉上是帶著笑容的。她說：「我知道，為我們存一筆大學學費對他們而言相當困難，但每當我父親簽大學學費支票時，他都笑著說：『我很高興能用支票替你們付學費，未來你們也能替你們的孩子這麼做。』」

克莉絲蒂今日之所以成功，一個原因就是父母的養育，在規劃家務時，克莉絲蒂和兄弟姊妹是以平等的成員地位參與，他們很早就學到了預算規劃，購買筆電或是新鞋時都必須要有正當理由。拜這些經驗所賜，克莉絲蒂現在才得以當上企業領導者。

當然，過度簡樸也會有負面效果，特別是會造成剝奪感。在某些情況下，童年時經歷過這種情況的人，日後自己持家時，可能會認為儲蓄、節制消費等事情不重要；長久下來，在過度節儉的家庭中成長的孩子，將無法正面看待節儉這件事。不過也有一些過去有著極度簡樸的生活經驗

表 3-1：富人的早年經歷

	富人同意 / 強烈同意所佔百分比		
敘述	1996 年	2000 年	2016 年
父母很簡樸 / 生活費低於中位數？	66%	61%	70%
父母鼓勵我飛黃騰達並追求卓越嗎？	-	63%	74%
生長環境充滿愛與和諧嗎？	-	-	69%
父母經濟狀況比他們的高中同學要好嗎？	-	-	32%

的人，後來在財務上相當成功，他們運用極度簡樸的優點，提升他們的財務優勢。

高消費的經驗

有一位主要服務高收入、高淨資產值高者的資產管理公司負責人，曾和我們分享他客戶致富的經歷，與《原來有錢人都這麼做》所寫的不太一樣。他大多數的客戶之所以富裕，並不是因為簡樸，而是因為他們收入實在是太高了，所以收入一定比支出還要多。有人能夠一面過著奢豪的生活，一面累積財富，也確實是不爭的事實。

在《別再裝闊了》當中，我父親描述了一類過著奢華生活的人，他稱他們為「炫富先生」。這些人的收入與淨資產都高到不需要特別規劃家庭預算，他們不管花多少錢，佔的也都只是淨資產的一小部份。換句話說，這些炫富先生再怎麼花，還不到他們收入的一點點。如果你是這一類人，那恭喜你，你屬於那前百分之一的有錢人。

若你一開始收入非常高，但又沒有達到那種炫富菁英等級的生活，可能會造成不同的結果。來比較一下：極度樸素又捉襟見肘的成長經驗，與揮金如土又毫無限制的展示性消費行為。沒錯，炫富先生們可以世世代代都這麼做，幾乎沒有任何後果。但某些只有在名義上有錢的人或是超遜理財族，很可能變成過度的消費行為，因為他們所開的車、所穿的服飾、他們旅行的地點以及所

採用本書原則來生活的年輕會計師

早年的經歷，加上財務導師的不斷支持，有利於個人日後的財務成功，而且還能幫助那些繼承巨大財富的人避免因為意外之財而陷入消費陷阱。以下這位富人從父母那邊獲得了一大筆財富，但他維持著良好的財務習性。這段故事是我父親在二〇一四年所寫的，提到許多鄰家富人以及那些正在努力致富的人，通常都在和諧的環境中長大，父母教導他們互相尊重、過著自律而樸素的生活：

我還在讀高中時，爸媽就要我和我哥哥讀《原來有錢人都這麼做》。這本書的主題很吸引我們，書中所講的也和爸媽經營家庭的方式很相似。我爸爸是公務員，一週工作三十七點五小時，經常參與我們的生活。而我媽媽是家庭主婦，很愛逛二手貨拍賣。我們家一年外食四次，我和哥哥從非常小就開始工作了，因為我們熱愛工作。爸媽都會給我們零用錢，讓我們學習管理金錢，而不是要錢的時候就只會開口要。我和哥哥現在都二十多歲，小時候學到的現在開花結果了。三年前我媽媽撒手人寰，留給我們一筆可觀金錢。我爸爸將其中一大部分存了起來，但還是給了我和哥哥各二十五萬美元。我父親繼續住在原來的房子裡，開的也還是他那輛二〇〇三年款的Toyota Avalon。我哥哥在同樣的社區內購屋，也還持續工作，開的是二〇〇五年款的Toyota Camry。我依然辛苦地擔任會計師，與四位室友同住一棟房內，這樣很棒，因為房租平均起來比較低。我把繼承到的錢存在我的投資帳戶裡，而且固定把百分之二十的收入存起來當作退休基金。我們家不是守財奴，還享有一點點小奢華。對我來說，這種小奢華就是旅行，以我哥哥而言就是美食，但都在我們負擔得起的範圍內。我之所以講這個故事，是因為我覺得我和哥哥在今日的社會來說算是個異類。大多數二十多歲的人（我們繼承遺產的年紀）若受贈了如此大筆的遺產（而大多數的人繼承的錢還不如我們這麼多），通常會辭職、買超跑，或把所有錢拿去購物狂歡以及旅遊，要不然就是花在其他的事情上。不過我和哥哥還是繼續工作，開著相同的車，絲毫也沒有改變我們的生活習慣，只因為我們懂得知足。

所以，父母若在孩子年紀還小時就及早替他們建立正確的財務觀念，教導他們有效管理金錢，這樣其實就是給孩子（以及自己）一份無價之寶，讓他們脫離經濟病房，提早奔向財務獨立。

享受的娛樂，都透露出一種訊息：他們在告訴他們的孩子以及周遭的人，他們就是要花錢，他們就是重視這些。

想像一下，父母獨力奮鬥終於享有高收入，而他們的子女會有什麼樣的體驗：搭著豪華房車去上私立學校；在同學前面炫耀著最新科技產品與流行服飾；出國旅行；在名字很難唸出來的餐廳用餐。這樣的子女後來必須倚靠自己過活的時候，能夠放棄這種奢豪的生活嗎？還是他們會理解：父母所有擁有的是少數人才能擁有的財富，而且這種高消費是靠著高收入來支撐的？這種概念恐怕不是十歲孩子所能瞭解的。所以對他們而言，倚靠父母的經濟資助，恐怕不可避免了。

許多讀者常問：「為何我的孩子長大後都是高消費者？」答案簡單又直接：有其父必有其子。這些家長沒有遵守《原來有錢人都這麼做》當中的、子女養育守則第一條：**千萬別讓孩子知道你很有錢**。

更糟的是，在某些案例當中，家長會透過高消費向子女傳遞「我們家很有錢」的訊息——即使父母沒有這種財富（他們只有高收入）去支撐高消費。

就算有收入和淨資產都高，也屬於超級富人階級，這個族群裡的某些父母還是會節制消費。為什麼呢？或許他們認同兩項確保財務成功的金科玉律：「別告訴孩子你多有錢」，以及「簡樸即使不是最關鍵，也是打造財富的重要因素」。

對於那些不幸繼承了大筆遺產或是信託基金的受益人而言，要長時間累積財富，萬無一失的唯一方法就是花的比賺得少。這是個紀律問題，也是數學問題，如同我們將在第四章討論的，節儉是一連串的行為，最後可以創造淨資產值，這與一個人的年齡、收入和贈與或繼承的財富無關。而對於靠自己累積財富的人而言，儉樸是必要的。就像我父親在《原來有錢人都這麼做》當中說的：**儉樸是打造財富的基石**。

如果你不是超級富人，你和你的子女可能得依靠你累積的財富來生活，而你的子女又沒有謹慎儲蓄或消費的話（也就是不節儉），那就很有可能富不過三代。

在逆境中激發潛能

你的父母或監護人、你成長過程中接受的教育、你學到的金錢觀念，都可以影響你的消費、儲蓄和投資行為，並最終影響你的財務成功。好消息是，即使因為我們早年的教育讓我們變成現在的我，但靠著努力改變行為，還是可以改變人生道路的方向，雖然有時候改變相當緩慢。

值得一提的是，儘管遭遇過逆境，過去二十年來受訪的富人還是苦盡甘來，即使機運不站在他們那邊，他們還是想辦法生存下來並獲得成功。其實我們可以決定：要不要讓我們的過去，或是我們的監護人的行為來影響我們的財務生活。看看幾位鄰家富人所分享的早年經歷吧：

我爸媽相當大手筆，從未想過要存錢。他們裝得很闊綽，但其實並不是真的有錢。我父親六十一歲時過世，沒有下多少錢給我母親。這些痛苦都讓我決定，我不要像我父母一樣。——一位淨資產為二百到二百五十萬美元的企業業主

我父親揮霍無度，將家裡的錢花在昂貴的藝術品以及其他象徵地位的物品上，我完全不能理解，因為母親抱怨我們的錢總是「不夠用」。我爸總是叫我去接電話。當時我母親還兼了一份護士的工作。一個月有好幾次，萬事達卡以及美國運通卡公司打到我家找我父親，叫他付錢。我才十四歲，永遠難忘。我十六歲時父母離婚，我認為對我媽而言是解脫了。總結來說：入不敷出是邁向毀滅的路。——俄亥俄州，淨資產為七百萬美元的行銷主管

許多厲害的人無視逆境，最後戰勝了逆境。他們秉持自信，不管運勢如何，只是專注在可能會發生的好事上。想想看，開創事業的失敗率、成為組織領導人的可能性、婚姻成功的機會，或是在財務上變得獨立的機率……如果我們只看機率，而不去思考自身的行為與選擇，那或許我們一開始就不會嘗試改變。下面的例子是一位來自威斯康辛州、即將晉升鄰家富人的工程師：

我三十三歲，剛離婚，沒有一技之長，靠著最低工資來養活兩個孩子，好辛苦。爺爺奶奶那

時在我家附近，於是跑來找我（我的電話被切了，他們也沒有辦法事先打電話聯絡）。爺爺問了我一個一生當中最重要的問題：「你為什麼想要過這樣的生活？」當然沒有人願意這樣過日子。他相信，只要努力就不會貧窮，除非是你自己選擇了貧窮。最後他付學費送我去上大學，而我也取得了工程學位。

或者看看這位來自喬治亞州，淨資產為一百到一百五十萬的主管：

我媽媽幾年前失業，那時她快退休了。這件事使我爸爸感受到不少壓力，他大我母親四歲，還在努力工作償還買豪宅的三十年房貸。我成長過程中，眼見爸媽似乎總是沒錢，買東西總是靠貸款，融資買車等。後來我發誓我絕對不要和父母一樣過那種日子，我一定要找一份高薪工作，遠離債務，用現金買車，除了那棟用大筆房貸購置的豪宅之外。我太太沒有上班，和孩子們待在家裡。我下定決心要盡早還清房貸，為我們家爭取真正的財務自由。

以上只是一些過去蒐集的故事和趣聞，但這些都說明了成長過程中不管碰到哪些不利日後財富累積的事，都能加以改變。這些經濟有成的人士，或許就是因為早年不順遂，讓他們渴望財務自由的生活，並努力實踐。但是改變之所以成真，是因為他們把他們關於財務目標的態度（這是最重要的）與行為，對齊了「累積財富」這件事。

經驗才是重點

雖然我們不是兒童心理學或是養育專家，但前面之所以討論了早年經歷，是因為（1）生命經驗可預測孩童長大後的結果，但相關研究卻寥寥可數，以及（2）有許多讀者就這個問題向我們尋求建議。我們從生活方式、興趣和心理等面向，研究了自食其力致富的人，結果是：

- 節儉的父母與他們管理財富的習慣，能使子女在經濟上更加有成。以上這段話不但有研究實證，過去二十年來許多人分享給我們的故事也能證明。
- 不管父母為子女樹立了何種財務榜樣，是否要繼續依循父母的腳步，最終還是要由個人決定。

沒錯，許多富人一開始先效法父母的簡樸模範，但我們研究的富人當中只有百分之三十二表示他們的家境比高中同學們要好。僅有少數富人的財富是從有錢的親人繼承而來。事實上，在我們所研究的富人中，只有百分之十四表示他們的收入來自於遺產或是信託基金，也只有百分之十說自己的收入來自於親人的現金或是贈與。

婚姻與財富

我們每天平均會花二點五小時與伴侶相處，[6]所以婚姻對於財富及健康有多大的影響，就不難理解了。在過去以及我們最新的研究中，凡是有結婚的富人們都不斷提到配偶對於自己的經濟成就，扮演著重要角色。在我們最近的富人調查中，有百分之九十三的人是已婚或再婚，而這些人當中有百分之八十同意：伴侶的支持是他們經濟成就當中的關鍵因素。全國經濟研究所（The National Bureau of Economioc Research）發現，六十五到六十九歲已婚伴侶的淨資產中位數，是相同年齡層單身人士的二點五倍。[7]而且，配偶關係和諧也有經濟上的好處：俄亥俄州的一項研究發現，平均而言，離婚會使財富減少百分之七十七。[8]

第五章會提到，家庭成員當中，一定要有人負責與財務相關的工作。如果伴侶雙方都能夠同調，那麼事情就簡單了。財務有成的夫妻會在財務上合作，一般來說也會有相同的目標，以及相同的方法來達成這些目標。[9]甚至有證據顯示，夫妻倆要是信用評分相近，未來合作的可能性也大大提高[10]。一位已退休的富人和我們分享了他對於婚姻與財富的想法：

我認為遇見我太太是我生命的轉捩點，她百分之百相信我，即使我懷疑自己能否有成就，她依然相信我可以辦到。我們的目標相似，都量入為出，也時刻關注我們的未來。婚後八年內我們都在工作，她說願意在家帶小孩（至少帶到小孩開始上學），於是我們就用一份薪水購屋。我們都知道這麼做有好處。她持續在事業上支持我，讓我在事業上冒險犯難，也因此造就了一條邁向今日財務自由的路。

如果我們把家庭當作企業來看待，就能發現家中的每個人必須各司其職管理資源。某位鄰家富人的太太這樣告訴我們：

我先生笑著說，雖然我是我們家的營運長，卻也身兼採購長。他是財務長，我們對於預算分配也時有歧見。每當我們對錢有不同看法時，其他事情好像也就討論不下去了。不過，我們努力讓我們大部分的時候步調一致，即使我們對錢的意見不同。

有時候，家裡大部分的財務管理是由夫妻當中的一人負責。如果其中一位比較節省，這種作法尤其理想。按照某位鄰家富人太太的說法，他們就是這麼做的：

我們快退休的幾年前，我先生對於家裡的財務變得很感興趣。我們結婚三十二年，若不是因為我，我們可能存不了什麼錢。剛結婚時為了不要吵架，我們各自花各自的錢。他需要一個自由花用的帳戶，而我則負責管理家庭消費和儲蓄。

在《為什麼他們擁有億萬財富，而你卻沒有？》當中，幾乎所有的富人受訪者都表示他們的配偶誠實（百分之九十八）、負責（百分之九十五）、有愛（百分之九十五）、有能力（百分之九十五）和支持（百分之九十四）。大多數的富人在求婚前，就知道他們未來的伴侶有這些特質。一位身為資深主管的千萬元級富翁告訴我們，他太太在他的成功當中扮演重要角色。結婚兩年後，他問他太太想要什麼當作生日禮物，她回答說，世界上最棒的禮物就是丈夫回到學校完成學業。她願意住在學生宿舍，並做全職工作來維持兩人生計。這份禮物，最終在她丈夫的職業上以及兩人的生活中開花結果。

有位資深業務主管歐文和我們分享道，他快要五十歲的時候，覺得自己的精華歲月快要結束了，因此非常擔心，而工作機會越來越少。但他太太完全不接受這種看法，她非常相信她先生的職涯前景，並自掏腰包花了五千美元，請了一位頂尖的就業專業顧問幫助歐文找到工作。

配偶怎麼選？

一些直線思考的讀者常常問我父親如何選擇伴侶，顯然他們知道或曾經讀過我父親的書，也都明白擇偶對於未來的財富成就有很大的影響。我父親能告訴他們的，只有伴侶身上的某些特質確實能造就富人成功的婚姻。大多數的男性富人（百分之八十六）在《為什麼他們擁有億萬財富，而你卻沒有》中表示「無私」是一項重要的因素。而且，大部分的富人都告訴我父親，他們的太太都生長在有愛、穩定又充滿關懷的環境中，他們似乎也不需要靠高消費來彌補過去簡樸的生活。

就如同《為什麼他們擁有億萬財富，而你卻沒有》的「擇偶標準」這一章所說的：

> 典型的富人夫婦結髮將近三十年，他們之間的羈絆恆久不變，在經濟上也相當成功。若問他們，為何家庭的經濟這麼好，他們都認為是對方的功勞。

在一千三百一十七位指出配偶相當重要的富人之中，只有一百位認為伴侶的支持在他們的經濟成就中並不重要。在這一百位富人當中，有二十二位未曾結婚，二十三位離婚或是分居。所以在一千三百一十七位富人當中，僅五十五位（百分之四點二）已婚富人否認他們的配偶在經濟成就中扮演要角。

配偶與財富

我父親在幾年前寫了這篇部落格文章，強調遷怒他人與見賢思齊之間的差異：

幾年前《財星》雜誌一篇社論說，「別怪罪富人：捍衛那百分之一」。許多人可以藉著瞭解富人的習慣，學習到許多累積財富的撇步，而不用去批評富人。文章說：「批判這些大肥貓以及貪心的有錢人或許很有趣，但如果我們認真想要討論社會不平等的現象，我們就應該想想那百分之一的富人做了什麼對的事，同時應用這些事來把社會的差距縮小。」[11]

《原來有錢人都這麼做》最初的標題為「這就是他們有錢的原因」。雖然穩定的長期婚姻不一定能預示未來的財富狀況，但婚姻往往與財富狀態相輔相成。我們都瞭解，因為離婚帶來的搬家、財產協議、養孩子等事情令人難過，而且都是額外的花費。就如《為什麼他們擁有億萬財富，而你卻沒有？》中所說的，「穩定的婚姻關係可造就巨大財富；而相反的，婚姻關係長期不穩定的人，在成人階段可能就無法像前者一樣累積那麼多的財富。」

富人與即將晉升富人階級的人，在擇偶方面都有獨特的能力，可以看出對方身上的特質。對於自己的配偶，富人們提到的第一件事情就是務實、無私、有傳統美德、情感支柱、耐心、理解等。[12]

先前一份全國性調查當中，在將近六百七十位富人裡，有百分之六十八與伴侶從一而終，有百分之二十五為再婚。同一份調查中，百分之八十六的富人指出在他們十八歲之前，父母從未離婚或是分居。

收入與財富之間呈現高度正相關，也多有記載。高收入的家庭往往都有著具有傳統美德的先生或是太太。約有百分之八十五的納稅申報為合併收入達二十萬美元或更多的，僅百分之十八為合併收入不到五萬美元，[13]高收入的家庭中，兩個配偶都有全職工作的比例，來到了史上新高。

誠實為上策

如果你想結婚，卻還有未還清的債務呢？在這種情況下，誠實為上策。你應該將你的財務狀況老實告訴你未來的伴侶。要是你夠聰明的話，還會告訴對方你還清債務的方式。一位名叫道格的人點醒了我們這個道理，他與我們分享了一段改變他生命的故事，

> 我未來的太太改變了我的生命。她告訴我，她不想與欠債的人結婚。於是我花了十四個月，還清了四萬五千美元的債，她也推薦了《原來有錢人都這麼做》這本書給我，對我有深刻的影響。

若不誠實，特別是對財務狀況不老實，能讓一段熱戀的感情終止。來看看亨利與莎莉的例子。兩人交往多年，決定廝守終身，但結婚前夕亨利收到了來自莎莉債主的信，這下才赫然發現自己的名字被莎莉用來當作擔保人，去申請借貸。後來他發現，莎莉違反了她的借貸合約，她的消費貸款已經違約達兩萬美元，而且還打算再借一萬五千美元；這還沒包含她尚未還清的學貸。

亨利於是和莎莉討論債務，不料她提出的解決方案竟然是要亨利這位提款機來幫她還債。她相信只要亨利幫忙，她的債務問題就立刻迎刃而解。但她嚴重錯估了亨利，亨利立刻取消婚約，這不單單是因為債務問題所導致的不信任，是因為亨利認為莎莉對錢完全不負責任。

結交好的朋友

不管你的原生家庭是否美滿，是否有給你財務管理教育，不管你的配偶是否在財務上有與你相同的觀念，還有兩件事情是我們可以控制，且這兩件事會影響我們達成財務自由的能力。

第一件事就是比來比去：與周遭的人比較我們擁有的東西、我們買的東西，以及我們的成就。社會計量領域研究的是人如何融入一個群體，特別著重在我們與身邊其他人的相對地位如何影響我們的行為與態度。研究發現，你的主觀幸福感（你對自己以及在生活中的地位感覺如何）與你的社會關係地位有關，而不是你的社經地位。換句話說，「對你所擁有的感到滿足」並不一定與你的地位（財富或收入）相關，而是與你所屬的群體相關。[14]社會關係地位的定義是：與你關係緊密的同儕群體（通常是與你每天互動的人）有多尊敬和仰慕你。

第二件事則是不要管周遭人們的消費習慣。我們對於富人以及一般大眾的研究顯示，不管年紀多大、收入多少，「不要管其他人的消費」這個動作，會與你的淨資產值相關。

例如我們已經知道，和朋友一起逛街會影響我們的消費觀念，影響我們逛街的頻率。這些結果會影響我們的購物行為（青少年是個好的例子）。[15]就算你是節儉的人，你的節儉性格也可能會受到影響，因為節儉的人會因為周遭的人都大手筆而花得更多。[16]關於消費我們會在下一章討論，但現在讓我們來看看鄰居在幹嘛。

社交冷漠：鄰居與我何干？

忽略他人開什麼車、買什麼東西、穿什麼衣服，就是所稱的社交冷漠。不在意其他人消費行為的人，有較大的機會累積財富。如果對他人食衣住行育樂（例如最新款的手機）毫不在意，長時間下來累積財富的能力就會增加。[17]社交冷漠還特別能夠預防我們陷入屢見不鮮的消費競賽。

不在意周遭流行的能力，與淨資產的高低相關。那些將精力花在他人的消費上、想要最新最好的消費者產品的人（像是科技產品或是首飾），就比較不可能累積財富。不管年齡多大、收入多少、繼承或收受多少財富，社交冷漠都是預估一個人淨資產的指標。就像是《原來有錢人都這麼做》的超優理財族一樣，他們都具有某種社交冷漠，所以也有較大的機會累積財富。

能成功將收入轉變為財富的人，面對別人的車、工作、穿著、社群媒體上的發文，都有一致的行為模式，就像這位來自俄亥俄州的富人：

我創業的第一個十年，我和我太太沒有、也不會想與鄰居一樣。我的朋友們都擁有體育賽事的季票、演唱會門票、名車等，而我努力工作，不去參加他們的活動。回想起來我們也沒錯過什麼。我們一直都很省，我們存錢，但不小氣。我們也就是專心做生意，照顧親近的家人，不節外生枝，過程雖然很難，但我們現在也能享有一些小確幸。

在消費競賽當中，你不可能勝出，因為總會有新趨勢、新風格和新流行出現。能將收入轉換財富的人為了累積財富，能忽略這些消費習慣、新玩意兒，以及閃亮的流行配件。以C太太為例，她的朋友很希望在消費競賽中高人一等：

要不是其他朋友提醒我，我倒沒注意到她的行為模式：我要是買車，她就會買一台更大、更貴的。我的小孩在學校成績優異，她就會說她小孩在學校得到什麼獎勵、讚美。我買了新房子之後，將原本那間出租；她買了一棟更大的，然後把原本的家給租出去。這樣的競賽發生在每一件事情上，從育兒、教育、假期等，她總是會浪費時間說嘴，強調這些東西的價值、他們賺了多少錢，以及他們有多少「東西」。

如果她是想要我模仿她，那她會失望。她花得越多，吹噓的越多，我就越不願意花錢買東西。

有個女孩問C太太的朋友是否很有錢，C太太告訴她「擁有那些東西只說明了（這位鄰居）花了多少錢，而不是她有多少財富」。C太太心中想：「我對自己的財務狀況有安全感，我也正朝著舒適退休邁進。按照我鄰居的說法，她就只能等著發薪日，來支撐她的退休生活。」

把成功留給自己

你是否曾經想過，為何有這麼多富人表現這麼低調？因為他們沒有「靠著買奢侈品以及豪宅去展現經濟成就」的強烈需求。他們的成就本身（例如財務自由）就是成功最重要的表現，特別是經濟獨立，就是一種獎勵。反之，那些強烈想要表現自己很有能力花錢的人，可以預期最後會成為「名義上有錢」的人。這些人都陷入賺了花、花了賺的無限迴圈中。

伴隨著「不要和他人比較」這個觀念，則是地位的觀念，亦即不要透過我們的消費模式來向他人展現自己的地位。我們研究的百萬級富人、千萬元級富豪以及那些正在崛起中的富豪，都是不關心別人在幹嘛、也沒有需要向他人展示地位的人，因此在達成財務自由的路上有個好的開始。我父親對《華爾街日報》中的一篇文章印象特別深刻，那篇文章說的就是這個道理：[18]

黛安．華倫（Diane Warren）曾為席琳．狄翁以及洛．史都華在內的歌手寫過超過一千五百首歌。她的客戶名單看起來就像是「流行音樂名人錄」。大多數歌手都是只是名義上有錢的高消費者。他們常常要在舞台上面對觀眾，這不單是維持生計而已，從某個角度上看，這些人都是最原始的物種，因為他們瘋狂地尋找粉絲，從粉絲身上獲得收入。

但黛安不是這樣。她算是「培育者」。培育者播種、育苗、教養他人，並寫歌。歌曲不像現場表演，它可以錄製起來，作者可以永久收取版稅。

華倫小姐根本不在意一般聽眾是否知道歌曲是她寫的。「他們崇拜歌手就好，崇拜到認為歌曲是歌手們寫的。我的名字只要出現在歌詞以及支票上就好！」

消費主義會產生很多問題，家長必須讓孩子免受這種影響：「當你的孩子在學校裡，或是和其他孩子互動時，有人炫耀著昂貴的消費財，你該怎麼辦呢？你的小孩可能會問你為什麼你不買同樣的東西給他們。那你要告訴他們：絕對不要以一個人買的東西來評斷他的水準與能力。穿著華服、開著豪車、好像很有錢的人通常都不有錢。」[19]

感覺良好與否，和我們在群體中的地位相關。有些人比較容易受到周圍人的影響。雖然和朋友相處也有正面的好處，但如果我們拿自己和經常浪費的人比較，就會有不好的影響。你會發現自己相當不快樂，然後破產。

醫生的地位

內科和外科醫師每年的收入，高出一般人四倍之多（美國是二十一萬美元比四萬九千六百美元，這是平均數，不是中位數），全美國大約有六十五萬名醫生和外科醫師，[20]很多人對他們的刻板印象（一定程度的事實也可能是這樣）是高收入、但未必累積出財富的人。這點從「數據點」公司所做的趨勢研究即可看出：節儉程度的評量中，很多醫師落在第三十三個百分位或更低。研究也針對醫師的投資知識、投資技術與財務管理做調查，發現他們對財務方面的敏銳度不高，得分很低。

今日有著高額已實現收入的人，會比二十年前的同階層人士更容易累積財富嗎？不一定。我父親二十年前所寫的道理，在今日依然適用。沒錯，即使是今日，高收入的醫生、律師以及公司的經理人都還是沒有運用這些道理將收入轉為財富。而大部分的高收入夫妻一般來說也都是「名義上的有錢人」，而非擁有高額淨資產。[21]

醫生因為學貸、年齡等因素的影響，導致他們的淨資產中位數通常為負值，但還有一個原因：沒有擺脫醫生地位的包袱。

尤其困難的是，若我們的鄰居、朋友、社群媒體上朋友的朋友以及同事都是高額消費者，而且你從事的還是大家都認定的專業行業（醫生、律師、主管），情況就更難了。許多人對於醫生該穿什麼、該住哪裡都有刻板印象。想想，在我們的全國調查當中，富人所買過最貴的錶為三百美元，而我們的醫生最多則是花了七百美元在錶上。高學歷人士沒有累積出應該有的財富，原因在於社會大眾看待他們的眼光。醫生以及其他需要高學歷的職業，都被認定是「應該要花大錢」的人。[22]

要建立財富，就算是醫生也應該拒絕盲從外界期盼，他們應該要做出「能讓自己獲得財務自由」的決策，不要盲從周遭的人或社會對醫生的刻板印象。要建立財富，就要管好自己，專注在能將高薪轉換為財富的事情上。別管鄰家醫生開的是什麼車、住的是什麼房、戴的是什麼名錶，這對累積財富來說太重要了。

連結經濟對財務上的負面缺點

讀者們一直都在問：現在要成為鄰家富人，是不是比一九八〇、九〇年代要難呢？你或許也有相同的疑問，答案則為「是，也不是」，要看情形。

健保與教育的價格似乎讓百萬美元財富的目標顯得遙遙無期，但就如我們所做的個案研究、訪談以及問卷所示，自《原來有錢人都這麼做》出版以來，財務自由和經濟成就的基礎依然不變。

但是科技擴散帶來了更大影響，讓這個目標更難達成。由於科技建立在社會連結之上，科技讓我們與朋友、家人、前同事、泛泛之交與名人之間的連結更緊密。這些連結無所不在，讓我們有更多方式觀察他們如何運用時間和金錢。當科技使得我們的關係、職業以及我們的溝通方式都增加了彼此長期的連接，這時我們也要小心，避免科技帶來的財務危險。

如今我們無時無刻受到他人影響。我們平均每天花兩小時在社群媒體上，光是臉書就花了五十分鐘。[23]想像一下，如果我們將這兩小時拿去發展新的職能、研究新的商業知識，或是直接和朋友、同事或是部屬互動呢？相較之下，在我們最新的樣本中，富人每週花二點五小時在所有的社群媒體上。社群網絡能影響我們的各種行為，連購物和消費也不例外。我們的朋友所買的、穿的、秀的都能在心理上影響我們。我們花在社群媒體上的時間越多，產品、服務或是經驗的銷售越會影響我們的消費習慣。[24]

正如一位富人在最近的訪談中告訴我們的：「現在你在臉書上立刻就能看到：這些人過的生活看起來不可思議，但實際上不是這樣。」

另一位富人則更嚴格了：「只要人們願意把花在社群媒體上修圖的時間減半，都可以讓自己的日子過得更好，而且肯定好上許多。那些都是把時間浪費在無謂的、短暫的事情上，無法產生永恆的價值。那些時間都被浪費掉了，而人們也忽略了真正重要的事情。」

與他人的連結，似乎是有代價的：賠上的是我們的知識與情感的專注，以及（在財務目標這個領域上）我們的金錢。我們已經習慣了新穎的、耀眼的、很潮的物品。與上世紀九〇年代相比，科技的普及使我們像受到制約的實驗室動物一樣，沒事就想滑一下手機，以獲得下一個新聞、八卦或消費品。科學家已經證實，使用螢幕的活動和滿足感，會連結到腦內的多巴胺，而且這就是一種成癮的習慣。[25]特別是如果我們很容易就被消費習慣與我們周圍的人（家人、朋友、鄰居）及我們在社群媒體上所看到的人（名人、政治家、職業運動員）牽著鼻子走，那就必須要限制這種連結，才能達到財務自由。

行銷新手法

別再理睬社群網絡的流行趨勢，這只是簡樸生活的開始。科技還帶來了另一項令人分心的強力誘因：社交行銷。二十一世紀之前，行銷在我們生活中的範圍僅限於非接觸性的、非追蹤性的方法。換句話說，你只要在雜誌上翻頁、切換電視頻道，或是忽略剛開車經過的看板，就能避開廣告，所以當時的行銷人員得要好好研究，想出吸引人的廣告標語，才能透過眾多非社交性的管道來推銷他們的品牌。我們也不會允許這些廣告來干擾我們的生活。

但是現在，透過email行銷、社群媒體廣告以及網路追蹤，我們經常要用點力氣，才能保留自己珍貴的時間資源，留給重要的事情。花幾秒鐘想一下許可式行銷（permission marketing）的定義，這個概念由賽斯．高汀（Seth Godin）所創，其核心在於尊重他人，這是許多公司刻意忽略的：

許可式行銷是一種特別待遇（而非權利），讓你寄送他人所預期的、客製化的、相關的訊息，給需要這些訊息的人。

它尊重消費者有忽視廣告的權利。要贏得他人的注意，最好的方式就是尊重他人，許可式行銷實現了這個道理。

「專注」在這裡是一個關鍵詞，因為使用許可式行銷的人明白，當某些人選擇專注在你的廣告時，他們實際上給了你某些珍貴的東西，而即使他們改變心意，也沒有辦法拿回他們已付出的

喔，我不能開這種車

我們先前討論過，很多人才不管別人怎麼消費。就如我父親於二〇一四年的文章中說的：

在《別再裝闊了》中，我將「超級富翁」描述為賺進入大筆收入的人，他們手頭上有大量的可支配資產，也花在買超跑、豪宅等地方上。不管他們怎麼花，都只是他們淨資產總值的一小部份而已。

我有次參加了我最愛的美國歷史博物館舉辦的宴會，在那裡認識了吉里斯，他是位名列財星薪資前一百強的高階主管。我們簡單聊了一下會場中的藝術品，然後才發現我們兩人都對跑車很有興趣。吉里斯告訴我他擁有多輛保時捷、BMW，以及搭載旗艦V12引擎的賓士。接著他問我：「你覺得新款的雪佛蘭科維特（Corvette）怎麼樣？」我回答說《人車誌》、《Road and Track》、《Autoweek》和《Motor Trend》都給予這款車型極高評價。然後吉里斯就告訴我，他很想買一輛，但遲遲無法入手，「如果你住的社區都是富人，就不能開平民跑車科維特！」

我時常解釋為何像吉里斯這類的人不買科維特。這些開保時捷的超級富翁（吉里斯也是），不想與他們心中所謂的「暴發土豪粗大金項鍊」族群牽連在一起，所以他們砸大把銀子買保時捷，而不買科維特——即使科維特的性能比保時捷好。在我早期的著作中，我曾問過下列哪一項變數是最好的消費指標：收入、淨資產，還是房產市值？答案是房產市值。如果你住在名門社區的高級住宅中，你將面臨無法炫耀名牌的龐大社會壓力。

專注。所以專注就成了一份相當重要的資產，這是有價值的，不該被浪費。[26]

今日，你的數位足跡讓行銷人員能直接找上你，按照你的網路行為模式量身訂做內容、訊息以及頻率。這種方式既巧妙又有效率，對於那些容易輕信網路圖片、訊息的人來說，這種新的行銷策略代表的是一種危險。預防這類行銷策略，就是不要輕易地把自己珍貴的注意力交給這些廣告，這點對於累積財富而言非常重要。我們在市場中所擁有的唯一力量，就是不要將我們的資源，包含我們的專注力在內，花費在任何會使我們脫離邁向財務自由之道的任何東西上。

行銷專家曾解釋，我們留下的「足跡」（即大數據）對行銷會產生多大的力量。所以讓我們來思考一下這段話：

> 消費者行為不斷變化，「參與期望」也一直增加，廣告商必須採用全盤的策略，透過傳統和數位的方法，提供大規模的廣告，以及與目標群體相關的內容。在為消費者提供價值的同時，還要滿足這些不斷增長的期望，這就需要對市場的大數據進行有效分析。[29]

數據分析的力量，加上我們留在網上的數位足跡，讓行銷人員知道如何讓產品和服務滿足消費者的胃口。不過今日的鄰家富人依舊不理睬這種天花亂墜的廣告，這點和一九八〇、九〇的鄰

酷炫洗髮精的消費者科學

我父親是研究行銷出身，他太瞭解消費者心理的力量，以及心理對我們行為的影響了。他在二〇一〇年寫了這篇文章，指出了洗髮精與自尊的謬論、行銷對我們的感知和潛在福祉的影響、行銷的力量，以及如果我們要建立並維持財富，就得有紀律：

在過去一週左右，我發現我覺得更加興奮、自豪、有興趣、而且很專注。相反地，我感到不那麼充滿敵意，羞愧，緊張，焦慮和內疚。我原先認為這種興奮的原因是我的書籍銷售量上升，或是我收到新款二〇一〇年豐田 4-Runner 宣傳單。但後來我發現了造成情緒高張的主因：我的洗髮精！

二〇一〇年夏天，我採用了一款潘婷「Serious Care for Beautiful Hair」洗髮精，讓我的髮質變好很多，然後我讀到《華爾街日報》一篇富有洞察力的文章，它解釋了寶僑如何不遺餘力地研究怎麼樣鼓勵更多消費者購買潘婷產品。[27]在行銷研究上投入大筆資金似乎非常值得，根據這篇文章，寶僑公司的潘婷創造了三十億美元的銷售額。在最新研究中，請三千四百名女性針對她們自己頭髮的狀況，為二十種情緒強度進行排名。寶僑發現，髮質不好與敵意、羞恥和煩躁情緒有關。寶僑甚至聘請了耶魯大學心理學教授來分析調查，發現「髮質不好會對自信心產生負面影響，帶來社會不安全感，並導致人們專注於自己不好的方面」。[28]誰知道？

當然，我相信寶僑的廣告，也就是潘婷能改善「糟糕的髮質」，因此，用戶將感到更強的自信心，這是這段廣告背後的意義。而建立財富並達成財務自由也能達到相同目的。

在《別再裝闊了》當中，我提到我的導師比爾．達頓（Bill Darden）博士，他是傑出的行銷學教授。他經常告訴研究生：「做好準備，才能在市場上與真正的人才競爭。真正的人才不會去政府部門，甚至不會去醫學科學實驗室工作。偉大的思考者都投入行銷，設計方法讓消費者相信某種痔瘡療法優於另一種，相信某種洗衣精能洗得更亮白。」

如果比爾今日仍在世，我們就可以請他評估白酒或護髮的行銷工作，而顯然他會告訴我們，高手中的高手都在做推銷洗髮精的工作。

家富人相同。那些容易受到媒體影響的人，需要非常嚴格的自我約束，才能忽略他們朋友照片旁邊的那些廣告和文章。

想想今天的行銷活動，以及你是否會相信「潘婷這款洗髮精很紅」：

- 內容行銷會讓你閱讀網路上的一篇文章，該文章看似是由編輯或工作人員撰寫的，但實際上是由寶僑撰寫的。
- 你在 Google 上搜尋洗髮精，接著社群媒體廣告會在網路「關注」你，讓你造訪過的每個網站，只要有付費廣告，就會提供洗髮精的資訊。
- 你後來決定要買洗髮精，聰明的行銷公司花錢在亞馬遜或其他地方提供置入性行銷的假評價，內容是評價者的「真心」評價。

二〇一七年，寶僑公司為了影響消費者的購買決策，在廣告上砸了七十一億美元。[30]為了在今天建立財富，我們必須敏銳地意識有哪些種類的資訊正呈現在我們面前，瞭解資訊的來源，以及它對我們購物行為和自信所產生的潛在影響。我不會因為這些公司使用最有效的行銷方法和資料挖礦而責怪公司：那是他們的工作。我們必須記住，我們是他們的目標。**沒有真正免費的東西，永遠沒有**，那些專注於打造和維持財富的人，都知道這個道理。

簡樸風潮正在興起

有些《原來有錢人都這麼做》的批評者，對於書中描述的節儉購物行嗤之以鼻。有意思的是，二〇〇八年到二〇一二年的經濟衰退，將節儉變成了流行。到平價商店購物、升級再造和回收，以及在家裡製作東西都很流行。

趕時髦的節儉人士找到機會就喜歡秀一下自己省錢的美德，透過節儉展示自己的成就，例如用低價買到名牌。對於他們，以及對於我們中許多人來說，「節儉」的潮流其實會隨著經濟和趨勢的變化而改變。

美國人常使用的優惠券就是一例。Inmar是一家全球行銷研究公司，追蹤廠商提供的優惠券數量和兌換（有多少人使用優惠券）的情形。他們研究出的節儉趨勢相當有說服力，例如二〇一一年間全美國消費者使用了三十五億張優惠券，到了二〇一五年只有二十五億張。剪下優惠券然後去店裡使用，會讓你致富嗎？不一定，如果你固定使用優惠券，但除此以外你沒有別的省錢措施以便追求財務獨立，那就一定不會。對於財富敏感的人，會表現出更加持續、更自律的消費模式。因此，「今天誰比較節儉」這個問題實際上是：無論經濟、趨勢或生活中的各面向如何改變，誰在消費上更自律？持續和自律是節儉最重要的元素，而不只是模仿你鄰居，做出暫時假裝

要快樂，就別再裝闊了

追求財富本身就是空洞的。縱情消費，不考慮現在的消費會如何影響未來的財務自由，這些行為都很淺薄。因為自由意味著不再擔任工作的奴隸，而且永續創造收入。我父親經常說，金錢並沒有帶來幸福；但他訪問的富人們，都追求信仰、人際關係、崇高的志業，以及在生活中創造意義，而這些追求所帶來的滿足感，比起他們手上的投資組合帶來的更大。他在二〇一〇年寫了這篇關於金錢與滿意度和幸福感之間的文章：

什麼才是生活中的幸福？我沒辦法給你全部的答案，但是我認為，一個人戴的手錶品牌或價格、光顧的商店、汽車的廠牌或喝的伏特加的品牌，都與生活中的幸福沒什麼關係。我想用這段話當作我的著作與部落格文章的回顧：一個人的整體幸福感，與葡萄酒的價格、房屋的大小或市場價值，甚至與髮型的價格，都毫無關聯。

我在一項全國調查中研究了一千五百七十四名收入高、淨資產值高的人，探討生活幸福與兩百多項個人特徵、行為和態度之間的關係。請注意，相關性不一定表示因果關係。

除了健康、家庭和工作因素之外，為什麼有些人對生活比較滿意？就統計而言，幸福感越高，他就越有可能同意以下敘述：

1. 在我的財富或收入群體中，我比大多數人有更多的財富。
2. 我們的經濟狀況比鄰居好。
3. 我去年捐贈了百分之十或更多的收入給慈善事業。
4. 我量入為出，過得很好。
5. 我在充滿愛與和諧的氛圍中成長。
6. 我的父母教我如何投資和管理資金。
7. 政治上來說，我比自由派更保守。
8. 我的淨資產中只有不到百分之一是繼承來的。
9. 我的配偶比我更節儉。
10. 我去年將收入的百分之十或更多用於投資。

另外，請注意淨資產和收入都與幸福有關。從統計數據來看，淨資產比收入更重要。但比起淨資產，更重要的是相對淨資產，也就是在一個人的收入和年齡群體中，以及在相關環境的背景下，將他的收入轉化為淨資產的效率。

比起那些裝闊又拼命維持收支平衡的人，那些能夠輕鬆負擔自身消費生活方式的人更加快樂。我一直認為，在同一個收入或年齡組當中，那些由父母以愛心與關懷撫養成長的人，比起那些沒有在這種氛圍中長大的人，錢花得更少，也會存更多的收入。

節儉的行為。你的支出必須有持續的行為模式，不是想到省錢才省錢。節儉的概念在今日尤其具有重要意義，因為近年來經濟轉向繁榮，就業也充分，股市又熱門起來，使得節儉變得不太酷了。

已有許多實證有效的方法，可以建立財富，而採用這些方法的人就有機會達成財務自由。如果你已經有與財務相關的正面經驗，那麼你可能已經形成了一種行為模式，這種行為模式可以讓你更容易停留在財富成功的高速公路上。無論我們的成長經歷如何，我們都要對自己的財務決策負責，因為這牽涉到淨資產。而我們今後要與誰共同度過的決定，也將影響我們未來的發展，所以慎選伴侶吧。

第4章

對財富敏感者的消費模式

我常告訴家人，我的目標是賺利，而非付息。

——五十四歲那年就退休的喬治亞州富人

財務自由的方法很多，邁向財務自由時需要在一定程度上限制消費，意味著我們消費時要有意識，預防過度消費。「消費病」會讓高收入家庭染上一種「砸大錢買東西」的疾病。

收入在中等到略超過平均數的人，無法同時過著高消費的生活又累積財富。大多數財務自由的人在努力邁向財務自由的過程中，都採用節制或是少量的消費原則，就像第一章當中的賈布森家族一樣。在許多案例中，他們即使成了富人，也還是維持這樣的習慣。

即使你父母為你樹立了理想的財務管理行為模範，而你也設法克服困難終於致富了，你還是可能成為高消費下的犧牲者，這是因為你受到社會團體或是媒體的影響，或是你自認為你需要最新的消費品來滿足需求。我們的消費自由以及運用時間的自由，都是有代價的，如果我們選擇好好利用自由，我們就必須要付出成本。即使你決定要住在一般的社區、一般的房子裡，四周還有生活習慣與你相似的鄰居，可能還是難以避免「工作賺錢、賺錢花錢」的循環。我們從小就學習到要去消費，喜歡消費的人在這個社會裡倒是有很多機會可以消費。

在《原來有錢人都這麼做》的〈真正有錢人的致富之道：節儉、節儉、再節儉〉這一章中，從消費行為與習性的角度描述了財務自由的富人。[1]若把節儉的心態應用到購買消費產品，就能幫助一個家庭量入為出，還能培養鼓勵儲蓄的行為。對許多人來說，身為簡樸的消費者就是一種榮耀，就像實境秀電視節目〈極限折價券〉的情節一樣。但對其他人來說，節儉這件事卻是可有可無的。

為了本書的討論目的，以及為了研究財富，我們對節儉人的定義為：過著簡單又便宜的生活，且量入為出的人。節儉人的財務行為模式本質上就是省錢，也不會入不敷出。就像我們過去指出的：**節儉的生活，讓人能輕鬆負擔家中的消費**。

過去二十年的研究顯示，雖然富人們說自己相當節儉，但我們將有錢人族群分為超優理財族（前四分之一）以及超遜理財族（後四分之一）的時候發現，他們對於節儉的敘述都不太一樣。在大眾富豪和即將晉身大眾富豪的受訪對象裡可以清楚發現，不管淨資產多寡和年齡大小，持之以恆的節儉行為模式會帶來淨資產的累積。[2]這一點對於淨資產值高的組別以及收入中位數的組別特別顯著。節儉生活，或至少有個簡單的消費習慣，都需要一定程度的自律以及對流行的漠視。基本上，儉樸的生活重點在於編列預算、規劃與設定目標、單純與自律。過得節儉需要知識、能力和個性，但最重要的是實踐一系列明確的生活習慣，而且這種生活習慣可能是別人不願意做的。

不管你的收入是主管、老師還是廢金屬處理者的等級，對那些有志要達到經濟成功和財務自由的人來說，節儉是永遠不退流行的。研究顯示，百分之五十七的超優理財族表示他們向來節儉，而超遜理財族僅有百分之四十向來節儉。

消費的起點是家庭

我們的財務決策會在生活中的哪些層面上受到影響呢？我們住在哪裡，會影響到我們的工作態度，[3]也會影響我們的消費。《別再裝闊了》當中說：「我們的家庭或是社區環境，對我們累積財富的過程可能產生極大的傷害。如果你住在豪宅或是華麗的社區，你的行為和消費都會和鄰居們一樣。整體社區越富裕，居民在產品和服務上消費的也越多，我們會模仿鄰居的消費。大多數白手起家的富人能夠累積出財富，因為他們從不住在居民有高消費習慣的社區。」[4]正如前一章的討論，我們會和四周的人比較，其他人也會對我們的消費產生影響。[5]你的鄰居都是高收入、高消費、只有名義上有錢的人嗎？若是的話，思考一下你的消費模式，真的是你自己的模式嗎？還是受到超遜理財族的影響？

不只是一棟房子，是生活習慣

除了鄰居對我們的影響外，我們的房價和收入比也影響著我們長期累積財富的能力。對美國人而言，購屋比用租的還要划算，但是累積財富的關鍵在於買一棟自己能負擔的房子。我們研究的鄰家富人都表示，他們購屋時的房價都不會超過年收入的三倍。

在我們最新的研究中，富人房價的中位數為八十五萬美元（約為他們當前收入的三點四倍），而他們購屋時的頭期款中位數為四十六萬五千美元。需要注意的是，我們研究中大多數的富人在過去十年從未搬過家。在美國搬家的平均成本超過一萬兩千美元，[6]從金錢的角度上來看，不搬家比較划得來。那又是哪些原因促使人買新房子呢？我們最新的研究發現，沒有人說他們搬家是因為接到推銷員打電話或是寄信要求他們這麼做，僅有百分之三的人說他們因為經濟有成，房地產經紀人建議他們搬到更好的社區。一般來說，鄰家富人購置新房是因為品質、外觀、鄰近公立學校，以及社區（參閱表4-1）。這些富人將近百分之六十是因為收入增加而搬家。在我們的研究中，房產行銷對富人來說並沒有什麼影響。

住更大的房子

當我們談到買房的社會壓力時，指的是來自於你同儕群體或是家庭的壓力，由於這股壓力，讓我們想在特定的地點、社區或是住宅區買房。這股壓力也可以指專業人士承受的壓力，例如說

表 4-1：富人最近購屋時最重要的原因排行

最近購屋原因	認為重要的百分比
想要品質更好的家	81.2%
喜歡新房屋的外觀	80.2%
想要更高水準的公立學校	71.6%
想要住在更好的社區欸	69.0%
利率更優惠	59.9%
收入增加	59.1%
職業 / 職務變動後搬遷	58.14%
於上一個住處累積了大量財富	54.9%

表 4-2：富人最近購屋的最不重要原因排行

最近購屋原因	認為不重要的百分比
收到退休計劃分配	6.9%
售出全部或是部份業務	6.1%
中間商瞭解我們的經濟成就並慫恿我們換房	3.3%
出售版稅 / 專利權	1.6%

表 4-3：富人們的購屋價格與現時價格

	富人的房屋於各價格範圍所占百分比	
價值	購屋價	今日市值
$400,000 以下	41.4%	4.8%
$400,000–$599,999	19.9%	19.6%
$600,000–$799,999	15.2%	21.5%
$800,000–$999,999	7.0%	19.0%
超過 $1,000,000	16.4%	35.2%

律師在事務所坐擁高薪，卻有超大筆房貸。我們再一次看到，環境的影響會讓人扛下自身收入負擔不起的生活成本。換到更大的房子迫使許多專業人士必須一直工作，才能負擔房貸，從此過著令人擔心受怕的生活。此外，換到更大房子有另一項成本，與整體健康有關。看看下面這位富人的個案，他的健康和財富狀況都需要調整：

二〇〇六年七月，我快四十歲了，胸口感到疼痛，醫生說我快要得心臟病和糖尿病了。我開始想改善健康，但我發現，只要調整生活中的某個部分，則其他方面也需要改善。從財務上來看，我們是個典型的小康家庭，有數十萬美元的抵押貸款，大約八萬美元的消費債務，每個月都要苦等發薪日到來。我們雖然有為退休儲蓄，但我們的淨資產，包括個人財產，只是比收入多一點而已。幾位金融「專家」說我們做得很好，但我們過得並不好。我們意識到自己的情況不佳，於是採取行動，設定了目標開始執行。首先清償消費貸款，還存了一筆應急基金，接著又慢慢將房貸還清。如今我們沒有債務，還有超過一百萬美元的淨資產。我們在家裡教導孩子，要過著我們能負擔的生活。這是一段漫長而艱難的旅程，還有好幾年的路要走。我們有目標和計劃，每天都在努力。

經濟泡沫化的教訓

二〇〇八年的房產泡沫化以及其後的經濟衰退讓我們學到，購屋價格千萬不要超過年收入的三倍。二〇一〇年，一位名叫傑瑞的男人和我父親分享了他對於房地產的擔憂。傑瑞是電腦程式設計師，他的妻子是兼職牙科技師。這對夫婦的年度總收入約為十萬美元，膝下育有三子。

就在房地產市場崩盤之前，這對夫婦以四十九點五萬美元的價格在新開發的住宅區買房。在二〇〇九年至二〇一〇年之間，同一個住宅區有三間類似於傑瑞房產的全新住宅，卻只用三十萬美元就出售，每間都是因為付不出貸款而被法拍。「喔，慘了！」傑瑞說。他想提高價格轉售房屋取利的夢想飛了，但他還有超過三十萬美元抵押貸款。我父親告訴傑瑞不要慌。幸運的是，傑瑞的情況後來變好了，特別是因為他家的學區很好。

除了賺取價差這個動機外，傑瑞和太太為何要從原來二十八萬美元的舊房子，換成四十九點五萬美元的新房子呢？以下是他的三個理由。

1.貸款經紀人說，他們付得起。這簡直就是邀請狐狸來數算雞舍中有多少隻雞，或是問理髮師你是否需要理髮。你能買得起什麼，這是誰告訴你的？他的建議與他的報酬有多大關係？

2.其次，在人口特性和社經特徵方面，鄰居似乎與傑瑞夫婦相似。換句話說，他們的新鄰居有類似的職業、興趣、目標和消費慾望。這可能會使傑瑞和他太太想要模仿鄰居，買類似的東西，做類似的事情，以增加鄰居對他們的接受。

3.第三，也是最重要的一點，結婚二十年來，年收入十萬美元是最高點。現在既然收入達六位數，他們認為自己「有錢」了，而且按照傑瑞的邏輯，有錢人不會住在二十八萬美元的舊家。傑瑞對於富裕的想法使他做出不合理的買房決策。

不管你是有錢、很有錢、超級有錢，淨資產才是重點，因為收入不等於財富，財富也不等於收入。這對夫婦的淨資產現在不到十五萬美元。傑瑞講述他的故事時，我父親查看了他從二〇〇七年美國國稅局房地產稅資料中得到的數據，這些數據紀錄的是那些房產價值三百五十萬美元或以上的、當年過世的人。這些人房屋的市值中位數為四十六萬九千零二十一美元，還不到其淨資產中位數的百分之十。還有，平均來說，這些過世的富翁，生前將自己財富的二點五倍拿來買房地產投資，而不是拿來買房子居住。如果傑瑞早知道這件事會怎麼辦？他購屋的價格還高於那些去世的富人嗎？這取決於傑瑞是否希望自己「看起來有錢」，還是「真正的有錢」。

不一定要住在有錢的社區

經濟有成的富人，在找房這點特別厲害，因為他們不想用住處來炫富。他們的心態不像傑瑞那種「我收入高，所以要住在『有錢的』社區」。但像傑瑞這樣的人很多。正在快速累積財富的黛比分享了她對於買房的想法：

我老公和我買了一棟房子，當時房地產市場正在下跌，我們想找一個藍領社區。新的屋子有一個小小的加蓋，室內總共四房。後來我有位同事和未婚夫一起找房子，有天上班的時候眼淚汪汪，因為買不起好的房子。她說：「我想要一個像你這樣的房子。」可是她找的地方，都是高級社區。於是我告訴她，如果她在像我這樣的藍領社區找房，可以找到更理想的物件。她聽了我的話竟然生氣起來，一個星期都不和我說話！

黛比的建議也許太中肯了。如果黛比的朋友知道搖滾明星布魯斯．史普林斯汀曾經在訪談中說，他曾在「住過的每個社區，從最藍的藍領到最貴的，都遇過蠢蛋」，也許她對所謂的「高級社區」鄰居會有更務實的看法。有位高級房地產經紀人說，豪宅鄰居一樣會喧鬧，會越界到別人院子。這點和藍領是一樣的，而且可怕的鄰居到處都有。

不過黛比朋友的例子不是唯一。節儉並不適合所有人，適度消費也不適合所有人。一九九〇年代晚期，經濟和股票市場蓬勃發展的時候，曾有人發現《原來有錢人都這麼做》這本書被隨意棄置在亞特蘭大機場的廁所。這種行為可能有許多原因，但顯然有些讀者不喜歡讀到有關持之以恆、自律等方面的事情。或許他們想找一個快速致富的計劃，或許他們因為擁有十八萬美元的年收入而受人讚美，他們可以用這筆錢來買豪宅，不過豪宅也可能讓他們瀕臨財務極限，難以支付私立學校學費以及昂貴休旅車，最後銀行存款見底。如果他們知道，數據顯示他們的行為會損害他們未來的經濟狀況，或許會很失望吧。

你的鄰居以及他們繼承的財產

在我們最新的研究中，只有百分之三十五的富人住在市值突破百萬美元大關的房子裡。若我們看看這些富人如何賺錢，我們會看到一些令人驚訝的統計數據。首先，當我們檢視曾受贈信託或遺產的富人（約占百分之十四）與從未受贈信託或遺產的富人（百分之八十六）有什麼差異，我們發現：曾受贈遺產或信託的富人當中，居住在價值一百萬美元的房子的比例，遠高於未曾受贈遺產或信託的富人——也就是說，繼承遺產或信託的富人當中，有百分之五十五住在價值至少一百萬美元的房屋中。

社區中住宅的市場價值越高，該社區中屋主曾經受贈信託或遺產的比例越高。例如，美國最昂貴的社區裡，房產現值超過一百萬美元，而住在這種社區的人當中，大約有四分之一的人曾經從遺產或信託中獲得金錢，這與那些生活在房屋售價不到五十萬美元的社區的富人，形成了鮮明對比——這些屋主只有百分之八從遺產或信託中獲得收入。

如果你的目標是模仿、融入周圍的人，那麼你成功的機會不大。隔壁鄰居如果擁有足夠收入能住在百萬豪宅，你要跟上他們家，這件事本身就很困難。但如果住在你隔壁的競爭對手有來自

表 4-4：以房屋原價來看富人屋主是否收受信託或遺產之百分比

	富人居住於各種房價範圍所佔百分比	
房屋原價範圍	未收受信託或遺產	有收受信託或遺產
$400,000 以下	42.3%	33.3%
$400,000–$599,999	20.0%	23.6%
$600,000–$799,999	15.5%	18.1%
$800,000–$999,999	6.1%	9.7%
超過 $1,000,000	16.1%	15.3%

表 4-5：以房屋市值來看富人屋主是否收受信託或遺產之百分比

	富人居住於各種房價範圍所佔百分比	
當前市值範圍	未收受信託或遺產	有收受信託或遺產
$400,000 以下	16.3%	0.0%
$400,000–$599,999	21.0%	15.1%
$600,000–$799,999	22.9%	17.8%
$800,000–$999,999	19.6%	12.3%
超過 $1,000,000+	30.7%	54.8%

富裕祖先的遺產，那就更難了。

坐擁豪宅不代表就是富人

一對夫婦曾問我父親關於房屋和淨資產的關係。他們正在考慮購買人生的第一棟房子。他們說，我父親曾指出幾乎每個富人（百分之九十五）名下都有房子。不過，名下有房子不等於富人，而且當你想買人生第一幢房子時，沒有人會給你七位數字的支票。但在另一方面，房屋和淨資產之間存在某種相關性。根據政府統計，過去二十年中，租房者的家庭淨資產中位數徘徊在四千至五千美元左右。在同一時期，名下有房子的人淨資產中位數比租屋者高出三十至四十五倍。二〇一六年美國擁有房屋的人，淨資產中位數約為二十三萬美元。[7]當然你也不用指望你的房子會升值而讓你發財。如果計入所有真實成本，則房屋的升值相當少——如果有升值的話。同樣，建立財富的關鍵之一就是住在你可以輕易買得起的房子裡。

什麼叫買得起？買得起的房屋是指每月住房成本（包括抵押貸款，保險和稅收的本金和利息）低於家庭總收入的百分之二十八，[8]這與《原來有錢人都這麼做》的「房價不要超過年收入的三倍」建議相當接近。你不僅要考慮生活成本，還要考慮如何衡量你居住的城市、社區和鄰居的財富。（見表4-6）。

我們仍然認為，討論到你的個人幸福時，要考慮你更直接的社區（你的學區，社區和居住城市）條件。如果你想在郊區購買四千五百平方英尺（超過百坪）的大宅，而不是市區內兩間臥室、待整修的房子，那你就是用房屋大小來交換通勤。什麼對你更重要？

《原來有錢人都這麼做》中曾經如此說明：

也許你應該更富有才對，因為你只為了住在高級社區的房

表 4-6：擁房的每月成本中位數與部份美國城市幸福指數（2012 年）

城市	擁房總成本[9]	情緒幸福	幸福指數[10]
舊金山	$2,497.68	3	69.20
聖地牙哥	$1,746.21	8	65.80
華盛頓特區	$1,735.45	13	64.14
西雅圖	$1,726.50	25	63.16
明尼亞波利斯	$935.63	9	62.59
洛杉磯	$1,474.75	24	59.91
丹佛	$1,160.94	53	59.25
波士頓	$1,833.73	40	56.93
奧勒岡州波特蘭	$1,148.11	81	56.11
紐約	$2,068.96	66	54.66
聖安東尼奧	$938.13	79	54.55
沙加緬度	$929.22	64	53.90
亞特蘭大	$606.92	51	52.97
鳳凰城	$703.71	66	52.67
達拉斯	$1,013.58	53	52.62
芝加哥	$1,172.46	58	52.57

子裡，就犧牲了目前和未來大部分的收入。在這種情況下，即使你每年賺十萬美元，你也不會富裕起來。或許你有所不知，但你隔壁那棟三十萬美元的房子，是鄰居在他變得富有之後才買的；而你則是買了之後才期望變得富有。11

許多人無法或不願明白，花鉅資買東西會對自己未來的財務有什麼影響。他們反而陷入「今日花錢，而且預期未來會變得有錢」的錯誤觀念。還記得第一章中的肯恩嗎？他放棄了曼哈頓的生活，移居亞特蘭大。他的同儕懷疑他的選擇，但肯恩最終還是獲得了回報：二十多年來，他的生活成本降低了。現在的社會中，房地產價格上漲，薪資停滯，所以量入為出的概念真的重要，特別是在購屋時。

消費商品

許多人不喜歡節儉的生活，但來自世界各地的人不斷告訴我們，他們覺得自己選擇的生活方式是對的：避開消費潮流。他們詳細描述了他們的習慣，從這些看似微小的行為（如剪下折價券到他們購買最新款汽車的原則），證實了德不孤必有鄰。

與一九九六年相比，消費的週期更快，社交訊息不斷湧來，包括我們的鄰居正在做什麼、買

富人生活都很省嗎？

你的配偶是否在暗示你，想要某些禮物、娛樂和活動，而這些花費卻又超出你（或對方的）收入呢？你可能交了一個重視消費的伴侶，而他後來難以適應你的節儉生活方式。問題是，節儉才是尋求財務自由的人所過的生活，正如我父親在二〇一一年描述的：

很多人問我，富人都做些什麼事。而我的答案都很簡短。典型的富人在做的事就是「約會很省錢！」沒錯，即使在全國最富有的前百分之一富人當中，也有些人是這樣的。許多富人最喜歡的活動並不昂貴。你有錢沒錢並不重要，生活中最美好的事物都是免費或幾乎免費的。最近有位創業的富人寄電子郵件給我，內容提到了「簡約生活」的概念：

「我騎自行車上班，往返十二英里，過去八年來始終如一。我五十歲，結婚三十八年，沒有繼承遺產，三名子女已成年，都相當有成就。我們付了三所私立學校的學費，沒有貸款，自己擁有一家公司，也沒有債務。我工作相當忙碌（每週六十小時），但我和孩子們一起運動，也在教會唱詩班唱歌。我有一座花園，每年生產許多蘋果酒，還養了蜜蜂，全家去過六次墨西哥旅遊。妻子和我都是基督徒，價值觀相同，所以我們婚姻美滿。我們所有的朋友好像價值觀都與我們相似。」

他提到他並不想買新車：「我們很滿意。我們的車都能使用很久，二〇〇二年款的休旅車開了九萬英里，三年半前我們用三千五百美元買了一九九五年款的別克。」

這位富人所花費的時間和金錢讓他非常滿意，「簡約生活」不會讓他感到困擾。

什麼。而置入性行銷也更多了。二十年來，市場行銷和消費主義發生了巨大變化，呈現給消費者的資訊以及購物的便利性都產生了本質上的變化。儘管有這些變化，以及來自媒體、社會和其他方面的影響，我們依舊可以看到，過去二十年來富人節制消費的態度始終如一。超優理財族依然表示自己比那些超遜理財族更為節儉，他們的經濟能力也比鄰居更好。雖然每個家戶的預算編制差別不大，但在整體財富和節儉上卻存有差異。

比起一九八〇或九〇年代，我們今日是否需要更加自律地控制支出？當然要。因為社交媒體及行銷人員有能力追蹤我們然後再行銷，我們需要更加自律才行。

我們來看一些過去與今日的相似之處。今天，大多數富人購買消費品的費用與一九九六年相比並沒有太大變化。二〇一六年，富人在西裝、鞋子和手錶上花費的金額與一九九六年相同。服裝的中位數價格在一九九六年到二〇一六年之間下降了大約百分之十八，很可能是由於服裝成本

表 4-7：預算編列與節儉程度——超優理財族 vs. 超遜理財族

敘述	非常同意 + 同意的百分比	
	超遜理財族	超優理財族
我一直以來都很節儉。	40.7%	57.0%
說到財富累積，我們比大部分鄰居好很多。	42.9%	72.5%
我們家依照細心編列的年度預算走。	58.0%	61.6%
我瞭解我們家每年在食衣住行上花多少錢。	69.0%	63.2%

下降，以及今日半正式的商務服裝更受到接受。但這裡的重點是，至少對於這些類別的消費品而言，消費市場持續顯示鄰家富人和其他類型的富人並不會購買顯眼的頂級奢侈品。換句話說，如果你想要效仿富人，那麼你就別買高端產品。想想看，你的消費行為更像是真正的富人，還是更像你認為的有錢人？

一位律師的觀點

現年三十六歲的納德·戴維斯是相當厲害的出庭律師。即使他剛出道時，勝訴記錄就使他聲譽卓著。他大方地分享了他在法庭上對服飾重要性的一些看法：

表4-8：富人在服裝和配件上所花的最高金額：1996年到2016年（以2016年幣值計算）[12]

		西裝		鞋		手錶	
	中位數：	$612	$500	$215	$200	$361	$300
花費更少所占百分比	花費更多所占百分比	1996	2016	1996	2016	1996	2016
10	90	$299	$200	$112	$97	$72	$50
25	75	$437	$300	$152	$120	$153	$100
50	50	$612	$500	$215	$200	$361	$300
75	25	$919	$1,000	$305	$300	$1,726	$2,500
90	10	$1,533	$1,500	$457	$500	$5,831	$8,150
95	5	$2,148	$2,000	$512	$600	$8,132	$12,000
99	1	$4,296	$4,720	$1,023	$1,656	$23,016	$25,260

我不是很愛戴手錶的人，但我有段時間想買一支皮質錶帶的金錶。我認為我有足夠的理由，可以花錢買支新手錶。然而我讀了《別再裝闊了》之後，決定不要花大錢去買名錶。最後在我家附近的古董商店兼雜貨店找到了一款天美時錶，造型看起來很復古（它是一九七〇年代的產品），與正式服裝相當搭配。也因為它是天美時品牌，價格非常實惠，只要四十美元！

買了這款錶，我更不想要讓自己外表看起來太花俏，所以工作時戴著這款價格適中的手錶，適合極了。我站在陪審團面前或是與客戶會面時，更喜歡戴著我的天美時，讓我看起來值得信賴。我認為我們的衣服和手錶（和汽車）確實傳遞出了許多正面或負面的消息。而且我發現，在法庭上衣服、手錶或珠寶最好不要太惹眼，我也把同樣的事情告訴所有客戶。順帶一提，《別再裝闊了》也讓我更確定了我要繼續駕駛二〇〇四年款的富豪轎車。我覺得我每個月都能省下至少五百到七百美元，這款車我已經開七年了！

納德的成功，以及伴隨著成功而來的尊重，才真正表徵了他的成就。衣服和配飾可以買得到，但它們與法律專業、經濟的成就完全不同。美國的百萬級富翁最多只花三百美元（中位數）買手錶，而且大約四分之一的人只付了不到一百元。雖然在我們的調查中，我們沒有區分傳統手錶和智慧型手錶或其他穿戴科技，而且有些人認為這些科技會取代傳統手錶，成為鄰家富人的特色。即便如此，支付的中位數價格也接近智慧型手錶的價格。

牛仔褲要多貴

讓我們來看看一個新主題：牛仔褲。美國丹寧布產業的產值為一百三十七億美元。[13]最近的一項研究報告稱，美國人平均擁有七條牛仔褲。[14]美國人平均每條牛仔褲花費不到五十美元，[15]而且我們研究中的富人也是平均最多只花五十美元買一條牛仔褲。然而，設計師款的牛仔褲非常昂貴。在亞馬遜網站上輸入「牛仔褲」，並將價格由高到低排序，你說不定就會買到一條超過八千美元的 Dolce & Gabbana 牛仔褲。

只有百分之二十五的富人花了超過一百美元去買一條牛仔褲。但我們曾訪問過一位只穿便宜牛仔褲的富人：

> 我在沃爾瑪平價超市買了十二美元的藍哥牛仔褲。非常好穿，永遠也不會壞。後來我覺得它不夠時尚，所以又在 Costco 買了三條 Levi's，讓自己有更好的牛仔褲穿。接下來的十年，我都會穿這些牛仔褲。

請注意，在撰寫本文時，藍哥牛仔褲在亞馬遜網站上有超過四千條評論，平均評分為四點四顆星，滿分五顆星。

人妻的穿衣術

美國人今日買衣服的速率比以往更快。根據美國服裝和鞋類協會(American Apparel and Footwear Association)的統計,[16]二〇一五年人均服裝消費量為六十七點九件,鞋子為七點八雙。而我們也以極快的速度汰換掉衣服。紡織品回收委員會(Council for Textile Recycling)稱,美國的每個男人、女人和小孩每年都會扔掉重達七十磅(約三十二公斤)的衣服和其他紡織品。[17]

一位太太和她丈夫住在德州首府奧斯汀最好的社區之一,[18]擁有一幢四臥室住宅。「我相信,要住就要住在最好的地方。地點、地點、地點!我可以接受沒有好車,沒有其他奢侈品,但一定要住最好的房子。」她說。

表 4-9:富人在牛仔褲、太陽眼鏡和家具上所花的最高金額

		牛仔褲	太陽眼鏡	家具
	中位數	$50	$150	$3,800
花費更少所占百分比	花費更多所占百分比	花費最多	花費最多	花費最多
10	90	$30	$20	$1,200
25	75	$40	$50	$2,000
50	50	$50	$150	$3,800
75	25	$100	$250	$6,000
90	10	$195	$350	$10,000
95	5	$200	$500	$15,000
99	1	$300	$800	$39,000

高品質家具：長期來看是划算的

某些優質消費品可以使用、轉讓、轉售、再度使用，因此它們往往價格較高，但我們只會購買一次。我父親在二〇一三年寫了這篇文章，凸顯了他長久以來對木工的愛好以及對消費品品質的概念。

我在網路履歷上沒寫出來的是我的嗜好：我從十二歲起就鍾情木工，喜歡打造質樸的桌子、櫥櫃，喜歡雕刻鴨子。許多木工作品的原料，就是我種植的第一棵白雪松。我有能力判斷新舊家具的木材品質和工藝水準，甚至還能評論一些古董。我最喜歡傳統的實木家具。精心製作的傳統家具是鄰家富人的首選，他們常把傳統家具當成終身投資。我最喜歡的品牌是Henkel Harris，它的木材和工藝品質都是最棒的。

二〇一三年這個品牌關門大吉，讓我難過好久，我只好說，傳統木工家具的消費者太少了。現在的行銷案動輒數十億美元，消費者都習慣了「用過即拋」的型態。家具行業裡有人也抱持這種心態。我們身為消費者，不斷在習慣購買和更換，要買更時尚或更流行的家具。這種家具往往是夾板製成，有些甚至是用鋸屑合成的木板，用膠水固定。很多廠牌的家具是由廉價的薄木板組成，然後塗一塗，釘起來（而不是榫卯）。這種家具能時髦多久？

美國是世界上最大的經濟體，擁有世界上最優秀、最積極的行銷人員。他們成功說服了越來越多的人，說家具不是世代相傳的耐用產品，而是用完即丟的消費品，就像塑膠刮鬍刀一樣！

不可否認，高品質的家具很貴。平均而言，富人在一件家具上花費最多三千八百美元，這個價格可以從低品質的零售商那裡買到一整個房間裡的整套家具。若要考慮品質的話，二手的 Henkel Harris 家具對預算有限的人來說相當有價值。我上次參觀亞特蘭大古董展時，注意到一套桃花心木製作的 Henkel Harris 餐廳組（含桌子、八張椅子、餐具櫃和凸肚型櫥櫃），售價僅八百九十九美元！今日光是用於製作這套家具所需的原木成本就要這個價格。這種家具即使經過專業修補，你支付的費用仍然低於購買新套組的百分之二十。

她瞭解衣服的價值，她從不想在衣服上花大錢，因為衣服貶值太快，而且買太多不利淨資產的累積。但她想穿得好看，所以她說：「是的，我穿著在慈善機構購買的二手訂製女裝。」（是的，舊貨店也有等級之分！）她購買的許多服裝，仍然附有最初的銷售標籤，換句話說這些衣服都沒被穿過。她運用省下來的資金購買績優股票。「我們生活在醫療奇蹟時代，所以我投資了與醫藥相關的股票。我們有土地和採礦及石油產業的相關金融商品。我們不會告訴朋友我們持股多少，因為與我們做生意的許多人並沒有像我們一樣有那麼多股份。」她說的「許多人」，是否就是那些只有在資產負債表上有錢的人呢？

汽車：消費的究極試煉

消費者的單一決定通常不會影響他長時間累積財富的能力；行為模式才是更好的指標。但購買汽車是一項重大的財務決策，會對財富產生深遠的影響。

二〇一六年，我們研究的富人為了購車所支付的價格中位數為三萬五千美元。大多數富人不會購買昂貴的車款，所以豐田、本田和福特就是富人偏愛的榜首。在我們的調查中，近三分之一的富人表示他們開這三家廠牌的車。請注意，一九九六年的一些頂級車製造商如奧斯摩比、凱迪拉克、林肯、吉普等，並沒有出現在二〇一六年富人愛用的車款排名前十五名。

為什麼本田車值得買？

為了能讓一輛車開二十多年，就一定要有最好的品質，經濟有成的人就是用這個標準來買車。名義上（只有在資產負債表上）有錢的人還是喜歡名車，但表4-10顯示，豐田和本田在鄰家富人駕駛的汽車榜上名列前茅。下面這篇有趣的文章是我父親幾年前寫的，講的是在鄰家富人的汽車選擇列表中排名第二的本田汽車：

二〇一一年本田雅哥的廣告說，本田的車在所有同級車款中，具有最高的二手價值。我一點也不驚訝。一輛車的二手價值取決於許多因素，包含可靠性等。在美國，租車公司會因為業務需求而大量買進某款車，然後短期內就傾倒回到市場，這種車的二手價格就不好。

我有位朋友要我幫她賣掉爺爺的車，車齡三年，里程數一萬四千英里，不過狀況良好，只賣七千美元。當時全新售價為二萬五千四百美元。為什麼車齡、里程都不高的車，只能賣七千美元？就是因為它屬於租車公司大量購進的車款。這輛車付出了沉重的代價，損失了百分之七十以上的首購價格。也許她爺爺當年應該買一輛本田！如果這麼做的話，至少淨賺五千美元。

根據《汽車新聞》二〇一一年的報導，二〇一〇年本田美洲僅佔租車公司（及其他大批購車客戶）銷售的百分之一點六（二百一十萬輛之中的三萬三千輛）。[19]可是本田向零售客戶銷售了一百一十九萬七千五百輛車。而通用汽車在租車公司的批發銷售上，佔了百分之二十九點二（六十萬九千輛），福特佔則百分之二十九（六十萬四千九百輛），與本田形成強烈對比。

我最近碰到一家大型本田經銷商的老闆。自從我們一起讀碩士後我就沒見過他。我誇讚他的商譽，他回答說：「本田的車最好，問題是一旦賣出去之後，顧客就會抓著這輛車不放，或者至少交給家裡其他人使用，所以我從來沒有足夠的二手本田，害得我的展示場都停不滿哪。」

表 4-10：富人的汽車廠牌（1996 年和 2016 年）

廠牌	車款	1996 %	2016 %（依此排序）
Toyota	Camry, Corolla, Highlander, Prius	5.1%	12.5% (1)
Honda	Accord, Civic, CRV, Odyssey, Pilot	1.6%	11.4% (2)
Ford	Edge, Escape, Explorer, F-150, Focus	9.4%	9.0% (3)
BMW	325, 535, 328, 428, X3	2.2%	6.4% (4)
Chevrolet	Equinox, Silverado, Tahoe	5.6%	5.9% (5)
Lexus	ES 350, RX 350	6.4%	5.6% (6)
Nissan	Altima, Maxima, Rogue	2.9%	4.8% (7)
Subaru	Forester, Outback	-	4.2% (8)
Dodge	Caravan, Grand Caravan, RAM	2.2%	4.1% (9)
Mercedes	C300, E350, S550	6.4%	3.9% (10)
Audi	A4, Q5, A6, A7	1.8%	3.7% (11)
Volkswagen	Jetta, Passat	1.1%	3.0% (12)
Hyundai	Elantra, Santa Fe	-	2.8% (13)
Acura	MDX, TSX, RDX	1.6%	2.7% (14)
Kia	Sorento	-	2.0% (15)

平價品牌一直是富人購車榜單的首位。豐田、本田和福特是最受富人歡迎的品牌，緊接在後的是BMW。因此，對於那些想要效仿富人或表現出富人地位的人來說，前三款才是正確的選擇。

對生活滿意度高的，都是那些欣賞他人的內在的人。老是注意別人開什麼車、穿什麼衣服或住什麼房子的話，就無法對自己的生活感到滿意。即使對於喜歡汽車的人來說，他們更感興趣的，是如何讓自己累積財富。我們詢問了北卡羅來納州的一位鄰家富人，想知道他為了累積財富而放棄了什麼。他回答說：「每隔幾年就會出一款新車，但我現在這輛保養良好，開二十一年了。我認為這個決定為我省了大約二十五萬美元的購車費用。畢竟，我追求的是財務自由。」

表 4-11：富人所擁有的汽車車齡（1996 年和 2016 年）

	所佔富人百分比	
最新車款已出產年數	1996 年	2016 年
當年	23.5%	15.5%
一年	22.8%	17.8%
二年	16.1%	15.1%
三年	12.4%	10.2%
四年	6.3%	7.6%
五年	6.6%	6.2%
六年或更老	12.3%	27.7%

1996 年，富人購車人數佔此樣本的 81%；租車者則佔 19%。到了 2016 年，這些數字分別為 86% 和 14%。

租車、豪車與炫富的渴望

用他人所駕駛的汽車判斷一個人很容易。行銷人員對名車車主和駕駛人有一定的看法（雖然不太準確）。但你不能靠著這一點來評斷你的鄰居、朋友或家人有多少財富，因為這些豪華車通常是租來的。在經濟繁榮時期，只有在資產負債表上有錢的人尤其傾向於租車。

據二〇一〇年《汽車新聞》雜誌的報導，賓士金融服務副總裁表示，租賃佔賓士新車營收的一半，[20]不管是在經濟繁榮或衰退時期，這個比例都相當穩定。那全美國的租賃與購買比率相比如何？答案是遠低於百分之五十。過去十年中，租賃佔所有新乘用車約百分之二十。

想炫富、渴望富裕並靠著消費來扮演這個角色的人，比較會把「花錢當作有錢」，而不是積累財富。如果這群人真的有興趣模仿那些真正富有的人，他們可能會買車而非租車。在我們最新的調查中，只有百分之十四的富人租車，這些車輛價值的中位數是四萬六千美元；而購買新車的富人的花費中位數為三萬五千美元。在租車的人裡面，富人所租的車當中有百分之二十五是豪華轎車，百分之七十五不是豪華轎車（而是本田、豐田）。

我父親在《別再裝闊了》中描述了想炫富的人。也許莎士比亞在寫下面這段話時，指的就是他們：「所有閃閃發光的東西，不都是黃金。」許多人根據他人是否開著名牌車款來評斷他人的財富，這種判斷通常不準確。永遠不要靠著可以買到的東西來判斷一個人真正的水準。而且，穿名牌、開豪車來裝有錢的人往往不是富人。

在我們最針對有錢人的研究中，毫不意外地發現，一個人最近的購車價格與他的淨資產之間有相關性。年齡、收入和淨資產等因素綜合起來，解釋了大約百分之二十五的購車價格變異。從實際的角度來看，我們的汽車價格不單取決於我們的收入、年齡及財富，還要看我們的態度，包括是否受奢侈品以及鄰居所開的車的影響，這些社會關係和心理因素都可能影響我們買的車。而且我們發現，用收入來預測你會為下一輛車付多少錢，比使用你的淨資產來預測要準確。租車尤其如此：我們發現，在預測租車價格超出收入時，用淨資產遠不如收入來預測準確。

也許，《聖經》當中的〈撒母耳記上〉第十六章第七節說的最好：「人是看外貌，神是看內心。」

如何選購二手名車

如果你想開名車怎麼辦？鄰家富人為那些打算購買二手名車的人提供了指引。一位工程學教授詳細向我父親介紹了他最近的購車經驗：

有些人只要看到鈔票，就會眼開。因此，我從我的緊急儲備現金裡面拿出兩千美元，都是二十美元的鈔票。我把其中五百美元放在褲子右口袋裡，剩下的一千五百美元放在襯衫的左口袋

誰會買車齡十三年的豐田汽車？

在我們的最新研究中，將近百分之二十八的富人開著一輛車齡至少六年的車，當然，我們知道許多富人都有超過十年的駕駛經驗。我父親描述了一位車齡十三年的豐田汽車擁有者：

我賣了我們家的車，一九九七年的豐田 4 Runner 四輪傳動。這輛車就像一個好朋友，永遠沒讓我們家失望。它已有十八萬英里的里程數，車況一切正常，車身幾乎沒有刮傷。

我把售車資訊放在網路上不久，就有好多買家聯繫我們，真讓我們驚訝。其中有兩人值得特別討論。買家一號是已婚的三十六歲男性，有三個孩子，他和妻子都有正職。這對夫婦正準備賣掉他們目前擁有的兩輛新車。為什麼這些人想買一輛十三年車齡、售價五千美元的二手豐田？不是因為他們沒錢，也不是因為怕被裁員而沒收入。這位年輕人說，他和妻子有高薪工作，但是他們被貸款逼得很緊（包含車貸）。每個月底付完賬單後，幾乎沒有什麼錢可以投資。這對夫婦決心追求財務自由，賣掉他們兩輛昂貴的汽車，並將賣車所得的三萬多美元拿來投資。這只是開始。他們說，他們是在教會參加的財務課程中學到這些的。

買家二號是一位二十六歲、訂婚的男性，他剛賣掉了他最新型、頂級配備的皮卡，獲得超過兩萬美元。他想要存錢結婚。他是聯邦政府的公務員，自己也兼職工作。他相信，如果向我們買了這輛一九九七年的 4 Runner，兩年內再賣掉，也能拿回大部分的錢。

買家二號看到我們這輛車的五分鐘內就決心入手，而一號買家沒有買，因為他想要一輛七人座的休旅車，並透過共乘來賺錢。後來他真的買了一輛七人座休旅車。

並非每個像這兩位買家一樣「降級消費」的人都會覺得沒面子。相反地，凡是想要縮減支出，透過投資來增加財富的人，在自尊心和信心上都會增加。廣告和行銷花了數十億美元想說服我們用貸款和信用卡買到幸福和自尊。社會大眾的這種想法不可能在一夜之間改變過來。但對你來說，重要的是要有一位能夠幫助你改變、指導你獲得財務自由的導師。

裡。然後預約了看車，還找了一位昔日的軍中同袍陪我去。賣家住在一個有馬術步道的昂貴社區，他的車庫可停三輛車，裡面有一輛全新捷豹、一輛全新豐田和一輛凱迪拉克休旅車。他的大女兒本來開賓士上學（這是這次看車的標的），而他剛給他大女兒買了那輛新豐田。看了車之後，我認為這車應該不是他亟欲脫手的爛車。試駕結束，我從襯衫口袋裡掏出一疊二十美元鈔票，放在賓士引擎蓋上問：「一千五百美元，現金，可以接受嗎？」他表示接受。現在我每天開著這輛一九八〇年代的豪華賓士車去上班，車況良好，油耗每加侖二十五英里，我很喜歡。賓士的製造標準非常高，設計上又是永續使用，果然名不虛傳。另外，我內心中有個二十歲的小孩現在很高興，因為他花了三十八年，終於實現了開賓士的願望。

太多的人相信自己只要開著嶄新的車，就會看起來像是經濟有成的人。但只有百分之十六的富人駕駛當年最新車款。如果你開著一輛二手車，千萬不要感到自己不如人。

專業顧問的購車指南

財務顧問約翰剛搬到佛羅里達州南部富裕的社區裡。他問我父親，哪種車款對他比較理想，他擔心自己如果開著普通（而非豪華）的車，讓客戶看到不好。

不知道有多少和約翰有著相同狀況的人說，為有錢人提供專業服務的人必須開好車，這就像制服一樣必要。不過我父親不但不相信，還堅持認為這些人成功的關鍵是「提供超出預期的高水平服務」。換句話說，約翰能不能成功管理他那些超級富豪客戶的錢，這才是重點。他不用擔心自己開什麼車。

我父親對於超級富豪是這樣看的：「這些人在各種名牌貨和高級服務上的花費都相當驚人。然而，他們常常卻入不敷出，因為他們若要符合富人的資格，就必須擁有至少兩千萬美元的淨資產。這些超級富豪擁有頂級的BMW、賓士、凌志汽車，很多人擁有至少一輛休旅車。大型的休旅車在超級富豪中非常受歡迎。」[21]

我父親為約翰想了一個折衷方案。由於大型休旅車似乎在超級富豪中非常受歡迎，那何不買一台二手的大型休旅車呢？我父親推薦了通用車系的某車款，因為通用車系尺寸很大，舒適又安全，許多人認為該車系在所有大型休旅車中排名第一，而且這種車數量很多：我父親在網路上尋找約翰的服務區有沒有這種車待售，結果找到九十三頁的資料！

昂貴的消費

除了購買消費品、汽車和房屋，富人如何分配收入？我們調查的大多數富人將家庭年收入的百分之一用於財務諮詢（第七章會詳述），也有三分之一的人沒有付出任何財務諮詢費用。另外，有三分之一的富人不會把任何一毛錢送給親屬，也有三分之一會分配收入約百分之一來照顧親戚。百分之三十六的富人將其收入的百分之五捐給慈善機構，大約四分之一的富人將其家庭年收入的百分之十或更多用於慈善事業。

用錢做好事

麥克．彭博這位億萬富翁和紐約市前市長，據說只有兩雙工作鞋，而且還經常為這兩雙鞋換鞋底，讓這兩雙鞋穿得更久。數據顯示，在美國最富有的前百分之一的人當中，有百分之七十的人經常換鞋底或修鞋。這支持了我們的論點，**亦即很會累積財富的人，往往在消費上很節省**。彭博先生顯然是一位超級績優的理財族，那種淨資產值極高的類型。不過彭博先生也與廣大的超優理財族一樣，時常慷慨解囊，將他的財富捐贈給慈善的事業。反觀在同一個年齡與收入的族群當中，那些有著高收入卻沒有累積財富的人，更傾向在自己身上砸大錢，比較少捐贈給慈善事業。

在我們二〇一六年的調查中發現，大約百分之五十二的超遜理財族將家庭年收入的百分之五或更多捐贈給慈善事業，而同樣這麼做的超優理財族則將近百分之六十九。乍看之下這些數據可能看似違反直覺（超優理財族不是應該捐比較少，才能累積到財富？），但仔細思考之後就看出意義了。只在資產負債表上有錢的人不會捐那麼多，因為他們需要更多的錢來支撐高消費的生活方式。績優族能捐更多，是因為他們固定的生活成本較低。國稅局的遺產稅數據還顯示，隨著擁有房地產的增加，慈善捐贈也將大幅增加。

二〇一三年，彭博先生捐贈了三點五億美元給他的母校約翰霍普金斯大學，讓他在該校的捐贈累積突破十億美元。若將這筆金額換算成消費品，等於是他為自己擁有的每雙工作鞋，捐贈了五億美元！

我們的研究表明，「獲得他人認可」並不是激勵有錢人支持公益的主要因素，反而是藉著幫助他人所獲得的滿足感，特別是在促進下一代的成長與發展。

這就是他們有錢的原因！

如果你已經認為節儉不適合你，你想縱情消費，你還能建立財富嗎？這就是「只有在資產負債表上富有」的族群最大的問題。麻煩的是，大多數收入介於普通或中上水準的人，卻期望自己、家庭、孩子（甚至是他們的成年子女）過著一種永遠需要高收入、高額的遺產贈與（或者高額債務）才辦得到的生活型態。

有錢人富裕的主要原因是他們量入為出，追求價值。那些成功累積出財富的人，靠著持續的自律來管理自己的支出和消費，努力達到財務自由，使得他們可以不管經濟好壞，都能建立財富。他們一生都在研究、評估和修正他們的購買行為。

表 4-12：富人以收入消費各項目所佔百分比

	以收入消費各項目所花金額百分比							
消費類別	0%	1%	5%	10%	20%	30%	50%	75%+
所得稅	1	1	2	6	22	51	18	<1
信用卡 / 分期貸款利息	72	16	8	3	<1	<1	0	0
以現金 / 同等財務工具做慈善	3	37	36	20	3	1	0	0
財務顧問 / 管理 / 交易之費用	33	56	8	3	<1	<1	0	0
教育 / 學費 / 等	48	12	16	15	6	3	1	<1
贈與親戚之現金、證券、財產、車輛	34	34	23	7	1	<1	<1	0
退休金 / 年金支出	35	7	20	24	12	1	1	<1
投資（非退休金 / 年金支出）	20	11	27	19	14	5	2	1
抵押貸款支付	33	7	15	22	15	8	1	<1
俱樂部會費 / 費用 / 支出	68	20	10	2	1	0	0	0
購車和 / 或租車費用 / 服務 / 油料 / 車險	15	34	37	11	2	1	<1	0
服飾	2	60	32	6	1	0	<1	0
商業貸款支付	84	5	6	4	1	1	<1	0
所有其他類（非上列項目）	14	9	20	16	18	13	9	2

正如我父親在《原來有錢人都這麼做》中所寫的，「一位富人在自己的公司上市後，送給太太價值八百萬美元的股票。太太的反應是什麼？她說：『我很感謝，真的感謝。』然後她笑了笑，還是坐在廚房餐桌上原本的位置，繼續從本週的報紙剪下二十五美分和五十美分的食品折價券。」[23]

善於將收入轉化為財富的人都有這種特色：**不要管潮流，不要在意他人的觀點，不要被他人影響，生活量入為出**。拜這種生活方式所賜，他們在換工作、創業或冒險的時候，擁有更大的自由和安全感。根本上，有恆的、自制的、嚴格的消費模式，是那些能夠靠自己致富以及達成財務自由的人的標誌。

表 4-13：房地產規模與慈善捐助間比例關係[22]

美國國稅局的遺產稅數據（2016 年報稅資料）	
房地產規模	慈善捐助百分比
未滿 500 萬美元	2.71%
500 萬美元到 1000 萬美元	3.91%
1000 萬美元到 2000 萬美元	5.84%
2000 萬美元到 5000 萬美元	9.75%
超過 5000 萬美元	15.80%

第5章 累積財富的關鍵優勢

當今充斥著各種生財祕訣，一定讓許多人一頭霧水。富人究竟是如何致富的呢？如果想找出答案，最好的方法其實只有一個，那就是直接向他們討教。

——摘自《為什麼他們擁有億萬財富，而你卻沒有》

如果所得沒能高於平均，又只能受雇於人的話，那麼其實很難累積財富。而且就算真能經營小本生意，也不保證一定可以成功。事實上，自二〇一六年度起，美國小型企業在五年內倒閉的比例就高達百分之五十。[1]若能在工作中找到樂趣，薪水也能領得比較長久，但即便如此仍不一定能致富。如果想將所得轉化為財富，還是必須具備自律精神，勤加儲蓄，有效理財，其中，訂立預算和定期繳納帳單是一般人熟知的方式，至於聰明報稅和投資分析的部分就比較複雜了。

財務自由是現代人趨之若鶩的目標，如果想達成目標，我們就必須把自己當作「家庭財務總監」來制定預算與計畫，擔負起領導責任，處理所有理財相關事務。經商有成的富翁通常都是慧眼獨具，能瞄準商機；而經濟成功的家庭也大多都有一個財務負責人或團隊，能把這個家當企業經營，把重要任務分派給可以有效執行的成員，藉此發揮家庭優勢，成功聚積財富。

所以問題來了：我們必須具備怎樣的能力與特質，才有辦法在「個人理財」這方面優於常人呢？我父親花了一輩子的時間研究富裕人士的習性與特點，後來我也加入了他的行列，不過由於自身所學的緣故，我是採用科學手法來驗證有錢人的特性與他們的資產淨值是否確實有相關。只要節儉，在財務上真的就一定會比較成功嗎？又或者說想發財也需要一點好運呢？要想把收入累積為財富，真的只需要自信與自律嗎？還是說一九九六年受訪的那些富翁其實是靠著好時機與好機運才出頭的呢？

我們在研究富裕人士時，主要著重的是人口與消費方面的資料，譬如他們都買什麼、住哪裡、開什麼車、如何運用時間，有時也會一併檢視他們的生活經驗與個性。自二〇一〇年起，我們決定拓展研究範圍，開始針對理財成就各有高低的個體進行觀察，比較擅於將收入轉化為財富的超優理財族和表現差於平均值的超遜理財族在平日的行為上有怎樣的差異，如此一來，就能有效推測成功聚積財富的人具備哪些高度相似的行為特徵。

為了深入瞭解「理財」這份人人都必須做的重要工作，我們早在二〇一二年便開始進行一連串的研究，其中多項調查的樣本幾乎全都是從群眾外包網站上所選出的美國大眾富豪。[2]基本上，他們都是透過自由接案或兼職來為自己或家庭創造額外收入。就某些層面來說，這樣的研究方式和傳統手法很不同。以往我們會檢視富裕人口的特質與習性，有時也會根據年齡、收入和個人財產淨值，將樣本劃分為超優理財族以及超遜理財族，探討兩組各有哪些顯著的行為模式；然而近年來，我們已改變重心，開始從大方向研究超優理財族在行為上是否具有哪些共通特徵，讓他們能比超遜理財族更有效地將收入轉化為持久性的財富。這些共通的行為模式是研究中不可或缺的一部分；我們也發現，有錢人士在購物習性和職涯選擇方面並未呈現出顯著相似。

家中由一個人擔任主要的財務總監

暫且撇開祖產和意外之財不談，我們來思考一下，怎樣的特質能幫助我們有效聚積財富。無論年紀或收入，一個人必須具備怎樣的特質，才比較有機會提升資產淨值呢？要回答這個問題，首先必須將個人財務管理視為一份具有明確職責範圍與工作內容的職務。各位讀者可以想像自己要聘請一位專業顧問，委託他幫你管理人生中的每一項財務交易與工作，而不只是負責「財務規劃」或協助投資。換句話說，從繳納帳單到和伴侶討論花錢方式等等大小事，這位顧問都必須負責，因此，各位在招募的過程中，也應具備常識和一定的科學知識，才能做出明智的決定，聘請到最適合的人選。如果真有「家庭財務總監」這種職務，那麼徵才啟事會怎麼寫呢？

徵才啟事：居家財務總監

職務說明：家庭財務總監有義務帶領全家累積財富，達成財務自主的終極目標。

家庭財務總監必須監督全家的預算與理財規劃，每年應制定、管理及解釋家庭預算，並於有人提出異議時辯護其決定，但也要進行溝通協調。此外，還要根據前述的預算監控支出與儲蓄狀況。為了維繫家庭的經濟安全，家庭財務總監必須特別關注退休問題、大學基金與可預見的大筆消費，事先加以規劃。此外也要負責維持收支平衡、納稅、按時繳納帳單、訂立財務計畫、決定如何處理遺產、研究投資方式、監控投資狀況，並處理家中與理財相關的所有事務。總監應管控家庭支出，所以會與居家採購經理以及採購團隊的成員密切合作（如需相關資訊，請參閱以下網站：spouse/self and/or children）。上述事務可以外包給值得信賴的顧問，而且外包項目的數量不限，因此，總監可能也必須在進行相關研究後招募專業人士，請對方以全家的最佳利益為考量，提供高品質的服務。

偏偏你找遍了大街小巷後，還是找不到適合的人選，所以即便自己或伴侶的資格可能不符，還是決定由伴侶中的一人擔任家庭財務總監。

最後這句話才是一般家庭的真相。有些人的確會把某些事務外包給專業顧問沒錯，但家庭財務總監這份職務永遠是由家庭成員自行擔任。即便負責人沒效率、不用心、沒興趣、沒能力或是個性根本不適合，這個位子都不會空著，只不過在位者究竟有沒有真的在管事，那就不一定了。財務成功的人之所以能大勝較差的族群，通常都是因為他們具備下列特質：

- 知道自己必須達成哪些要務，才能成功累積財富。
- 瞭解自身優勢，同時也能看見自己尚待改進的部分，並將需要外包的工作交付他人之手。
- 具備累積、恆守財富所需的關鍵技能。若欠缺這方面的能力，也會努力自我提升。

第三章曾討論過，財富萬貫或理財不順，其實都是先天與後天因素交互作用所產生的結果。每位家庭財務總監其實都有自己的經驗、能力、行為與態度，即便如此，除非我們把理財事務全權交予他人掌管，否則無論是誰，都有責任管理自身的財富。

我們過去數年的研究中，有一部分是專門分析一個人在管理自身財務時，所必須達成的要務，至於研究手法和工作心理學家剖析職業的方式則並無二致。如果想擔任家庭財務總監，必須具備怎樣的能力？而總監又必須負起哪些責任，才能有效替家人理財？一旦釐清這項職務的必要條件後，就能歸納出把工作處理得當的祕訣。家庭財務總監的主要任務包括支出與預算管控、行政事務及制定投資決策。當然啦，任職者也必須能與他人合作，而且這項能力對於有伴侶或孩子的人來說，又特別重要。

理論上，一個家庭裡如果有人能妥善處理關鍵的理財事務，而且「團隊」中也沒有任何人（也就是伴侶或孩子）搗蛋，那麼一家人的經濟自主應該不會是問題。執行前述各項任務所需的技能有些許不同，但值得慶幸的是，重疊的部分也不少。以下提供所需的技能列表，讓各位瞭解自己在理財時應該掌握哪些關鍵能力。若是你以前缺乏理財經驗，或是想憑藉一己之力理財，更請務必詳閱下述要點。

居家財務管理中的關鍵任務[3]

一般性任務

- 做出決定前，預先設想潛在的後果。
- 制定財務決策時，以家庭的預算、計畫和長期目標為考量。
- 以「零債務」作為理財宗旨。

支出面

- 避免入不敷出，也就是生活上的花費應低於收入或財產淨值。
- 在任一段期間內，全家的開銷皆應低於總收入。

預算面

- 預備急用基金。
- 為食物這類的基本需求配置足夠的預算後，再考慮是否要進行選擇性消費（如娛樂）。
- 分派預算時，優先考量全家最重要的需求（如食、衣、住等等）。
- 要進行可能影響財務目標的重大改變（如換工作、生小孩或搬家）時，先行分析家庭預算與理財方向。

行政事務

- 按時繳納帳單，以避免產生逾期罰款或利息。
- 按時完成納稅程序（可獨立作業或尋求他人協助）。
- 按時繳納信用卡費，以免產生利息。
- 每個月都全額繳納信用卡費。

合作能力

- 在進行未計畫或未預期的消費前，先與伴侶討論諮詢。

• 與伴侶共同管理家中的理財事務。

投資面

• 瞭解投資工具的性質、風險與報酬。
• 投資雇主提供的退休帳戶（如 401(k)s）。
• 知悉投資組合的合理風險範圍。

若希望家庭財務能順暢運作，那麼家中一定要有人扛起前述職責。即便你們想把某些任務外包，也總得有人負責聘請值得信任的顧問，這樣才能帶領全家人走向成功。事實上，上列的任務還只是冰山一角呢！就家庭理財總監這個職位而言，我們歸納出了兩百四十多項職責，而各項工作的重要性、執行的頻繁度和爭議性也都各不相同。

必須具備幾項重要的累積財富能力

詳閱過家庭財務總監的職責後，請試想你喜不喜歡這些工作，又是否具備執行上所需的知識、技巧與能力。在這個段落中，我們要探討的不是理財總監的職務細項，而是要完成這些工作所必須具備的特質。

若想攢積財富，最重要的步驟大概在於認清自己想過怎樣的生活、衡量自身的價值觀與興趣，然後設定目標努力實現。我們每個人都有屬於自己的特質與各種不同的能力，像是注意細節、條理分明，或是不拘小節，總把該做的事丟給他人等等。此外，每個人的興趣也各不相同，有些人愛好藝術，有些人則比較傳統，喜歡擬寫清單，透過記錄的方式把日子過得有條不紊。再者，群眾之中也總有些人是個人主義，有些人支持集體主義。

我從工作心理學的角度出發，長年進行與職場表現預測相關的研究後，發現某些與工作成效呈正相關的因子也容易帶來財富上的成功。無論從事任何職位，**努力程度都能精準地預示工作上的成績**，[4]而這項人格特質與財富攢積的成效也很有關係；更值得注意的是，自制力和流動／非流動資產及財富淨值之間通常也都存在著正向關係。[5]

當然，許多理財工作都相當著重細節，所以具備行政或辦公技能的人才就很適合負責記錄開銷、儲蓄與各式相關細項。在經濟生產力強的家庭中，通常都會有一位既有領導力，又能有效監控上述細節的人才。事實上，若同時具備「細心」與「努力」這兩項特質，財富就比較容易隨著時間累積。

為了從大量樣本中歸納出哪些特性與財富淨值的正相關最強，我們假定年齡與收入為常數，進行了一系列的平行研究，希望能歸結出哪些行為類別與攢積財富的能力間存有正相關。我們以人數各有一定規模的兩組人為樣本，受訪者的財產淨值在十萬到一百萬美元之間，其中也不乏「高淨值」和「超高淨值」的富翁。研究結果顯示，不論年紀大小與收入多寡，將所得化為財富的能力的確會受到某些重要行為影響。[9]

統計和實際調查發現，這些「重要行為」或經驗大致可分為六個類別，更具體地說，我們發現**與「自律」和「努力」相關的行為或經驗**（如節儉、不跟從社會潮流及不追隨流行）會和資產淨值呈現正相關。研究更顯示，**財務規劃行為與專注不分心的能力**，也會影響財產多寡；再者，無論年齡大小與所得高低，**對於財務決策是否有信心，以及願不願意為自己的經濟成敗負責**，也是造成財富增加或減少的因素之一。關於理財，其實什麼時候學都不嫌晚，一位已退休的百萬美元等級富翁就曾這麼告訴我們：「一九八二年，我丟了工作，我才驚覺全家的經濟重擔都在我身上，也才開始學習共同基金和買入、持有的投資概念。我跟家人都很會省錢，所以慢慢地也攢到了一百萬美元的淨資產呢。」

無論年紀大小、收入多寡，上列的致富因子與資產淨值都有相當的關聯性。我們調查時，也依照累積財富的潛力，將樣本分為高、中、低等各組，並收集每一組的相關資料，而這三個組別間差異最明顯的項目，大概就屬**平均儲蓄率**了（換句話說，就是**在月收入和年收入中，有多少錢沒有花掉，而是存了起來**）。研究結果顯示，「高潛力組」的儲蓄率幾乎是「低潛力組」的二點五倍，講得更白一點，前者每月和每年存到的錢高達後者的百分之一百四十三。試想，高潛力族群如果在三十年的工作生涯中都維持這樣的儲蓄習慣，最後的結果會有多可觀？華爾街的財務經理人若只要能達成收益比市場高出一至二個百分點的投資組合，就能替投資人橫掃利潤（至少他們嘴上是保證可以啦），所以二點五倍儲蓄的威力想必更加驚人。

至於「將年齡和收入設為常數」又代表什麼呢？意思是這兩個因子不會影響理財成敗嗎？當然不是。換個說法來解釋：年紀和所得，對於經濟地位和資產淨值都有深遠的影響，只是我們將這兩個變項設為常數，並從具有統計意義的變異行為中，選擇超出年齡和收入可解釋範圍的項目。試想：若說年收百萬美元的六十五歲外科醫生所擁有的資產淨值高於二十三歲的建築工人，一般人大概都不會太訝異，不過我們的研究目標正是將年齡與收入的顯著影響排除在外，進而歸納出造成兩人經濟成就不同的行為差異。

選對職業

財務成功的人士通常很瞭解自身在理財、創造收益和投資等領域的優點和短處，更知道自己就算擁有理財技巧與能力，有時也的確需要把較為複雜或耗時的任務外包給專家處理。

能在自己所選的職涯中締造佳績的佼佼者，通常也都具備上述特點。他們能看清自己的優缺點、興趣、態度、價值觀，所以才有辦法找到理想工作，藉此發揮特長。

負責的重要性

家中成員是否願意負起理財責任，與整個家庭的經濟成敗有必然的影響，[6]換句話說，一個人如果深信自己有能力、而且有責任管控家中的財務狀況，就容易創造出較高的財產淨值——這個道理其實可以透過心理學中的「控制點」理論來說明：外控型的人經常自認無法控制或影響自己的人生走向，反觀內控型的人則會把自己視為成敗的終極因素。雖然內控和外控型人格都有各自的劣勢，但在理財時，如果願意為財務上的得失負起責任，並執行該有的措施，那麼必然比較容易累積財富。而這樣的概念也適用於人生的其他面向。二〇一二年時，我父親就曾在他的一篇論述中強調過責任感與領導力的重要性：

歷史學家朗．契諾（Ron Chernow）的著作《華盛頓傳》極受推崇，[7]在《華爾街日報》於二〇一二年的一篇訪談中，契諾談起華盛頓總統時是這麼說的：「做人不用當最聰明、最有創意的天才沒關係。從華盛頓的一生中，我們就能看見願景明確、堅持理想和個性執著的重要性。他也讓我們瞭解到，只要專注不懈地追尋目標，必然能在人生中創造出不容小覷的成就。」[8]

在《為什麼他們擁有億萬財富，而你卻沒有》一書中，我引述了弗雷德．費德勒（Fred Fiedler）和湯瑪斯．林肯（Thomas Link）這兩位學者的著作：「認知能力測試（標準化的智力測驗）雖是領導能力的指標，但向來以不準確聞名。在領導和管理表現方面，智力只能解釋不到百分之十的差異。雖然關聯度這麼低，仍有可能是高估的。事實上，在某些情況下，智商和領導表現甚至會呈反向關係。」

令人惋惜的是，多數師長不會告訴學生，其實有百分之九十的領導力差異無法用標準化的智力測驗結果來解釋，正因如此，才會有那麼多孩子因為成績不佳或SAT排名太差，而早早就放棄了自己。坦白說，我們應該這麼向學子們喊話才對：「你還是有機會的！你可能還得再加油，但這並不代表你沒有領導潛質呀。」

我訪問過一個相當有趣的富翁。他在校成績不佳，標準化測驗也向來都考不好，後來挫折的父母終於在高中時找上一位很有經驗的輔導員諮商，結果對方這麼說：「你們這個兒子啊，不必擔心，他是天生的領袖，而且領袖特質可不是考試能衡量的哦。」那位輔導員看得很準，富豪長大後果真成一鳴驚人。

喬治．華盛頓跟多數成功人士一樣，在年紀很輕時就擔負起了當領袖的責任，由此可知，我們必須鼓勵年輕人多多挖掘領導他人的機會，避免他們盲目追隨。

就各項職業而言，又以工程師特別擅長將收入轉化為財富——許多素人百萬富翁都是從事工程方面的工作。《別再裝闊了》一書就曾針對工程師的節儉習性提出以下解釋：

那些很有錢的工程師，生活都過得很節儉，所以他們把所得轉化為財富的能力才會這麼厲害。平均而言，工程師利用每一美元實質收入所創造出的財富，比一般富人高出了百分之二十二。跟同收入／年齡群組的樣本相比，工程師攢積財富的傾向高於平均值，而他們對於象徵地位的昂貴產品與品牌也比較不感興趣。[10]

工程師究竟握有什麼祕訣，才得以成為財富累積大師呢？是因為他們對工程真的很有興趣嗎？又或者是態度使然呢？正確答案揭曉：其實這都要歸功於讓他們成為工程師的關鍵技能。舉例來說，請各位想想，若要成為造船工程師，需要具備怎樣的能力呢？[11]做事要可靠，要注意細節，有分析思辨的能力，也必須獨立、正直，而這之中的許多條件或類似的能力，正是會影響個人長時間財富積累與維繫的因素。

我們利用與工作相關的行為模式來檢視人的理財能力後，歸納出了以下三點：

1. 光憑一個或少數數個聰明的決定，不足以促成百萬富翁的誕生。

2. 我們可以察覺自己的缺點及需要改善之處。

3. 也能隨著時間改變、進步。

前述的致富因子，也就是和資產淨值呈正相關的行為特質，是可以改善的。換句話說，只要肯花時間，誰都可以培養出節儉的美德，也都能透過知識積累，以及追求財務自主路上的小小成就來提升理財自信。若能慢慢提升儲蓄率，並遵守預算計畫，每個月底就可以多攢下一些錢，屆時你就會發現自己在理財事務上所培養的行為模式其實都已逐漸

表 5-1. 與財富相關的行為模式分類

類別	定義	問題範例
有自信	能在理財、投資與家庭領導方面展現自信與合作能力。	你是否能有自信地為全家做出財務決策？
節儉	以持久性儲蓄、持續降低開銷與恪守預算計畫為理財方針。	我朋友和／或家人會說我是個節儉的人。
負責	願意承擔任務，具備應對理財成敗的能力與經驗，且相信運氣對成就只有微乎其微的影響。	我願意為家庭的理財成敗負起責任。
不跟從社會潮流	擅於儲蓄及控制花費，不會因為社會壓力而購置最新潮的消費性商品和／或奢侈品及新車。	你是否經常在鄰居或朋友花錢買東西時，對於同儕壓力不予理會？
專注	能夠專注於細節龐雜的任務，且在完成前絕不分心。	我覺得專注而不分心地完成一件事並不是太難。（反向計分）
擅於計畫	能夠設定目標、制定計畫並預測未來需求。	我已明確訂出每天、每週、每月、每年和／或我這一生的目標。

生效。

今天就成為鄰家富人

我們發現，將特定的行為培養成習慣，有助於成為鄰家富人。麥克和荷莉．威爾斯住在喬治亞州亞特蘭大的中上階級郊區，他們對於住家地點、職涯、子女人格的養成和教育都訂有很嚴謹的規矩，也因此才能在四十出頭歲時，就獲得鄰家富人的殊榮。他們家有兩輛舊款的車，雖住在搶手的公立學區，但房舍簡樸，並不奢華，生活方式也不受外界影響。夫妻倆在研擬攢積財富的策略時，採取多管齊下的方式，制定財務目標、記錄各項花費，同時謹慎控管債務，才能在今日這消費過度的社會氛圍下，成為成功理財的榜樣。

話雖如此，其實荷莉也很訝異他們竟然能以這種穩紮穩打的方式，躍升有錢人的行列：「沒想到我們就真的這樣存到了上百萬美元，我還以為有錢是富家子弟、好萊塢巨星或CEO的專利，這實在讓我很訝異呢。」的確，要想存到上百萬，高收入並不是必要條件，而荷莉的經歷就是最佳印證。

他們一家之所以能住在熱門學區，都要感謝麥可對於家庭財務目標的專注。他制定計畫，找到了一間價格尚可負擔的房子，從而將全家推上了累積財富的正軌。他沒有落入郊區豪宅的陷阱，買房事宜也是親力親為，並不像周遭的鄰居友人那樣，直接請房仲幫忙找房。「這個社區沒有管委會，離高爾夫球場也有段距離。我才不想讓高爾夫俱樂部有機會來誘惑我呢，至於那些房仲啊，我也沒跟他們合作，」麥可說。

麥克和荷莉之所以要如此嚴謹地計畫，其中一個目標就是要讓三個孩子都無憂無慮地去念大學，不必為就學貸款所擾，這樣才能和同儕站在同樣的起跑線上。在社區鄰居都認定孩子想上大學本來就該借錢（或根本還沒想到那麼遠）時，這對夫妻卻自願擔負起這樣的責任，為了籌措教育以及退休基金，耗費了許多心力制定計畫，而他們生活很節儉（這當然是配套措施之一），更是不在話下。

此外，紀律也是他們夫婦倆日常生活中不可或缺的一環。為了確保預算計畫能確切執行，並維持簡樸的生活方式，荷莉會謹慎地控制花費，不求買得最新、最好，而是著眼於能否達成一家的財務目標。關於這點，她這麼解釋：「只要不是降價或清倉特賣，我就絕對不買。零售商品那種價錢啊，總讓我付得很不甘願……所以在買東西這方面，我向來都很有耐心。我們家的孩子是兩男一女，所以我通常都會買些黑色或中性的衣物和用具，這樣大孩子用過的還可以交給下一個。至於運動用品也不必全新，買二手的就好了，反正我們並不想跟別人比較，也沒有要贏過誰的意思。不過孩子們的期望和實際需求總會有點落差，所以我們也必須在這方面找到平衡。」

麥克和荷莅夫婦也和許多 X 世代的族群一樣，相當重視全家的共同經驗，也會為此進行儲蓄，並花錢帶孩子遊歷世界各地。麥克和荷莉在花錢時，會把他們現下無法預測、控制的市場波動列入考量，而不會期待將來收入大增，也不會期待哪天突然發財。換言之，他們的節儉是一種持續的行為，而非經濟不景氣時的緊急應變措施。

這麼有紀律的家庭財務管理方式，不但讓這對夫婦年僅四十出頭就存到上百萬美元，更讓他們在大環境不佳時，仍有轉圜的餘裕。麥克就提到：「房屋市場崩盤時，我們家的房子就在二〇一〇年成了溺水屋，要還的貸款金額比房價還高。但全家還是繼續照著訂好的計畫走。當時我們隨時都得嚴密監控收支，不過現在已經不用那麼緊張兮兮了。二〇一三年我換了工作，多了一些自由，生活和工作的平衡也維持得比較好。幸好我們家的財務狀況一直都在管控之中，所以我才能轉換跑道。」

我們請這對夫婦針對「將收入化為財富」這項任務，為正在努力的各位提供一些建議。靠著自制力致富的他們所給予的回應也充滿了自律色彩：

- 不要讓生活型態決定財務目標。他們認為，如果想攢積上百萬美元的財富，就應該先訂立目標，然後再決定要過怎樣的生活。
- 對於消費性產品，應該抱持「能用就好」的心態。
- 無論當下的經濟狀況如何，都應隨時預備好審慎的財務計畫。

• 抱持開放的心態，勇於學習與眾不同，尤其是當身旁的人都過度消費時，更要抱有自覺。
• 針對「欲望」和「需求」進行坦誠的對話。

就自律這項指標而言，這對夫婦大概比百分之九十九的人都還要努力。他們提供了絕佳典範，讓我們知道只要勇於做出困難的選擇，持續努力，嚴以律己，就能訂立明確目標並加以實現。兩人致力實踐的生活型態可以滿足全家人的所有需求和某些欲望，而且並不像周遭的眾人那麼奢侈。夫妻倆並沒有買七十萬美金的豪宅，也不開最新款的休旅車，所以鄰居、同事和朋友如果看到他們的資產表，應該都會相當訝異。而且一般人大概也會很驚訝地發現，他們一家其實過得非常自由——因為他們已藉著努力獲得了經濟上的獨立，所以就算外在環境改變，他們也還是能維持原本的生活型態，而無須放棄財務自由。

智商並沒有那麼重要

如果願意努力，理財成效通常也會比較出色，這跟認真工作就會有好表現是一樣的道理。讀者們應該經常聽人提起自律在理財方面的重要性吧，但各位有沒有想過，這樣的論述背後是否有研究佐證呢？事實上，過去四十餘年來的研究結果都一致顯示，白手起家的成功富人之所以能獲得經濟上的成功，自律性（如節儉）、努力和毅力都扮演了很重要的角色。從《為什麼他們擁有億萬財富，而你卻沒有》對高淨值和超高淨值樣本的研究結果，到數據點公司對富裕大眾的剖析，我們都不難看出「努力」是成功人士很重要的特質，無論是在經商或管理居家財務時都一樣。其實「努力」這項特性已被譽為成功因子中最重要的一項，而且若不考慮年紀與收入的影響，努力程度和資產淨值間也的確存在著正向關係。

「認知能力」經常被用作職場成敗的重要預測因子或指標。換句話說，多數研究都顯示，人越聰明，工作表現就會越好，但這樣的結論也適用於居家財務管理嗎？

我們對百萬美元等級富人進行研究後，一個相當有趣的結果隨之浮現，那就是財富與智力（係以受訪者的SAT分數衡量）並沒有絕對的關係。富人在大

表 5-2. 自律性與財務狀況的關聯：超遜理財族（UAW）與超優理財族的對比（PAW）

	非常同意／同意的比例	
陳述	UAW	PAW
我們家是按照審慎制定的全年預算在運作。	58.0%	61.6%
我會為每天、每週、每年和人生訂立明確目標。	55.0%	59.0%
我會花很多時間進行未來的財務規劃。	49.0%	64.3%
我向來都是個節儉的人。	40.7%	57.0%
我在執行計畫時很少分心。	48.5%	51.0%

學的GPA平均只有二點九二，而SAT的平均分數則是一一九〇。但話說回來，這會不會只是巧合呢？

某些學者為了檢視智力與財富間的關聯，因而選擇使用人口特徵更綿密、廣泛的樣本來進行調查。例如傑·札哥斯基（Jay Zagorsky）教授就剖析了一九七九年的全美青少年長期追蹤調查（National Study of Youth），想要回答以下這個問題：IQ真的跟資產淨值有關嗎？他分析了三十三至四十一歲、將近七千五百位受試對象，但並沒有找到相關證據。因此他發表這份研究時，也受到不少壓力。[13]

其實比起認知能力，更重要的應該是財務素養，以及實踐理財手法的知識與能力。根據調查，全美僅有百分之五十七的人口算是具備財務素養，[14]而這項結果是以受試者能否答對簡單的理財考題為依據。[15]安娜·瑪麗亞·盧薩蒂（Anna Maria Lusardi）和幾位研究者進行調查後，發現美國的金融知識與教育在全球竟淒慘地排到第十六名。[16]這群研究人員經常透過考題來評估財務素養，但即便問題都很簡單，內容也只關乎個人理財，卻還是只有大概一半多一點的人能答對。

財務素養之所以和經濟上的「成功」大有關聯，是因為具備相關知識的人較能針對各種投資、債務和開銷問題做出明智的決策，不過若想成功累積財富，光有財務素養還不夠。你有沒有過這種經驗：合作的同事很聰明，上班卻老愛遲到，一天到晚都不守工作規範，而且成果老是遲交。沒錯，除了聰明之外，還必須加上努力，才能在工作上獲得佳續。「努力」是成功人士的「五大人格特質」之一，而此特質之下又包含了下列子面向：

- 勤奮（工作努力、有自信）
- 有美德（具有道德意識，行為係為社會所認可）
- 自制（做事謹慎，能延遲享樂）
- 有條理（注意細節）
- 負責（願意為他人與社群付出）
- 傳統（遵從權威與規定，不喜歡改變）

無論是怎樣的職位或機構，「努力」這項特質在在影響著工作表現與留才政策。如果**你要招募員工，而且又只能衡量一個人格面向，那麼請一定要評估求職者努不努力**（不過如果是明顯例外，或是需要天生藝術感的職位，那就另當別論了）。

至於理財這方面，也是一樣的道理。暫且撇開年紀和收入不談，許多會影響資產淨值的行為元素，如節儉、負責和制定計畫的能力，都和「努力」這項人格特質脫不了關係。換句話說，如果有意隨著時間創造並累積財富，努力是不可或缺的要素。

另一份檢視全美青少年長期追蹤調查的報告顯示，努力這項特質（尤其是其中所包含的自制

財富累積是長期的

我父親在他的著作中，一遍又一遍地提到累積財富或在人生的其他層面獲得成功，其實並沒有我們想像的那麼單純，舉例來說，他在二〇一一年就曾寫道：

我在《為什麼他們擁有億萬財富，而你卻沒有》一書中曾提到，打造財富的過程就像在跑馬拉松，能否表現得好，在校成績不只是唯一的決定因子，而且這項慢跑競賽也不能用標準化的考試（如SAT、GRE等等）來取代，不然的話，政府大可每年都重新分配全國財富，把錢都撥給智商比較高的人就好啦。反正無論如何，財富最後都會落在那些人手中，所以不如直接用分比較快，對不對？

這樣的想法之所以會在我腦海中重新浮現，是因為我曾經讀過一篇文章，內容是在講述標準化的考試若用來預測整個職涯的成就差異，會有其限制。作者在文中是這麼說的：「從SAT到NFL的測試都一樣，這些短期測驗就是問題所在。」[12]

「研究指出，能夠幫助我們創造成功人生的許多重要因子，像是毅力和自制力等人格特質，都是沒辦法迅速衡量的……可是一個人是否有辦法投注於長期的目標，關鍵不就在於有沒有毅力嗎。」

我在《為什麼他們擁有億萬財富，而你卻沒有》中也有提到，「智力與成就」領域研究專家、哈佛大學教授大衛．麥克利蘭（David C. McClelland）發現，傳統的測驗智力方式其實不太能解釋人生成就上的差異。

我在訪問學業表現不佳、也從來都考不到好成績的富翁時，更發現這群人有某些共通點：他們認為考試就像「學業算命師」，旁人可能會用來預測他們未來的成就。但至少他們自己絕不能落入成績的迷思。再者，這些富人都認為，比起能力測驗和成績，創造力、努力、自律，以及領導力等社交技能才是成功的真正要點。

通常來說，一般人必須工作多達五萬九千八百個小時（這是中位數），才有辦法跨域七位數資產淨值的門檻。跟這樣的時數比起來，考SAT所需的時間確實是輕如鴻毛。

力）與個體持有的流動資產、非流動資產及資產淨值都有相關，[17]至於財務素養，雖然對財產多寡有些許影響，但也和「努力」之下的關鍵特徵「自制」有著密不可分的關係。

前述的研究顯示，「財務素養本身對財富的影響並不大，但同時具備**財務素養**和**努力**這兩樣特質的人，似乎就能提升資產淨值。」正因如此，作者也強調了早期介入的重要性，並呼籲金融服務產業除了給予知識訓練以外，也要重視人才的自制力：「或許我們該為『財務教育』下個比較廣泛的定義，畢竟教導個體如何培養努力的態度與自制力，其實也是『教育』的一環，而且還是比較創新的手法呢。」[21]

這份研究的作者建議金融專業人士將重心放在幫助客戶培養自制力，以達到控制花費的效果：「財務規劃師和顧問可以調整服務內容，讓客戶意識到他們在自制力方面的不足，並給予建言，提供實際做法，來幫助客戶提升經濟福祉，譬如只以現金消費、自動儲蓄計畫或是自動繳納帳款都是很不錯的建議，或許可以幫助一般消費者收服他們不良的開銷習慣。」[22]這段忠告不僅對提供建議的專業人士來說很重要，有意累積財富的每個人也都應該參考。

學業表現不是全部

我們曾針對資產值名列全美前百分之一的族群，選出了一小部分的人來進行全國性調查。坊間對於這些人總有些迷思，像是認為他們一定成績優異，SAT分數頂尖，讀的也絕對是私立的菁英學校。但事實上，受訪樣本的SAT均分只有一一九〇，高中和大學最常得的等第是B，大學的GPA平均值則是二點九，而且多數人都沒能申請上所謂的「菁英」大學。不少百萬美元等級的富人都說，「被拒絕」的經驗給了他們努力的動機。而且菁英大學也並非成功的保證：在十位資產淨值超過千萬美元的富豪中，只有一位（百分之十一）認為「就讀一流大學」對其社經地位有非常大的貢獻；在三十個成功要素中，「就讀一流大學」的重要性也僅排在第二十九名，只贏過墊底的「以名列前茅的成績畢業」。某位傑出的學者就曾說過：「找第一份工作時，學歷或許有用，但三年後，根本就不會有人在乎你念哪間學校。」即便是在號稱夢想之地的美國，機會也不是平等地分配給每一個人，所以我們都必須認清事實，正向面對，才能克服挑戰。

再舉個有趣的小故事來當例子吧，追求職涯目標時，是「智商高」還是「有自信」的人會比較有優勢呢？假設現在有兩個背景相似的富家子弟，或許兩人都有一對從事優渥工作的父母，家庭結構類似，SAT分數都很高，GPA平手，甚至連興趣和職涯規劃也一樣，在這樣的情況下，為什麼其中一個人將來的收入會顯著地高於另一位呢？

這樣的結果可能是起因於自我認同的差異，講得更精準一點，是所謂的「核心自我評價」（Core Self-evaluations，CSEs），也就是一套的特定心理特質，其中包含是否相信自我價值，有沒有自信在新環境之中展現辦事能力，是否認為自己能掌控大局和決策成效，以及壓力和焦慮的等級。

提姆西．喬治（Timothy Judge）和查理斯．赫斯特（Charlice Hurst）博士檢視了全美青少年長期追蹤調查的資料，發現兒時家境優渥和將來收入間的關係並不單純。[25]想當然爾，家境好的孩子長大後收入確實比較高，但兩位學者同時發現，家境好，且自我認同也強的小孩在所得方面大幅勝過同樣來自優渥家庭、但自我認同比較弱的同儕。喬治和赫斯特提到：家境優勢、傲人的SAT分數和GPA等優勢，對於CSE很弱的孩子來說，似乎沒什麼幫助，而且在某些案例中，SAT考得太高分似乎還會對他們造成些許的負面影響。最後，兩人歸納出這樣的結論：如果想獲得高於平均值的收入，家庭優勢這類的資源和正向的自我認同似乎是不可或缺的條件。

由於財富可視為收入的延伸，因此我們又得以再度印證下述論點：若不論年齡、收入和財產繼承的話，自我認同以及對於理財能力的自信會大幅影響資產多寡。雖說自我認同是一種相對穩定，而較為不易改變的特質，但只要逐步認識這個觀點，並改變理財方面的行為，長期下來，必定很有機會能提升收入與資產淨值。

追求高學歷前請三思

先前有位記者問我們，教育費用不斷增加，是否會削減美國年輕人靠著自身努力致富的機

正直：透明化的好處

除了自制力外，「正直」這項心理特質——亦即對他人誠實、守信，遵守諾言，而且平時的行為無可非議——跟努力也有著密不可分的關係。在《為什麼他們擁有億萬財富，而你卻沒有》的研究及我們最新收集的樣本中，許多百萬富翁都表示，「正直」是讓他們成功的主要因素之一。幾年前房市崩盤時，我父親就曾強調過正直的重要性：

我人生的第一位主日學老師常說：「無論做什麼事，都一定要用盡全力。人一輩子做過的每件事都會記錄在一本大書裡……未來我們都必須接受評判，面對自己在人間的表現。」

成功的企業家在經營事業時，通常都是採行「透明化」的方式，讓企業就像打開的書本一樣，毫不藏匿祕密。我之所以會想起這個道理，是因為讀了《紐約時報》的一篇報導，那篇文章的內容是關於亞特蘭大住家房地產市場的現況：[18]「目前房市呈現一種淒慘的兩極化狀況，房地產在二〇一一年跌到谷底，這樣的現象也出現在亞特蘭大，市面上有一堆賣不出去的豪宅，也充斥著法拍屋。事實上，亞特蘭大政府所擁有的法拍屋數量位居全國之冠。」

記者不僅提到亞特蘭大，也特別指出許多法拍屋都集中在喬治亞州科布郡的瑪麗埃塔社區。我之前在研究高收入的優秀業務員時，就曾聽過這個地名，而且印象中有人建議我一定要去那裡訪問建商M先生。到今天，M先生在低迷的房市中把生意做得很成功，所以名氣也比我當年訪問他時大上不少。

即便市場普遍不景氣，卻還是有些建商可以異軍突起地成功。《亞特蘭大日報》曾刊登一篇報導，[19]指出二〇〇五年全市售出的新屋共有五萬三千四百一十棟，到了二〇一一年，數量卻遽降至七千六百六十四。

我思考著這兩個數字的同時，心裡不禁想起了M先生。某天我一如往常地帶著狗兒去我們最愛的公園散步，恰好在公園附近的一座工地看到建築許可和告示牌，上頭寫著「建案負責人：M先生&X公司。」M先生怎麼有辦法把事業做得如此欣欣向榮呢？話說回來，市場雖然不景氣，有能力付錢請人建屋的金主也還是不少，況且M先生在建築品質方面可是聲譽有加啊。

M先生具有許多高競爭力的優勢，而其中一項就是「透明化政策」。他會把不同的建築提案寄送給每位潛在買家，此外還附上一份清單，上頭完整地記錄著他過去所有買家的姓名、地址及電話——沒錯，那份清單確確實實地記載了一百六十三位跟他買過房子的買主，而且人數還一直在增加。

M先生詳實地交出了他提供優質商品的記錄，而且公開名單上的所有人也都對他讚譽有加，難怪他有辦法在市場一片淒迷的狀況下成功。此外，M先生看待所謂「不景氣」的角度也與一般人不同。他將低迷的市況視為逆境，而逆境不就是鞏固決心、拓展聲譽的最佳良機嗎？

「指標」說不出來的事

在學校、公司、政府機關等各式組織中，招募員工、安排職位或處理入學事宜的負責人通常都需要一些指標，才能以便利又具成本效益的方式，替組織做出判斷，像是「誰表現得比較好？」「下一個離開的可能會是誰？」又或者「誰現在處於落後狀態？」一個組織所做的決定如果涉及很多人，那麼業務上自然需要標準化測驗或其他相似指標（如GPA），但這種測驗不一定能測出所有成功要素，而且對受試者本身通常並沒有太大的幫助，也不會讓人獲得追求卓越的動力，只是有助組織做決定而已。偏偏我們總是把標準化數值看得太重，譬如不少人就堅信GPA高代表一輩子都會順利、成功，殊不知許多成績好的學生根本就只是會讀書、擅長死記罷了。光是擁有傲人的GPA，也不一定能當好領袖，我父親在他二〇一五年的一篇著作中，就曾點出這個事實：

在我訪問過的鄰家富人中，很多都是白手起家的成功生意人，基本上，就是不受雇於他人，而且具備領導力的企業主。而這樣的現象也讓我們瞭解到一個關於富人的重要事實：認知能力測驗的分數和一個人所展現的領導力並沒有顯著關聯。在我看來，SAT、ACT、GMAT和GRE等各種考試基本上都只是在測驗考生的認知能力而已。

為了印證此論述，我在著作中曾引用了費德勒與林肯這兩位傑出學者的著作：「認知能力測試，向來是以不準確聞名的領導能力指標，只能解釋不到百分之十的表現差異。」[20]

且讓我們以財產淨值超過千萬美元的戴夫為例吧。他問了我這個問題：「你猜，在我們這棟辦公大樓中的大學畢業生中，誰念書時成績最爛？」

沒錯，就是戴夫！他大學時成績總是一片慘澹的C，但他口中那棟大樓的擁有人，其實就是他自己，而且裡頭還是他開設的成功投顧公司呢。戴夫聘用了許多優秀的大學畢業生，但自己其實畢業於全國排名倒數百分之五的爛大學，而且舊版SAT的總分也從未超過九百。

一直到現在，戴夫每週收到履歷時，都還是會不免訝異：「竟然有好多得過書卷獎的好學生想來我公司上班耶，這些孩子可都是來自好學校的聰明年輕人啊。」

戴夫的學業成就雖不起眼，但這方面的欠缺，他用其他能力來補足。他不但自律、正直、動機強、願意承擔風險、有識人之明，也有眼界、韌性、同理心、毅力和社交技巧，換句話說，他擁有非常優異的領袖技能。

至於戴夫那些書卷獎的員工又是如何看待他大學的爛成績呢？老闆讀書時動不動就拿C，任誰應該都會有點擔心吧？不過事實上，從來沒有哪個員工跟戴夫要過他的成績單，畢竟他給薪優渥，又提供良好的工作環境，所以成績如何，又有誰在意呢？

會──現在學費那麼貴，真有誰能成為所謂的鄰家富人嗎？自一九九六年至今，美國的學費已翻漲了將近百分之四百，高額的就學貸款讓年輕人直接輸在起跑點上。即便有些父母做了事先規劃，也想幫助孩子完成大學，卻也經常無法全額支付大學學費。某項研究報告就指出，雖然百分之四十三的受訪父母都想替孩子承擔所有學費，但孩子進了大學後，真正能實現諾言的父母卻只有百分之二十九。[26]

教育還是有其意義：對多數人來說，高等教育仍有助於財富累積，不過效果並不直接，只是讓人在拿到學位後，能夠獲得較高的收入罷了。根據調查，大學畢業生資產淨值的中位數（約二十九萬兩千一百美元）是高中畢業族群（五萬四千美元）的五點多倍，[27]我們這次的研究也指出，擁有大學或碩士以上學位的受訪者在收入和資產淨值方面，也都勝過大學肄業和僅有高中文憑的族群（不過資產方面的差異比較沒那麼顯著就是了）。當然，生活習性如果不節儉，收入再高也沒有用，但教育程度和收入等級間的關係的確不容否認。

破除名校迷思

在二〇一六年，將近百分之七十八的大學生就讀的是公立學校，至於私校人數則占百分之二十二，[28]那麼在百萬美元等級富翁的樣本中，比例又是如何呢？在我們最新一次的研究中，公私校的富翁分別占了百分之五十五和百分之三十，至於兩種皆曾就讀的比例則是百分之十五。無論是公立或私立學校，學費都一直在漲，學生們的負債也越來越重，導致有些立意良善但認知不足的父母因而開始認為，如果想受高等教育，負債一點都不奇怪，而且是必要的犧牲。但令人遺憾的是，這些認為大學學位是最低教育門檻的父母，卻也因而讓孩子們在累積財富的道路上倍受阻擾。為什麼每個人都非得負債累累地接受四年的大學教育不可呢？為什麼就不能鼓勵孩子甩脫傳統，尋找其他替代方案呢？為什麼要逼他們借貸數十萬美元的學費，只為拿到一張文憑呢？

要想瞭解現代人為什麼喜歡鼓勵學生接受高等教育，或許我們可以從社會價值觀與比較心態開始探討。對於某些家長和學子來說，如果有讀大學的話，在IG貼文就顯得很風光，同時，他們也相當在意周遭的人有沒有念大學、把孩子送去了哪間學校。正因如此，許多收入豐厚的父母都倍感壓力，覺得非把子女推進名校才行。對這種族群來說，念名校就像穿設計師品牌的衣服或開奢華名車一樣，可以顯示身分地位，而且還可以在社交網站上宣揚入學過程有多困難、學費又有多貴，這麼一來，朋友和鄰居就會對他們倍加推崇，「你女兒進了這麼好的學校啊，還真厲害耶！」但要是為了念一所其實負擔不起的大學，而換來五年、十年，甚至是二十年以上的負債，那麼最好還是不要為了向人炫耀、逞一時之快，而做出危害自身財務狀況的決定。

其實在上述的這種家庭中，許多父母也都自認生活減省，只有在打折時才會去買衣服、雜貨和家居用品，但同時他們卻為了追求名校光環，而甘願讓孩子陷入大學教育所帶來的高額債務。

「成績好」不等於「領導能力也好」

我們從小到大都得過許多分數，有些人甚至到現在都還逃不過被打分數的命運。許多組織都會透過打分數的方式來評量員工表現，雖是好意，其實沒有什麼實質效果，而且分數對不同個體的影響也有所差異。某些人不論分數好壞，都有辦法直接忽略；有些人則會把分數看得很重，視作未來能否成功的指標，還會因為分數高低而覺得喪氣或受到鼓舞。還有些人會把不良的分數化作動力，驅策自己前進，藉此激發出最大潛能，而非直接忽視分數。我父親在二〇一二年就曾指出，富人的反應通常都是最後一種，而且其中的企業主尤其如此：

富人早年經常被威權人士或標準化測驗貼上「普通」或「劣等」的標籤。不過我的研究結果顯示，這樣的評價反而增強了富人的韌性，有些受訪者甚至很清楚地告訴我，旁人的批判正是他們奮發向上的動力。想知道富翁是如何發展出堅定的決心與毅力嗎？是因為他們年輕時就已開始將負面評價轉化為動力。[23]

羅夫．德拉維加（Ralph de la Vega）是 AT&T 電信的 CEO，而這間公司規模將近五萬人，年營業額高達六百三十億。《亞特蘭大日報》在二〇一二年三月十八日曾刊登過一篇文章說，德拉維加十歲時隻身從古巴移民到美國，由於卡斯楚政權不准家人陪同，所以他一直到遷居的五年後才跟家人團圓。[24]

德拉維加高中時讀英文讀得很糟，但他還是把當工程師的夢想告訴了一名輔導員。對方卻說他成績不好，家裡又沒錢，所以勸他放棄。「他當下就扼殺了我的夢想，」德拉維加先生這麼說。後來他便輟學，改念高職。

不過德拉維加的祖母也來到美國後對他說：「羅夫，千萬別讓任何人限制你的成就，只要你是真心想當工程師，就一定能做到。」於是他又重新燃起了希望。

結果他的夢真的實現了。現在，他也把祖母的諄諄教誨繼續傳承給有夢想追的年輕人。

要想避免支付鉅額學費，就必須先改變心態。試想：其實現在州立學校也很努力地在提升品質，若用BMW來比喻的話，其實大概就像比較是初階的車款吧？而且貴族學校真的值得花那麼貴的學費去念嗎？學位的價值可以抵銷孩子在成年初期就背負債務的重擔嗎？很難說。

無論如何，在開始為了四、五年的大學教育節衣縮食前，請先考慮有沒有其他替代方案，不要一味相信名校一定值得花錢去讀。關於求學的方式，百萬富翁們與我們分享了許多不同的經驗。如果想在不負債的情況下完成學業，就必須拒絕隨波逐流，不怕與他人不同，畢竟財務成功的富人在處理許多其他事務時，做法也都是獨樹一格的呀。

累積財富等同於全職工作

為了將累積財富的能力分門別類，我們整理了本次和先前的研究資料及其他學者的研究成果，並在過程中發現攢積財富（可視為一種工作）和在一般職場上成功所必須具備的能力有許多相似之處。瞭解自身能力不但有助我們選擇正確職涯（這點將於第六章討論），也能讓我們在管理家居財務時發揮專長。如果負擔得起，當然可以將理財事務外包給顧問，但我們仍得善用自己的本領，才能找到職得信賴的人選。

《為什麼他們擁有億萬財富，而你卻沒有》內容著重高淨值與超高淨值人士的心態與想法，並於探討成功要素的章節中列出了七個類別，也就是一般所稱的「致富特質」。就我父親在一九九八年所調查的樣本而言，受訪者的資產淨值中位數是四百三十萬美元（約莫等於今日的六百三十萬美元），至於我們這次為了寫書而蒐集的樣本，淨值中位數則是三百五十萬美元。雖然數值有些差距，但若是談到如何獲得經濟獨立，所需條件似乎並未隨著時間改變；在本書探討的財富累積這件事，富翁們個個都是在行的專家。

受訪的富人在本次和一九九八年的研究中，都指出成功的關鍵要素是**自律、能與他人融洽相處、正直及努力**；此外，由於許多富人都是先在企

表 5-3. 富人的教育程度（1996 & 2016）

教育程度	1996	2016
無	1%	0%
高中	6%	4%
副學士或大學肄業	16%	2%
大學	38%	36%
碩士以上	38%	58%

表 5-4. 擁有大學文憑的富人比例（按大學種類劃分）

高等教育種類	百萬富翁的人數比例
私立	30%
公立	55%
兩者皆有	15%

業奮力向上爬，而後才打造出自己的事業，或是曾在經濟狀況有所起落時管理家中財務，所以我們也發現**韌性**與**毅力**同樣具有一定程度的重要性。

自律與財富

人生與職涯方面的成功和「努力（自律）」、「具備制定及實踐計畫的能力」，以及「注意細節」等因素都有穩定的關聯性。我們先前就曾討論過，心理學領域的研究發現努力這項人格特質會影響到工作上的表現；[30] 過去數十年來，以高資產淨值人士為樣本的研究也讓我們瞭解到，富翁們之所以財產豐厚，就是因為他們在儲蓄、花費及投資上都很自律，而且也自有一套長期策略，不會輕易受到他人影響。

在財富名列全美前百分之五的族群中，每十位受訪者就有九位認為「自律性」對於他們的社經成功而言是非常重要的因素，而且這項研究結果也並未隨著時間而有所改變。我父親就曾寫道：「自律的人會把目標訂得很高，然後想辦法以有效率的方式達成，而且不會輕易分心。他們可以住在麵包店裡面但不變胖，也可以在面臨數百個賺錢機會時，只基於自身優勢和市場需求來選出最適合的一兩個。」[31]

正因如此，受訪者才會認為要想累積財富，「自律」是最重要的特質之一，畢竟如果想要有效管理自身財務，並確保理財目標都能順利達成，卻欠缺高度的自律性、規律與努力，又怎麼可能辦得到呢？

在攢積財富的過程中，訂立目標也是自律的一部分，在此，我們就以念碩、博士來當例子吧。碩博班的學業是相當嚴峻的考驗，如果要念得好，就必須能夠主導研究走向，並具備獨立管理大型計畫的能力。可惜的是，在博班學生之中，有一半的人還沒念到學位就直接放棄了。[32]其實這並不是因為學生笨。我父親從事教職二十餘年，對於輟學的博士生，他有一套獨特的見解。雖然中輟原因不只一個，但他認為最主要的因素在於多數學生都缺發自律能力。念大學時，教授總會明確地告訴大家要做什麼、讀什麼或考什麼試，一切都按照課程大綱進行，而這些學生進到研究所後，課堂作業的表現也都不錯，但如果要他們提交論文提案，或是把論文真正寫完，許多學生就會感到力不從心，甚至根本不願意去做，因為他們無法獨立擬定屬於自己的專案計畫，並在幾乎沒有外力催促的情況下完成。其實寫論文跟自行創業很像，由於教授並不會提供大綱，也沒有雇主來定義工作內容，所以要想把這兩件事做好，都必須以最有效率的方式來分配時間與精力，才有可能成功。

在我們訪問過的鄰家富人之中，多數人都不是有辦法申請到博士班入學資格的類型。這些富翁在大學時成績並不特別優異，標準化的測驗分數也不突出，但他們的自律性極強，而在致富的各大要素中，最重要的無非就是正直與自律這兩項了。

韌性與毅力

在富翁們經常提起的成功要素中，「韌性」也是其中一項。無論是想累積財富，打造自己的事業，或無視批評人士、媒體和鄰居的議論，都必須擁有追尋目標的決心，才有辦法忍受過程中的不順與痛苦。許多百萬富翁和自行創業的人都是早年就決定要在企業裡一路往上爬，或是創造財務獨立的生活方式，於是便持續不懈地努力，最後才終能達成目標——也就是說，意志不夠堅定的人可是效法不來的。追求「財務自由、提早退休」（先前所提到的 FI/RE）的族群就是有毅力的絕佳典範。這群人能勇於面對日常挑戰，所以才有辦法一路走向財務自主，另外，FI/RE 擁護者的鄰居、社群（實體或虛擬皆同），以及賞識他們經濟能力與聰明才智的公司，也都是他們達成目標的驅力。

亞倫就是個很有毅力的商人。他親手打造了冷媒回收機事業，後來將企業轉賣，財富也因而推升至八百多萬美元。現在他的資產淨值約落在八百到一千萬美元之間。

他十四歲時就到叔叔的空調公司見習，不僅學到生意技巧，也瞭解到努力工作的重要性。上大學後，他重回叔叔的公司，獲得了業務工作，做了兩年半以後，終於決定輟學，沒想到成功之路卻出現意想不到的波折：

幸好還有社區大學可以選

如果還是想念傳統的四年制大學，但希望至少能省下前兩年的學費，那麼社區大學是個可以考慮的選項。我父親在二〇一五年就寫下了這段評論，描述一位知名美國演員的求學方式：

湯姆．漢克斯（Tom Hanks）的電影至今已在全球吸金超過八十億美金。先前他曾在《紐約時報》發表過一篇名為〈多虧了社區大學〉的文章，[29]各位如果讀過的話，應該就不難瞭解我為什麼想把他提名為鄰家富人俱樂部的榮譽會員了。

首先，他讀的是公立高中，再者，他說自己是個「……表現很差的學生，SAT分數也很糟糕，再說我根本付不起學費，所以就去了免費的社區大學，而且那家學校什麼樣的學生都收。」漢克斯說他獲得了非常棒的教育，「除了得自己去買二手教科書以外，其他完全免費。這所學校成就了今天的我。」

漢克斯的SAT成績或許不是一流，但他充滿創意又具有洞察力，知道該如何蒐集學校裡面的資源，並將之運用於他所選擇的職涯，精進自身技能。我曾說過，財務成功人士有種異於常人的能力，總能選到自己熱愛、而且報酬也很不錯的完美職業。

在選擇課程和教授時，漢克斯一向是以他已決定要從事的職業為出發點，而且顯然非常自律。為什麼這麼說呢？因為他曾邀請粉絲到他母校的圖書館去看外借單，結果事實證明，在尤金．歐尼爾（Eugene O'Neil）的《送冰的人來了》（The Ice Man Cometh）劇中，由知名演員賈森．羅巴茲（Jason Robards）所演繹的獨白片段，漢克斯反覆聆聽了至少二十次。「在母校上的課對我的演藝生涯有莫大的影響。」他說。

漢克斯還說，他之所以能寫出HBO的迷你影集《約翰．亞當斯傳》（John Adams），都是多虧了「上課引人入勝」的歷史教授當年提供了劇情大綱的範本。

所以囉，各位只要願意追隨漢克斯的腳步，善加利用社區大學及傳統四年制大學都能提供的資源，一定也能獲得頂尖的教育。

我當了兩年業務後，叔叔把公司賣給了一家上市企業，買家想請我去工作，但我拒絕了。公元兩千年初，那家公司宣告破產，我叔叔也失去了一切，於是我決定籌錢跟他一起創業。一開始，我們只有十八萬的資金，而且還是跟朋友和家人借的；那些錢我嘴巴上是承諾一定會還，但心裡其實覺得很惶恐。公司成長得非常快，但周轉金短缺，基本上我根本毫無所得，就靠著我太太那兩萬六千美元的年收入，住在舊金山一間很貴的公寓。剛開始我們真的什麼都沒有，再加上公司成長很快，導致資金經常不夠。我們一直告訴自己要有信心，也幸好我是個信念很強的人，所以才讓公司充滿正向氣息，不過我當年實在太驕傲了……許多事都在轉眼間就化為泡沫，要不是有禱告可以寄託的話，我實在不可能撐過來。手上沒有現金，但又要維持公司運作時該怎麼辦？當然就是動用私人財產囉。那時我們就經常把私人的救急基金挪去投資公司，或是用來支付員工薪水。

二〇〇八到二〇〇九年間市場崩盤，但即便產業趨勢不利，亞倫仍靠著審慎的管理手法，帶領企業走向成功。

二〇〇八年時，空調這整個產業下滑了百分之六十五，我們的毛利也隨之下跌百分之十八。

表 5-5. 成功要素：將表列特質評為「重要／非常重要」的富翁比例（1998 & 2016）

	百萬富翁的人數比例	
成功要素（1998 年的陳述方式）	1998	2016
自律性強	95	91
有韌性／毅力	-	88
對所有人誠實	90	86
能與他人融洽相處	94	83
比多數人都努力	88	81
伴侶給予支持	81	81
做事有條理	85	74
熱愛自己的工作或事業	86	70
領導特質強	84	68
個性好勝，具有想贏的精神	81	63
在收入範圍內花費	43	61
對未來有清楚的展望	-	61
父母給予支持	-	59
能夠發掘獨特的市場機會（能辨識出他人看不到的機會）	72	58
智力高人一等（IQ 特別高／特別聰明）	67	53
擁有優良的老師／指導人士（擁有優秀的指導人士）	73	53
有原創性	-	50
遭到惡意詆毀時能毫不在意	51	45
父母積極參與、幫忙	-	42
投資公開上市公司的股票	42	37
擁有堅定的宗教信仰	33	32
擁有絕佳的投資顧問	39	29
大學在學期間或畢業後馬上獲得實習機會	-	22
以名列前茅的成績畢業	33	21
就讀一流大學	48	20
就讀私立學校	-	8

備註：如標示「-」，代表該項目不包含在 1998 年的研究之中。

當時我是借了些錢沒錯，但幸好我們內部有很棒的法律顧問和會計師，所以現在我們在四十三個市場裡，共有一百六十五位員工。

亞倫審慎的作風也十足反映於家庭生活。在他靠著毅力走向成功的故事中，他太太也扮演了非常重要的角色：

我跟我太太合作無間，要是沒有她，我根本不可能擁有今天的一切。她就像我的救星，總是給我許多明智的建議……我們的生活過得很規律，對於這點，我很慶幸，因為我始終認為，家居生活要是一蹋糊塗，工作起來也不會有條理。我們向來把支出控制得比收入低，但現金還是經常不夠，這時我跟她就必須掏出個人的救急基金來資助公司，而且第一次就投入了十五萬美元，所以基本上，公司的現金問題就是我倆的問題，不過我們從來沒有因而變賣過資產，只是經常會把積蓄領光而已。

雖然大學念了兩年半就輟學，但艾倫現在已成了饒富智慧的CEO。他針對教育發表了一些看法，也針對打造財富與領導力的重要性提供了相當有趣的觀點：

我們的社會非常重視教育，但許多人念完書以後，卻還是不知道自己想做什麼，跟入學前沒兩樣，只是多了一屁股債而已。如果只想在傳統的企業工作，那倒還不要緊，因為大學學位仍舊是必要條件，但要是想創業的話，不多學一點東西來累積知識是不行的。所以，請一定要多方嘗試，這樣才能找到自己在市場上的定位。沒有文憑沒關係，多接觸不同的事物才是重點，畢竟大家都把學歷看得太重了。握有資金的人一點都不關心你念哪間學校——投資人不看文憑的，只在乎你做不做得成生意。開豪華名車、念哈佛MBA，但身陷債務的人啊，我實在看得太多了。

在眾人都認為「大學一定要念完」的年代，亞倫一反傳統地輟學創業，慢慢累積現金，終究讓公司開始獲利，而這一切，都得歸功於他在做出每個決定時的沉著與冷靜。

海軍的經驗分享

跟二十多年前比起來，現今的鄰家富人在人格特質上有什麼不同嗎？科技發生劇烈變化、教育和醫療費用也大幅上升後，我們若想靠著自己的努力攢積財富，會需要具備什麼不一樣的條件嗎？

我們於一九九八年和二〇一六年分別對財富排名前百分之五的人進行調查，發現在三十大成功要素中，正直和自律於兩次研究都名列前茅。只要是跟居家理財相關的事務，小如繳納帳款，大至進行投資決策，這兩項因子都具有相當程度的影響力。無論時機好壞，國內經濟狀況如何，手邊又是否存在可用的科技，鄰家富人都始終能以自律為準則，持續累積財富。

《為什麼他們擁有億萬財富，而你卻沒有》一書就曾提到：「在解釋財富方面的差異時，『自律』是不可或缺的因子，如果無法自律，就幾乎不可能打造屬於自己的財富。對，中樂透的話是有可能啦，但一般而言，中獎的機率可比得痲瘋病還低呢。」[33]在我們的研究結果中，也出現了一個有趣的現象，那就是智商（以及智商類別下的三個因子）在重要性排行上，遠遠不及「自律」，而且排名墊底。換句話說，在追求社經地位的成功時，智力是否高於常人、有沒有念名校、畢業時成績是不是名列前茅，其實並不怎麼重要。

近來我們進行了一項個案研究，對象是一位曾受過海軍陸戰隊訓練、且從中獲益良多的律師，而研究結果正好可與上段的論點相互佐證。別忘了，「自律」可說是海軍陸戰隊最重要的規矩呢。

史丹利博士您好：

《原來有錢人都這樣做》和《為什麼他們擁有億萬財富，而你卻沒有》兩本書我都拜讀過，也都非常喜歡，讓我很有共鳴。我雖然還不是百萬富翁，但希望將來也能成功。我的經歷跟您在書中探討的鄰家富人很像：我先是就讀海軍陸戰隊的預備學校，後來又上了大學，然後繼續念法學院。我這個人不是特別聰明，也沒生到高智商這種「天賦」，但我非常地自律、努力。剛好我有個雙胞胎弟弟，他跟我在各方面都完全相同：我們大約五年前都開了法律事務所，都喜歡交際，擅於跟人相處，也具備高度常識，此外，我們也都有投資房地產事業。智商超高的天才型人物對房地產比較不感興趣，所以我們不必跟他們競爭。總之，我倆做得都算不錯，去年的收入也都有超過二十五萬。

至於個人消費方面，我的車是本田雅哥，已經開了將近四十萬公里，我每次坐到駕駛座上時，都會不禁露出微笑，覺得我這台耐開的猛將就好像榮譽勳章似的。相較之下，我朋友都很愛買些明明就負擔不起的超大豪宅，也喜歡開奢華名車，即便必須租借或貸款來買，也毫不手軟。他們的收入是很優渥沒錯，但薪水多歸多，卻總是全部花完，像我有個非常要好的朋友就說他有貸款去買東西的習慣，因為這麼一來，他就會有賺錢的動力——這邏輯實在缺陷百出，相較之下，我計畫中的理財方式則跟他完全相反。我現年三十七歲，身上毫無債務，目前我希望能盡量把錢拿去投資共同基金，並努力增加名下的商業和住宅不動產，而且必須是在不貸款的情況下完成這些目標！

我非常喜歡您的書，如果您願意繼續寫，我也一定會繼續讀的。

祝，一切安好。永遠忠誠。

如何分配心思與時間

時間是人類最珍貴的不可再生資源，因此，我們分配時間的方式對於財務目標而言可以是助力，也可能會是阻力。所以富人們都是如何分配時間的呢？超優理財族和超遜理財族運用時間的方式又有什麼不同呢？跟超遜族比起來，超優族（也就是擅於將收入化為財富的受訪者）用於閱讀商業性文章的時間大幅領先，且整體閱讀時數也比較長。不過之所以會出現這樣的現象，有可能是因為超遜族花了較長的時間在工作。研究結果顯示，超遜族必須不斷有收入進帳，才能維持平時的消費型態，所以才很少有時間閱讀、計畫並思考投資策略；我們在最近的一次研究中也發現，超遜族花在社群網站上的時間（約十四小時）比超優族（九小時）多。這之間差距的五小時是不是有可能轉移至其他用途呢？用來計畫未來的財務目標似乎也是不錯的選擇？

時間分配

當今這個時代存在著那麼多使人分心的科技，總讓人很難不去逛逛社群網站、傳傳訊息或打打遊戲。試想，你每天在科技裝置上耗費了多少時間呢？其實許多人之所以無法達成財務自主或

自律加倍，財富升級：學界教授的奮鬥人生

如果想在研究型的高等教育機構任教，就必須定期產出期刊論文，並接受同儕評審，所以坊間才會有句話說「不發論文就出局」。我父親前半段職涯都在學術環境中工作，因此非常瞭解學界文化的特徵與壓力。他於二〇一三年接到一位前教授的經驗分享後，寫下了這些片段：

某位知名教授曾這麼告訴我：「你要是不發論文的話，可能就沒辦法在好學校獲得終身任期，但是會交到很多朋友；相反地，如果你發了太多論文，在同事間就不會太受歡迎。」

之前有位前大學教授曾寫信給我，在此我們就稱他為 F 教授吧。他在信中這麼寫道：「我辭去大學教職的幾年後，決定自己創業，當時我已經五十一歲了，同事看我放棄大學終身職的保障，都覺得我根本發瘋，但事實上，辭職可以說是我這輩子最棒的決定了。」

這位教授創業九年後，攢積了近千萬美元的財富，而且現在已經退休，所以

有空與我們分享他在追尋財務自由的道路上，是如何體會到「自律」的重要性。「這本書提及的許多事，」他說，「我都有親身經歷過，譬如將支出控制於收入之下（在創業前，我的資產淨值約為一百多萬美元），勇於承擔風險，因為在他人手下（也就是校內的行政管理人員和已獲終身任期的同事）工作而感到挫折等等，此外，我也擁有宗教信仰，和太太結縭四十二年，她一直很支持我。正因如此，我才有辦法相信自己，找到我在市場上的定位……」

F教授的某些「朋友」說他只是好運，讓他覺得「很受污辱」。我們訪問過七百三十三位富人後，發現「好運」在成功要素的重要性排行中名次非常低，相較之下，自律和正直則盤據榜首，而這兩項特質在我們最近一次的調查中，也還是被評選為最關鍵的成功因子。對於自己的成功之路，F教授是這麼解釋的：

「我的成長背景不好，所以只進得了學界金字塔最底層的教育機構，最頂尖的學校都拒我於門外，但我發表的論文比所有同事都多。無論什麼事，我都會用盡全力地做好準備，所以說我「好運」，根本是玷汙了我的付出。我的同事有很多人畢業於菁英教育機構，但多年來，沒有誰像我那麼努力鑽營學問，就算機會就擺在他們眼前，也沒有誰會像我那樣積極地去爭取。事實上，他們從來都不會主動尋求機會。我這輩子是很受眷顧沒錯，但我之所以能成功，並不是運氣所致。

我現在所擁有的財富都是五十歲以後才進帳的，換句話說，只要抱持正確的態度與理念，而且做事夠努力，要想成功其實並非難事，只可惜我們的社會卻教給年輕人錯誤的觀念。」

「我從沒想過經營九年生意後，竟能賺到這麼多錢，而且營運屬於自己的事業實在是非常棒的體驗，不過相較之下，舒適的退休生活更是讓我快樂。十五年來，我一分錢都沒有欠，現在的資產淨值也已達到了八、九百萬美元。在寫這封信之前，我從未透露這個金額，朋友們大概也完全不知道我和太太有這麼多錢。過去幾年來，我們的確經常出國旅行，不過除此之外，我倆的生活方式改變不大，也還是最愛去逛好市多和沃爾瑪。」

論文產量豐富的 F 教授把他在學界的經驗用於創業，畢竟發表學術研究跟打造事業很像，如果想獲得認可或成功，都必須符合某些條件，而他的努力最終也讓他在財富上獲得了莫大成就。

其他目標，主要都是因為太過容易分心。我們發現，做事時越能專心一致，不受外力干擾，長期下來就越容易累積財富。當今的富翁們每天到底會花多少時間，來做一般人心目中的「有趣活動」呢？在我們最近一次的研究中，多數富翁都表示，他們每週只會把二點五個鐘頭的時間用於社群網站，相較之下，一般民眾耗費的時間足足高出了將近百分之三十（每週三點五小時，但我們認為數字應該更高）。至於最近一次的總統選舉結果及相關議題，各位又會花上多少時間關切呢？就多數富翁而言，答案是不到一小時（而且其中約有百分之十的受訪者表示他們完全不花時間）。換句話說，若想達成理財或職涯上的目標，就應該把時間和心思用於相關的事務上才對。

我們若是太常看他人在政治上或運動競賽、實境節目，甚或是跟自身相關的社交活動中競爭，就很容易陷入競爭所帶來的衝突感、痛苦、紛亂的心緒和其他情緒之中，沉溺而無法自拔，如此一來，花在事業、教育和其他高效益活動上的時間和情緒能量自然會減少。雖說一般人在電視上觀看前述內容的平均時數是每週兩小時，不過事實上，我們所耗費的資源還不只這些時間呢。

成功人士的特徵在於，他們對於自身分配資源（情緒與認知上的資源也包含在內）的方式有非常敏銳的瞭解。原本就算只是「偶爾」分心，隨著誘人分心的事越變越多，喪失專注力的頻率就會越來越高，而有意義的事也將越來越無法完成；要是分心成了習慣，目標就更難達成了。下定決心雖不容易，真正改變習慣卻是更困難：一個新習慣的養成需要大約六十六天的時間，而且思路也非得徹底重整不可：[40]

下定決心後，行為也要真正產生改變才會有用——若真的有心重塑習慣，第一步就得先扭轉想法（也就是所謂的「重整思路」）。如果只是一直告訴自己「不能去做」，非但無法翻新思考方式，反而還會加強想做某件事的動機，所以說，我們必須打造出全新的神經迴路，將想法全然翻新，而後才能確實改變。[41]

無論年齡大小、收入多寡，[42]能專注於自身目標，就比較容易成功累積財富，不過，生活中的確存在許多令人煩心的大小事，會占據我們的時間與認知資源，因此，我們統計了超優理財族和超遜理財族平日會擔心的事，加以比較後，發現超遜族的憂慮多半來自下列事項：

- 銷售利潤不振
- 被開除
- 無法獲得財務自主
- 屆齡退休
- 孩子沒有追求經濟獨立的動機
- 財富不夠，無法安心退休

一個人所做的各種決定，尤其是如何分配時間、金錢與精力，都會影響他獲得財務獨立的能力。此外，個體所展現的行為模式也和占據認知資源的事項息息相關。有些人正是因為知道該如何以有利攢積財富的方式來使用認知資源，所以才能有效地將收入轉化為資產。他們平時從事的活動和花心思研擬

表 5-6. 超遜族（UAW）及超優族（PAW）每月耗費於下表活動的小時數（1996 & 2016）

	1996		2016	
活動	UAW	PAW	UAW	PAW
研究或計畫未來的投資決策	5.5	10	8.7	11.4
管理當前的投資活動	4.2	8.1	8.6	11.3
運動	16.7	30	19.5	26.0

表 5-7. 超遜族及超優族每月耗費於下表活動的小時數

活動	UAW	PAW
閱讀投資交易刊物	10.7	10.5
閱讀投資交易刊物之外的商業性文章	10.8	16.5
休閒性閱讀	17	22.8
工作	184.6	140.9
使用社群網站（非工作相關）	14.2	9.3
購買衣物與配件（親自前往實體商店）	3.7	3.6
使用行動裝置或其他科技來玩遊戲	3.2	2.5

韌性的力量

網路版的富比世雜誌有一篇關於塑身衣品牌 Spanx 創辦人莎拉・布萊克莉（Sara Blakely）的文章，指出「莎拉・布萊克莉把五千元的存款發揚成「塑身衣」這個新穎的零售類別，[34]是今年資產高達十億以上的富翁之中，最年輕的女性創業家。」針對這篇文章，我父親於二〇一二年寫下了這番回應：

其實布萊克莉女士一開始是想念法學院，但《富比世雜誌》的這篇文章指出，她的法學院入學考試考得很差。就算她不聰明好了，那又怎樣呢？在資產淨值高達千萬以上的富翁之中，不論性別，只有百分之九的人表示他們是依據能力測驗的結果來選擇職業。[35]布萊克莉跟許多生來就注定要成功的人一樣，選擇了獨特的道路，在創業前，她當了七年的銷售員，專找潛在客戶推銷傳真機。「有幾次我推銷得太過火，結果對方就直接在我面前把名片撕爛呢，」她這麼說。

就我的調查資料而言，在鄰家富人創業前的第一份工作之中，最常見的職業就是銷售員了（百分之十四）。的確，**賣東西著實是考驗並提升自律度與韌性的**

好方法。

身為銷售員的布萊克莉知道外表對她的工作來說非常重要，所以希望能隨時把自己維持在最佳狀態，卻發現市面上的許多貼身衣物都欠缺風格，而且功能不佳，於是決定自己來做，歷經了許多錯誤後，才終於發明出 Spanx 塑身衣。就是這款產品，以及她的高度創意智能與莫大的上進心，替她將資產推過了十億大關。

我讀完整篇文章後，發現布萊克莉和其他成功人士有許多共通點。我曾以〈成功要訣：給年輕人的建議〉為標題，請全國各地共三百一十三位擁有成功企業的女性發表感想，不過她們寫的都是自己成功創業的過程與故事。我針對這些文章的主題和元素進行了徹底的內容分析後，發現「毅力」是最常被提到的成功要素（共有百分之五十一的女富人如是指出），因此我在書中寫道：「多數受訪者都表示自己是先經歷過失敗，或者被家人、朋友看衰後才終於成功。換句話說，她們似乎是想證明看扁自己的人說錯，才更有動機去克服障礙；此外，幾乎所有受訪者都認為『毅力』之中還包含了許多重要的子元素，像是上進心強，有想要進步的強烈動機，有榮譽感等等；而她們更強調，若想成功，就必須長時間地專注於想要成就的目標，沒有毅力可做不到。」

毅力：不可或缺的要素

談理念、談點子並非難事，難就難在該如何帶著信心與韌性去加以實踐。如果想要改變，就必須從頭到尾都保持信念、堅持不懈，不能只有剛開始時的三分鐘熱度。更重要的是，即便夢想看起來遙不可及，也不能放棄。一般人在創業的過程中，必然會碰到難關，至於我們該如何借助韌性與信心來面對這些挑戰，我父親在二〇一四年曾寫過以下短文闡釋：

羅伊最近在考慮要不要自己創業，而事實上，他也具備許多帶領企業走向成功的特質，舉例來說，他專業知識充足，自律性強，工作習慣優良，而且還擁有頂尖的信用評等，一家人的支出也遠低於收入。然而，雖然羅伊嘴上說想創業，但我實在不太確定他的計畫究竟會不會成真。

羅伊為了籌措創業資金，申請了三次貸款，但全數遭到拒絕，導致他灰心喪志。企劃案遭到批評時，羅伊不知道該如何回應，也覺得銀行的放貸負責人態度高傲冷漠，甚至還有點污辱人。這樣就算了，就連他岳父岳母都說他太過冒險，又沒有生意頭腦，所以不願把錢借他。

因此，我建議羅伊重讀《為什麼他們擁有億萬財富，而你卻沒有》當中關於「如何面對批評」的章節。以下這幾個段落我想提供給羅伊參考，希望他能從中找到一些安慰：

「這世上有無數充滿上進心的人都曾遭人批評，夢想也因而受到挑戰，但如果社會上沒有人擔任批評者的角色，那也不行，否則我們怎麼會知道誰才真的有勇氣、有決心，可以接受批評，進而完成目標呢？」

「就算是鋼材，如果沒有經過錘鍊，也不會變硬、變堅固——而人也是這樣的。許多白手起家的富人都表示，某些權威人士對他們發表過的詆毀式評判或意見反而具有激勵效果，讓他們在人生中獲得成功；那些批評就像抗體般，幫助他們磨練心志，並培養出無視他人惡意批評的能力。」

「生命不是短跑競賽，而是世上最長的馬拉松。人在一生中總會不斷被貼上各種標籤，如果你可以忽視外界看衰的眼光，相信自己一定能成功的話，就很有機會在馬拉松大賽中一路領先——許多百萬富翁都有過這樣的經驗。」[37]

此外，羅伊也必須做好心理準備，畢竟在他越發成功的同時，批評他的人也只會越來越多。

的事或許不適合在推特或ＩＧ上炫耀，但長時間下來，良好的習慣卻會讓他們得以自由追求自己想要的生活，而不是一味地在眾人面前營造光鮮亮麗的假象。

表 5-8. 富人及一般人每週耗費於下表活動的小時數

活動	富人（每週小時數）	一般人（每週小時數）[38]
工作	38.4	32.1
休閒性閱讀	5.5	2.0
社群網站	2.5	3.5[39]
運動	5.8	2.5
照顧家人	8.5	3.6
打電玩	0.8	1.7
睡覺	53.6	61.5

表 5-9. 富人前一週耗費於下表活動的時間（以人數比例呈現）

活動	完全不花時間	不到一小時	超過一小時
聽音樂	13.0%	42.9%	44.1%
觀看運動競賽	32.2%	24.5%	43.0%
參加運動競賽	52.2%	8.2%	37.6%
觀看政治節目	42.8%	32.6%	24.5%
收聽政治節目	52.9%	29.8%	17.3%
打電玩	77.4%	16.4%	9.3%
網路購物	30.2%	60.9%	8.9%
收聽運動節目	68.4%	22.9%	8.7%
觀看運動評論節目	72.7%	23.6%	3.8%

表 5-10. 富人平常用以思考表列議題的時間（以人數比例呈現）

	富翁的人數比例				
議題	完全不想	數分鐘	數小時	數日	數週、數月或數年
支持的候選人於州選舉或當地選舉落敗	17.9%	56.6%	13.7%	6.8%	5%
支持的候選人於全國性選舉落敗	9.4%	35.5%	25.3%	12%	17.2%
支持的運動隊伍落敗	22.7%	46.8%	18.6%	8.2%	3.6%

表 5-11. 超優族和超遜族前一週耗時擔心表列問題的人數比例

	前一週有花費時間擔心表列問題的人數比例	
害怕／擔心的事	超遜族	超優族
沒時間在打折時購物	23.5	11.8*
家人因為自己的財產而發生衝突	22	15.3
失去工作／職位	36.6	17.7*
臭氧層破洞	29.5	24.1
無法獲得財務自主	55.7	27*
與不事生產的伴侶或重要他人共育子女	25.8	28.6
子女已成年卻無法自律	37.9	28.8
必須退休	61.1	33.9*
野生動物絕種	44.5	35.7
自己或雇主的事業利潤不振	58.3	37.8*
因財富不夠而無法安心退休	78.6	41.1*
成年的孩子入不敷出	43.2	43.4
孩子沒有追求經濟獨立的動機	60.6	44.6*
財富越發集中在有錢人手裡	52.3	51.4
視力或聽力出現問題	58.8	57.3
全球的氣候變遷越發惡化	62.8	58
從其他國家傳入的疾病在國內散播	50.4	58.4
記憶退化	56.8	60.2
罹患癌症和／或心臟疾病	62	61.8
政府對公民權利的規範越發嚴格	56.1	68.1
聯邦政府的規模和事務管理範圍擴大	61.5	70.5
整體健康狀況下滑	71.2	76.1
政府對企業／產業的規範增加	64.9	76.6*
政府開支／聯邦赤字上升	70.5	77.7
必須繳納的聯邦稅款越來越多	80.9	80.5
美國的經濟狀況	93.2	92

* 差異特別大的項目

第6章

哪些職業會賺大錢

他們選了正確的職業。

——摘自《原來有錢人都這麼做》

我們終日辛苦工作，無論喜不喜歡自己的職業，所耗費的時間都非常寶貴。而且時間不能再生，所以跟金錢是不同類型的資源。我們為了替自己或他人的事業創造收益，總會花上不少時間工作，那些時間不能倒流，也無法重新用於他途。因此，若想追求經濟成功，職場與工作是不能不探討的議題，對於想獲得財務自由的人來說，這方面的討論更是格外重要。

從前不存在的科技，現已賦予我們自行管理投資活動的能力，在《原來有錢人都這麼做》初版二十餘年後的今日，職場世界也已大有變化。請各位再回想一下我們先前提過的 FI/RE（財務自由，提早退休）族群吧：他們在一九九〇年代時或許被視作少數族群，但現在各界卻非常推崇這派人的自主。再說，在當今這個時代，即便是替大公司工作，也不一定能獲得退休金和長期的財務保障，所以 FI/RE 的擁護者對於財務自由的追求也因而顯得更有道理。

然而，相較於中規中矩地上班工作，多數人還是會想直接進入精彩刺激的投資世界（將於下個章節討論）。事實上，各位如果在Google上鍵入「投資訣竅」，會搜到六億五千六百萬個網站，每一個都宣稱能帶領讀者深度探索證券買賣的世界。相較之下，關於找工作祕訣的搜尋結果卻只有投資的七分之一（八千七百七十萬個網站）。跟股市、理財或行為財務學等主題一比，討論「工作」、「職涯」和「職業」這些話題似乎顯得很蠢。好萊塢曾拍出《華爾街》和《大賣空》等作品，卻沒有關於找工作和職涯探索、發展的電影——或許《阿甘正傳》（Forrest Gump）勉強可以算，但他的職場經驗和創業後的莫大成功，都比較近似於我們在第二章討論過的迷思，而不太符合現實生活。我父親曾在二〇一三年寫道：

我曾看過某份報紙的頭條是這樣寫的：「投資股市才是致富王道。」[1] 其實透過股票或其他投資方式累積財富就像種樹一樣，如果沒錢買橡實，要怎麼種橡樹呢？所以「投資股市就能發財」這樣的說法根本是本末倒置。省錢不可能無下限地省，所以要想累積財富，光是節儉還不夠。許多人的資產並不豐足，而且有趣的是，這樣的現象在收入優渥的族群身上又特別明顯：「許多高所得人士每個月都把薪水花光，一輩子就仰賴薪資過活。」講白一點，《原來有錢人都這麼做》其實就是寫給收入高於平均值的族群看的。

如果說沒有繼承遺產，沒中樂透，也沒能在販賣機找回來的零錢中發現稀有的自由女神頭像硬幣，那麼每個人遲早都必須工作，才能獲得報酬，支付生活與消費所需，而後也才能開始存錢，並將積蓄用於創造額外收入。社會上有些人刻意選擇很早就退休，換言之，他們必須在經濟生涯早期就達成開創收入的任務。自由的國家提供了充足的機會，讓我們很幸運地能夠自由選擇工作與職業，進而穩固經濟防備（亦即管理支出與消費），提供穩定的環境，給予孩子美好的童年。但即便如此，瞭解自身長處並訂立目標仍只是個起點，我們必須善用優勢，創造收入，才能取得財富累積的種子，然後開始播種——財務成功人士究竟都是怎麼辦到的呢？

我們先前曾接獲到一些讀者和評論家對於我父親作品的意見，也經常發現許多人對於攢積財富和取得財務自主的可行方式感到困惑。其中有不少人認為，若想致富，就只有三條路：1. 節儉度日，穩紮穩打地存錢，2. 晉升高收入階級，或從事高階領導人職務，或3. 當個不怕冒險的創業家，勇於投資自身事業，成為自己的老闆。事實上，這幾條路很不一樣，但都需要很強的自律性才能走到終點，實踐起來並不會輕鬆。

經濟成功人士通常會選擇（甚至自行創造，總之最後總會找到）正確的工作來從事。而所謂「正確」，意思是報酬充足，同時也能讓人感到滿足。然而在本書中，我們希望能延伸討論範圍，讓讀者們知道，其實只要在職涯早期就努力積蓄，提早退休並非不可能的選項，畢竟就算是「正確」的工作，再怎麼樣也頂多只能做上十到十五年，但節儉的生活型態卻能帶來高儲蓄率，讓人用以投資，進而創造收入——這樣的理財方式可說是逆向操作，但確實有可能實踐，譬如我們先前討論過的 FI/RE 族群就是很好的範例。

第五章曾提到，高智商並不是致富的必要條件。只要能嚴以律己，並善用自身的創意智能，就很有機會成功。「創意智能」這個類別底下，涵蓋了兩項成就許多鄰家富人的成功因子，而這兩項因子也曾於《原來有錢人都這麼做》中被列為職涯的成功要素，亦即富人擅於瞄準市場機會，及富人選了正確的職業。沒錯，財務成功的族群知道該如何透過正確的方式工作，並創造收益，他們不但勇於體驗各式工作，也會從中選擇有助財富累積的職涯或事業。這些人通常都是在人生的早期階段就決定要攢積財富，也會及早研擬各種方法來增加財富，譬如有些人會自行創業，藉此將自身長才發揮到淋漓盡致，正因如此，他們才無須被傳統的職場綁架。

許多讀者可能會覺得富翁似乎異於常人，這是因為研究中有許多受訪者不過是一般產業的小型企業主（如大型機具租借公司），或是老師、會計，卻靠著持續性的儲蓄，慢慢地存到了上百萬美元的財富。當然啦，受訪者之中也有醫生、律師和其他專業人士，不過所謂「鄰家」富人的特點就在於，表面上看起來雖不有錢，但其實坐擁豐厚財富，至於從事什麼工作，並不是重點。他們就是因為生活型態簡樸，所以才能把家庭收入（通常都高於全國的平均值）轉化為財富——從這之中，我們可以看出一個簡單卻真實的道理：**職稱可以當作收入指標，但若用來衡量財富，就不那麼準了。**

在最近一次的調查中，我們發現富人們從事的產業與職務各不相同，這樣的結果與二十年前的研究不謀而合（請見表6-1）。在本次的富人（平均資產淨值為三百五十萬美元）中，從事專業工作的人數比例高於二十年前受訪的鄰家富人，但其中也出現了一些出人意表的職業。就這次的樣本而言，受訪者的職業涵蓋了公務員、小型企業主、公司經理、副總、會計師、科技主管和顧問，另外，也有人表示他們手上握有數家企業。

我們一再說到，所得是否能有效轉化為財富，關鍵在於是否擁有正確的理財行為，至於收入多寡，反而沒那麼重要。如果收入時有時無，那麼當然很難攢積投資本錢。要想擁有持續性（或者至少相對穩定）的所得，就必須找到適合的職位，藉此發揮自身的技能、知識與能力，並從中找到熱情，或者，也可以找份收入充足的工作，讓自己得以在謹慎儲蓄的前提下，提早從傳統職場中引退。能在職涯中將能力發揮到極致，通常是件很令人滿足的事，若是能透過工作獲得財務自由，想必會更讓人有成就感。

話雖如此，現今其實有許多年過六十的鄰家富人都還在工作，每週的平均工時是三十八個小時（如果排除已退休人士，則是四十五小時）。相較之下，在一九九六年受訪的百萬美元富翁之中，有三分之二的人每週都工作四十五到五十五個鐘頭。總體而言，尚未退休的百萬富翁有百分之七十五以上的稅前收入都是來自薪水所得。

一九九六年的研究資料顯示，有百分之二十的富裕家庭都是由退休人士擔任戶長，而本次研

表 6-1. 富人的職稱列表（精簡版）

會計員	FBI 探員	骨外科醫生
航空公司機師	財務顧問	多家企業的擁有人
建築師	財務分析師	內科醫師
協理	總經理	物理學家
律師	平面設計師	機師
銀行家	健保顧問	總裁
企業分析師	人資經理	產品經理
企業顧問	保險專員	房地產仲介
企業擁有人	投資顧問	房地產估價師
執行長	科技顧問	房地產開發商
財務總監	科技主管	地區業務經理
公務員	遊說專員	餐廳老闆
電腦工程師	管理顧問	風險管理顧問
顧問	經理	銷售助理
會計師	製造代表	銷售總監
技術總監	行銷研究顧問	科學家
防護顧問	醫療主任	安全性顧問
牙醫	藥廠業務	軟體工程師
營養師	中階經理	系統顧問
經濟學家	軍官	老師
教育顧問	麻醉護士	訓練師／顧問
工程師	油氣探勘專家	高階經理
執行副總裁	作業經理	獸醫

究得出的數值（百分之十九）也差不多。至於剩下的百分之八十一中，有超百分之四十的家庭係以自行創業的企業主為戶長。相對而言，一九九六年的研究結果則僅有百分之三十三。這樣的差異（一九九六年的百分之三十三對比二〇一六年的百分之四十二）跟自雇市場的總體變化呈相反趨勢：在一九九六年的戶長中，有百分之十八的人係從事自雇型態的工作，但到了二〇一五年，[2]比例已降低至百分之十點一，而且目前仍持續下降。部分原因在於務農的自雇人士越來越少。

不過正如我們先前所述，要想獲得財務成功，工作只是眾多方法的其中一種。如果能熱愛工作，也能從中獲得嚮往的生活型態與自由，那麼工作就會成為樂趣，而不會是種負擔，但就算各位沒有這麼幸運，也千萬別擔心，因為過去二十年與當今的鄰家富人都還有許多值得學習的致富途徑呢。

人生早年經驗的重要

面對職涯，我們所最大的挑戰都在於：職涯剛起步時，沒有人能夠預知未來的發展，所以也不可能做出完美的決定。許多富人都表示，他們小的時候，父母就經常教導他們，讓他們預先瞭解職場的實際狀況。**父母如果重視職涯教育，子女也會比較容易獲得經濟上的成功**。換句話說，靠著自己力量致富的人之所以能掌握機會，找到能帶來莫大成就感的工作，早年經驗扮演了很重要的角色。

舉個例子來解釋吧。假設你還在念書時，就獲得了礦坑工程相關的暑期實習機會，得以和該領域的專家們一起工作，並體驗一週灰頭土臉六十小時的感覺，那麼實習結束後，你一定能回答以下三個問題：1.你對這個領域有沒有興趣？2.你能否「熬過」採礦工程師經常必須面對的惡劣環境？3.你喜不喜歡工作內容？如果能提早體驗職場生活，我們在考慮將來要以怎樣的方式創造收益時，就會思考得更謹慎。此外我們也發現，**「年輕時賣東西」的經驗對於富人們的影響特別顯著**，這點將於稍後討論。

某些人有幸在年輕時就體驗職場生活，瞭解自己對工作的喜惡，以及自身的興趣與能力。然而，並非所有人都如此幸運，因此我們決定邀請富人們分享自身的職涯經驗，並請他們回答這個問題：若能選擇的話，你會希望自己擁有怎樣的職場經驗，好讓事業變得更成功呢？以下為受訪者的回應：

> 因為教育的緣故，我從小就知道自己一定要努力工作，而且不能輕視任何職業。我為了自行創業，放棄原先職涯中的成就，同時也必須做些不需要什麼技能的勞力工作，以免入不敷出，所以從前培養出來的觀念對現在的我來說，特別有幫助。

以前我是專門負責消防栓的修繕及替換。這份職務讓我學到如何堅守工作倫理、與團隊合作。正因如此，我才能交出亮眼的工作表現。跟整天坐辦公室或賣東西的枯燥工作型態相比，我覺得照顧消防栓有趣多了。

我只有固定金額的零用錢，其他花費都得靠自己賺。我父母只針對我「需要」的一切給予經濟支持，至於我「想要」什麼，都必須靠著自己計畫才能得到——譬如該如何存錢，好跟朋友一起去滑雪就是個具體的實例。

我高中時就瞭解共同基金等各種投資工具。那時，我打了好幾份工，而且把錢存起來，好拿去投資。

我父親禁止我打工，所以我在工作經驗和理財事務等諸多方面都落後同儕許多——真希望我當年能像朋友們一樣去打工啊。

我高中打的那些工，薪水都不多，而且我父母又要求我支付自己的花費，所以我必須努力存錢並制定預算，才有辦法過日子。

打工的經驗讓我知道賺錢有多困難。

我覺得人在青少年時期就是應該設定目標，才會有工作的動力。譬如我小時候一直想買車，所以一滿十六歲就馬上去找了份工作，做了半年後，用存到的一千塊美元買了一台爛車。車子多爛我不在乎，因為無論如何，那都是我的車，而且是我用親手賺來的錢買到的。

如果早年就能累積工作經驗、嘗受失敗的滋味，或者在沒有安全防護網的情況下冒險，那麼在發展職涯時，也比較能獲得所需的動力，進而創造長期的成功。

一個爛工作：塞翁失馬，焉知非福

現今仍有許多父母讓孩子過著高消費的生活（需要穩定的高所得才能維持），或者刻意淡化職場上經常會遇到的問題，甚至完全不讓孩子在年輕時就去工作，導致子女對職場的世界完全沒有準備。

假設現在有一份工作擺在你眼前：「全國銷售經理」，一半的工作時間都必須出差。你該如何確定自己喜不喜歡？若是換作當老師呢？就算喜歡小孩，也不一定能勝任管理教室秩序的工作，對吧？還是說，科技產業的職務比較適合你？話說回來，如果到科技公司就職，必須整天坐在位子上，盯著一台、甚至是兩三台機器看——這樣的工作性質適合你的興趣與個性嗎？

若是擁有豐富的工作經驗，就比較容易能識別出最佳市場機會。事實上，對某些人來說，單是一份工作所帶來的經驗，就能對其社經成就造成劇烈的影響，以下僅舉一例說明：

> 我大學中輟，到一家賭場端酒，員工要輪流負責場內不同的區域，所以我每天都會跟不同的女服務生一起工作。某天晚上我走進我負責的吧台，發現其他人都好老，朝吧台四周一看，才發現那些六十多歲的女服務生都身穿迷你裙，手上端著放滿酒杯的沉重托盤。當下我就決定不能讓自己變成那樣，於是接下來的那個學期，我就復學繼續上課，畢業後到一家會計公司當查帳員，而且這個秋天就要把會計師考試考完了。現在我每次回頭看，都覺得在吧台的那一刻實在是我職業生涯的轉捩點。

這位年輕女孩寧可千辛萬苦地把會計念完，也不願勉強自己去做一份不合自己興趣與想望的工作，由此可見，長期職涯的選擇有多麼重要。

不必努力就能成功？

過去和現今的研究都顯示，富人的心態多半相當滿足：在我們的樣本中，有足足百分之九十的富人表示他們對生活極為滿意。對生活的滿意度通常跟一個人是否滿足於自己的工作有相當程度的關係，所以，在美國有多少人對工作覺得滿意呢？經濟諮商局（The Conference Board）指出，[3]對工作感到非常滿意的人不到百分之五十，皮尤研究中心（Pew Research Center）的數據大約為百分之五十二，[4]至於人力資源管理學會（Society for Human Resources Management）的研究結果則高達百分之八十六，不過這個數值也包含了僅表示「還算滿意」的受訪者。[5]而且事實上，我們認為「非常滿意」和「還算滿意」之間存在著很大的差異。蓋洛普公司於二〇一七年針對美國勞動人口進行的民調顯示：「目前非常投入於工作的雇員中，有百分之三十七的人有在找新工作或留意相關機會；對工作沒那麼投入或刻意偷懶的人當中，有在找新工作的人高達百分之五十六及百分之七十三。這個數據顯示，對工作不投入的雇員騎驢找馬的比例，幾乎是非常投入者的兩倍。」[6]

或許一般人對工作的期望都太高了，尤其是沒有真正體驗過職場辛苦，或是從不需要為了達成目標而嚴以律己的人，特別容易把工作想得太過美好。職涯這檔事跟消費很像，我們在做決定時，經常會受旁人影響，譬如許多人就因為媒體的緣故，而以為職場是個輕鬆愉快又無憂無慮的世界。我父親曾請讀者針對連續劇呈現職場生態的方式進行思考，在此，我們以《好漢兩個半》（Two and a half man）一劇來進行說明。這部從二〇〇三演到二〇一五年的影集飽受爭議，不過也獲得許多獎項，卡司陣容和製作團隊更是備受稱頌。

本書寫作當下，這齣劇集仍在連載，劇中的主角名叫查理，是個似乎不太需要努力工作就能享受奢華生活的好命男。其實他專寫廣告歌曲，但劇中幾乎未曾出現他坐在鋼琴前搜索枯腸，幾小時後才終於寫出歌來的畫面，可是不知怎麼地，他卻能住在馬里布一間幾百萬的海濱豪宅，還能資助弟弟和姪子，甚至請了個管家。多數時候，他似乎都在家逗客人開心，或是四處講些詼諧的短篇笑話。

我們看了《好漢兩個半》之後，心態常會不自覺地改變，開始相信世上多數的成功人士都跟查理一樣，相信真的有人天份強到可以隨便工作個幾分鐘，就賺進大量財富。電視節目和近年出現的社交網站都充斥著「不必工作就能成功」的假象，但可想而知，這種事當然是天方夜譚。

排除家產、樂透或意外之財不談，如果想累積財富，通常都必須以自行創造收入為起點。我們對經濟成功的族群進行調查後，也證明事實與美夢式的劇集大不相同。多數人每天都必須汲汲營營，由於手上沒有其他形式的收入，所以只能倚賴工作，日復一日賺錢，才有辦法生存，甚至有百分之七十八的美國人每個月都把薪水用光。[7]事實上，即便是我們訪問的百萬富翁，每週工時也大多落在將近四十小時，其中百分之九十的人已經結婚，多半有兩個小孩要養。再者，多數

賣東西：職涯成功的必備條件

我父親早年研究富裕人口時，其中一個目標在於幫助金融機構和相關企業瞄準富有族群，藉此販售服務與商品。他把研究的部分重心放在成績傑出的銷售人員身上，研究這些韌性、熱情和自信似乎都無窮無盡的從業人員是如何在尊敬富有客戶的前提下，向對方推銷產品。以下段落節錄自我父親的兩篇論文（分別寫於二〇一〇與二〇一三年），文中提及了銷售經驗能帶來怎樣的優勢：

這陣子以來，我對全國將近一千位百萬美元等級富翁問了這個問題，「你的第一份全職工作是什麼？」在一千名受訪者之中，有一百三十七人的答案是「銷售業務／行銷專員」。這個數字在富翁們的第一份全職工作中可是排行第一呢。所以只要從事業務或行銷類工作，致富機率就會遠高於其他行業的人囉？不！其實總體而言，業務性質的雇員非常多，所以我原先以為第一份工作是銷售業務的富翁比例會更高。

在職涯起始時就當業務的富人之中，只有約莫一半的人目前仍從事這方面的工作，至於已經轉換跑道的人則可大致分為兩類：成功企業的老闆／經理，或者是上市公司的資深總監。

對於想從事業務工作的人，我們應該鼓勵，畢竟做過這行的人經常會成為企業領袖或創業家。只要職位找得好，就有機會可以跟其他公司行號的核心人物接觸。這樣的工作性質容易激發業務人員的創意，讓他們開始搜尋尚未有人發掘的機會，譬如跳槽到客戶公司就是其中之一；此外，如果替公司賣東西賣得好，將來創業販賣自己的產品，銷售成績應該也不會太差。多數富人都具備領袖特質，而多數領袖也都必須把點子傳授給下屬才能成功，換句話說，業務人員有許多典範可以學習。

在選擇職涯的道路時，我們應該要權衡於「收入」、「責任」和「成長機會」等各項因素之間。但請各位務必記住，財富的累積與收入多寡高度相關，所以我們最好可以找到報酬優渥、同時也能提供優異機會的工作。

我先前曾提過，富人被問及「大學畢業後的第一份工作」時，最常給出的答案就是銷售方面的職務，現在，他們許多人都成了資深的企業總監或成功的企業主。事實上，就我的計算看來，雖然不少醫生也都屬於高所得族群，但年收入在二十萬元以上的銷售業務卻比醫生來得多。

對於業務類的工作機會，許多人都敬謝不敏，擔心自己無法達到職務描述中所明列的標準，怕賣不出東西就沒薪水可拿……但各位想想，業務如果做得成功，就很有機會晉升成功創業家的行列呢。而且換個角度來看待這個行業吧：市面上有許多公司其實會為了鼓勵業務持續精進表現而發放獎金，所以就本質上而言，業務這份工作根本是讓人有機會和潛在雇主接觸，進而獲取優異的工作機會，並預先鋪路，為自己將來想開創的事業尋找投資人。

體驗業務工作及發展相關技能所帶來的益處遠超過職務本身。許多富裕的小型企業主就是因而培養出推銷想法、服務與產品的能力，才能在往後的職涯中成功。

過去四十年來，百萬富翁們認為業務工作的益處有：

- 業務人員的薪資結構很特別，賺錢沒有上限。
- 業務人員的最終報酬取決於銷售表現，幾乎不會受到公司內部亂鬥的影響。數字會說話，依據表現支薪是最公正的做法。
- 優秀的業務人員能為公司帶來自身薪水好幾倍的收益，所以非常搶手，不怕找不到工作。

• 業務人員的曝光機會很多，基本上就等於一邊領薪水，一邊面試將來的潛在工作。

• 業務工作的自由度很大，就某些層面而言，業務人員的角色和創業家非常相似。

• 只要業務跑得好，其他條件基本上都不是太重要。老闆若是看到銷售數字出色，根本就不會關心你大學的GPA和SAT成績，甚至也不會在乎你到底有沒有畢業。

• 跟醫生、律師或其他專業人士比起來，當業務的教育門檻比較低，但收入不會遜色。

• 若想從事業務這一行，請務必把自己想像成情報官，隨時都要注意身邊是否存在著優良的策略性機會可以利用。

表 6-2. 百萬富翁的收入來源

	0%	1%	5%	10%	20%	30%	50%	75%+
收入來源	百萬富翁人數比例							
薪水	24.1	1.9	2.5	3.3	4.5	5.8	16.3	41.6
養老金／退休金／年金	64.9	2.7	4.3	5.2	3.7	4.9	5.7	8.6
企業收益	66.7	2.9	6.2	5.4	4	4.9	4.5	5.4
顧問費／業務抽成	79.5	2.5	4.4	3.4	2.7	2.4	1.5	3.7
抽成／獎金／分紅	51.6	6.2	7.7	10.1	9.9	5.1	6.2	3.2
紅利	20.7	32.8	23.6	12.3	5.5	2.4	1.1	1.6
以上未列的其他來源	73.4	4.9	8.5	6.4	2.7	1.4	1.7	1
房地產租金收入	68.6	7.2	9.1	6.3	3.6	1.8	2.6	0.8
已實現資本利得：證券	45.1	18.5	19.4	10.2	3.7	1.8	0.6	0.8
信託或遺產收入	86.2	3.8	2.7	2.8	1.8	1.3	0.7	0.7
存款／存單（利息）	38.4	39.9	13.1	6.5	1	0.5	0.3	0.3
已實現的資本利得：其他資產	75.6	9.5	6.2	5.1	1.3	1.5	0.7	0.2
贍養費或育兒津貼	99.2	0	0.3	0.2	0.2	0	0	0.2
智慧財產的權利金	97.4	1.3	0.6	0.3	0.2	0	0	0.2
親戚贈與的現金、證券、房產、汽車等	90.3	6.8	1.9	0.8	0.2	0	0	0

受訪者都是在四十或五十出頭歲時才致富，而且幾乎沒有哪位像電視裡的查理一樣，成天都無所事事地在逗人開心。

富人與今日的就業環境

許多財務成功人士都有一個相同特徵，那就是他們與自身的職業極度或「高度」匹配。換言之，他們的技巧、能力、知識、興趣和其他特質都能符合工作要求——畢竟如果工作到撐不下去，又怎麼有辦法從中獲得持續性的所得呢？要是工作或職涯不適合自己，那麼必定很難確保長期收入，而且生活也會充滿壓力與衝突。

無論當今的政府規範及社會經濟狀況如何，已致富的鄰家富人都仍會繼續尋找良機。我們若想致富，就必須瞭解自身技能，並找到自己在市場上的定位，才能發揮長處。許多富翁之所以能靠著自己的力量獲得經濟上的獨立與成功，就是因為他們能夠：1.評估自身的技巧、能力與特點，以及大環境和市場狀況，2.選擇最能發揮個人優勢以及利用市場特性的工作。《為什麼他們擁有億萬財富，而你卻沒有》一書在一九九八年針對全國七百三十三位百萬富翁進行了調查，受訪者被問及選擇職業時考慮了哪些重要因子時，每五人之中就有四位（百分之八十一）表示他們在選擇工作時，是以「該份職務能否讓自己將能力與資質發揮到極致」為原則。到了二〇一六年，則有百分之七十的受訪富翁表示熱愛職涯或自己所選擇的行業是財務成功的重要因子（若只討論小型企業主的話，比例甚至高達四分之三）。換言之，我們必須先對工作充滿熱情，每天才有可能積極打拼。

致富了之後還要上班嗎？

即便薪水普普或只稍微高於平均，都還是有可能透過一般性的所得，以及自律、謹慎又穩紮穩打的理財方式積攢到上百萬美元的財富。這點無論是一九九六年還是現在都一樣，而且請注意：業務人員的大筆抽成或律師、醫生和CEO的超高型收入都不算在「一般性」所得的範疇內。怎麼可能？《別再裝闊了》當中的研究指出，多數富人剛累積到破百萬的資產時，家庭年收入的中位數是八萬九千一百六十七美元，換句話說，有一半富翁的收入都不到這個數字。這樣的研究結果帶給了我們以下啟示：若想累積財富，鞏固財務安全，目標感、自律性和才智都比高收入來得重要，而且這點在絕大多數的人身上都適用。可惜現今的高收入族群總把錢（即所得）看作最容易再生的資源，所以對於花費毫不節制，才會導致過度消費。

雖然我們身邊經常充斥著這種過度消費的族群，但並非所有人都會隨波逐流去追隨這種消費理念與方式。換言之，有些人還是懂得為自己打算、考量，而且國內的多數富翁之所以能成功累積並常守財富，就是因為他們能從攢積財富的過程中獲得成就感，並滿足於經濟上的安全，而不會像戴徽章似的忙著炫耀名牌商品。C太太便是一個優良範例，她在寫給我父親的信中慷慨地分享了自己的看法，讓我們知道就算收入不高，也不代表無法在經濟上獨立：

親愛的史丹利博士：

我朋友讀過您一系列的著作後，都告訴我說：「他寫的就是妳啊。」我念的是公立學校，在我眼裡，老師們不但都是良師益友，更是非常棒的人生典範。此外，我也很幸運地認識了許多財務自主的堅強女性，從她們身上，我學到了獨立的重要性，所以我向來都不期待哪天會有個「真命天子」出現在我生命中，給我金援。後來我拿了獎學金，到一所小型的人文大學就讀，在那兒遇到了許多值得效法的人生導師，生命也因而形塑。

我的資產淨值或許可以歸因於節儉和精明的投資，但我現在之所以能擁有這樣的生活型態，完全要歸功於優良的教育。我這個人想事情時向來容易分心，都是多虧了教育的緣故，我才培養出自律性、獨立思考的能力，以及強烈的道德感。

我母親是單親媽媽，雖然她很努力地工作，但我小時候還是有好些年都活在不穩定的經濟環境之中。我親眼見證了我母親的狀況，所以深知女性必須更加努力，工時也得更長，才能獲得財務上的成功。

我或許沒有像您研究中的多數受訪者那麼富有，但我的資產淨值確實已超過百萬美元；另一方面，我跟許多受訪者一樣，一開始也什麼都沒有，只有大學獎學金和一位好母親。在我的資料中，您應該會發現很有趣的一點：我的年收入從未超過六萬元，而且我幾乎一整輩子都在州政府擔任中階主管的工作。

我之所以能攢積財富，多半是因為我節儉度日，不讓自己入不敷出。一路走來，我已學會控制欲望，所以想要的東西其實我全部都有。我在州政府耗上了大半職涯後，一度因為組織縮減而面臨被裁員的危機，當時我就下定決心，絕不再讓自己陷入那樣的恐慌狀態，所以我先是開始減少花費，把多餘的收入都拿去投資，然後又把房貸繳清，如此一來，就能把原本要繳貸款的錢轉去投資。我這個人的投資風格大膽但不失謹慎，通常我每年都會存下三成以上的收入。

我跟我丈夫是採財產獨立制，所以我的資產全都在我名下，也都是由我自己管理。最近我已開始了「半退休」的生活，收入雖然減少，但我還是有能力支付生活所需，這實在讓我很有成就感。我自己並沒有生孩子，但家裡寄養了不只一個。我發現他們確實有從我身上學到理財技能，就跟我效法我母親一樣呢。

祝一切安好

讀者C太太謹上

C太太的故事讓我們知道，即便沒有六位數美元的年薪，還是有機會成功累積財富，像她就是靠著壓低花費，並自律地進行儲蓄與投資，才能將穩定的收入化為資產。如果說身為雇員的你也想效法C太太，將收入轉化為財產，那麼請記得，自律性與自制力一定要夠強，才能成功仿製她的做法。

居安而思危

受雇於人不僅可以累積工作經驗與收入，也能獲得一定程度的安定性——除了辦公室和退休金以外，或許還會有同事一起分擔責任，有上級指引方向，可以用公費購置設備，聖誕節時，辦公室大概也會辦幾場卡片滿天飛的派對。基本上，乒乓球桌、健保、健康補助和公司健身房都可以說算是一種「安定」，可是這些好處都是我們用時間換來的。一般人的生命都被工作占去了大半，只是多數人對於這點大概都後知後覺罷了。再說，任何工作都可能會產生變數，所以我們不能僅僅存下薪水，也應該從工作中求取技能與機會，並多加累積經驗，這樣才能替將來的生活創造資源與彈性。

只要具備可以帶著走的技能與經驗，就算遭遇裁員，景氣不佳，甚至是地緣政治局勢混亂，都不必害怕。即便人生遭逢重大轉折，若是擁有知識、技巧、能力與其他相關特質，就不難找到新的機會，到別的產業、甚至是別的國家繼續打拼。許多幾十年前就致富的富人都曾熬過二戰的動亂與恐慌，所以他們大概都很能體會前述的道理。而當今的局勢雖然相對安定，但財務成功人士也都知道要未雨綢繆，以便因應可能發生的時局變化。

失去工作的慘痛記憶通常都會久久不散，但同時也能激勵失業者奮發向上。以下是明尼蘇達州的一位鄰家富人在大學時的經驗以及他面對的態度：

一九九八年我在念大學時，因為房租、學費等其他花費，所以曾去一家大型上市公司兼職當二十一點的荷官，後來卻被開除。由於我經常自願加班，客人對我的評價也都很好，於是我決定去問問老闆為什麼把我開除，沒想到他的原因竟然是：其他員工都有家人要養，你的話還那麼年輕，再去找份新的工作就好啦。那次的經驗簡直就是我這輩子最棒的禮物。被解雇的經驗讓我在很年輕時，就知道自己絕不能仰賴公司照顧，無論做得再怎麼努力，表現得再怎麼好都沒用。之後我就決心不再倚靠雇主，並據此規劃人生，開始當起自己的老闆。我現年四十九歲，其實已經可以退休了，不過經營自己的事業實在太有趣，所以我還不打算引退呢。

財務成功人士會將挑戰與職涯中的挫折當作跳板，藉此創造更理想的未來。他們不會花時間怪罪別人，而是把珍貴的資源和時間用來進行思考、計畫，以走出職涯的下一步——有些人當起自己的老闆，有些人則換新工作，也有些人會決定改變生活型態，減少消費，好讓自己早點退休。

逃離陷阱的三大要訣

假想你受了多年的教育，也在某份工作上花了好幾年的光陰，付出了大量的時間與努力在某個組織中打造職涯、經營人脈，並努力往上爬了那麼久以後，卻發現自己不想繼續待下去了。這時你該如何是好？如果你是仰賴薪水過活，那麼問題就更難解了，若是為了賺錢而勉強工作，很可能會導致生活被不滿與壓力綁架。在這樣的情況下，你會決定加入自行創業的行列嗎？

如何逃脫「為求生存而工作」這個陷阱，富人提供了以下三點建議：1.改變生活方式，讓自己有彈性面對職涯改變，尤其是劇烈的變化，例如在創業時暫時先用儲蓄度日；2.透過傳統工作創造收入的同時，也不忘探索職涯機會（即兼職）；然後3.轉換跑道，成為自己的老闆。

彈性的重要性

我們訪問的多數富人都表示，只要將支出控制得比收入低，在經濟上就能獲得很大的自由，而這份自由又可以轉化為改變職涯的機會，讓人擁有更多時間與彈性來從事工作以外的事務，且有機會提升收入。當然，任何人都無法準確預知未來，倘若在事業起步時，選擇了高消費的生活型態，那麼將來的發展可就更難預測了。加州一位資產達百萬以上的生物老師曾這麼告訴我們：「我在社區大學的第一份教職其實是兼職，當時有一位資深的年長教師叮嚀我一定要把薪水拿來儲蓄、投資，因為『或許你哪天就不想教書了也說不定啊，所以你現在攢下來的錢將來就是你經濟自主的保障，更重要的是，到時你也會擁有選擇的彈性，不必被迫繼續工作。賺錢不是為了變富翁，而是為了讓自己有選擇的餘地。你現在還年輕，可能還看不清這一點，但總有一天你會明白的。』當年我把他的建議謹記在心，二十五年過去了，現在我不僅有錢，也確實獲得了許多選擇空間呢！」

偏偏並不是每個人都像他體悟得那麼早。如果因為懂得太晚而沒有彈性，那麼情況會變得如何呢？

沒有彈性空間的李奧納先生

工作這事跟住家地點一樣，會對生活型態造成極大影響，也會決定你和家人是否能獲得充足的自由與彈性，可以投入重大的職涯改變。假設現在有一位曾在中型公司擔任資深高階業務總監的李奧納先生好了，他父母都是公務人員，家庭生活大致過得溫馨愉快。他畢業於優異的大學，早年也有過一些工作經驗，所以不久後便開始在公司裡越爬越高。

李奧納先生任職的企業生意興隆，因此他和家人的消費也逐漸高漲。李奧納太太覺得老公既然賺了錢，就該拿來花用，所以在他的年收穩定達到六位數（十八萬美元）後，原先住在中產社區的李奧納一家便從三間臥室的房子搬到了豪華社區，而且新屋要價九十三萬五千美元，等於李奧納先生年薪五倍以上，不過公司的其他主管也都住在同等級的房子就是了。他們遷入的新社區要求屋主每年支付將近一千五百美元的管理費，多數鄰居都是附近一家高爾夫俱樂部的成員，入會費要八萬美元，每個月也必須繳納六百五十美元的會費。對李奧納一家來說，這嶄新的一切都非常奢華美好。

但別忘了，他們之所以能融入同事與新社區鄰居的奢華生活，靠的都是企業每個月發放的薪水。恰巧在這時，李奧納先生的公司被併購了！這算好消息嗎？對，李奧納先生因而賺了大約一百四十萬美元沒錯，但因為平常幾乎不儲蓄的緣故，一家子的資產淨值就只有這一百四十萬美元。再說，公司被收購後，他也丟了工作，更令人擔憂的是，他過去的高收入養大了一家老小的胃口，現在全家人的消費習慣都已根深蒂固。

收購案塵埃落定後，李奧納先生數次嘗試自行創業，卻屢屢失敗，專業技能也並未有所成長，偏偏全家的消費有增無減，其中還有兩位已成年的子女也建立了高消費型態的家庭。李奧納先生早年在公司付出了無數的努力，可是每個月的薪水只要一拿到，就會馬上花掉，導致他根本無法享受勞務的成果。換言之，他已深陷在高收入但無財富的泥淖之中，而他養大的孩子也步上了他的後塵。

李奧納先生在職涯中，基本上就是為了維持生活型態而不斷工作，而且他的日常所需在不同的職涯階段也有所改變：就某種程度而言，他開什麼車，去哪裡吃飯，跟怎樣的朋友在一起，以及他選擇的度假地點都會受到收入與公司同事的影響。

各位如果想活在消費的陷阱之中，當然沒有什麼不可以，但資產表上的數字簡單明瞭，任誰都無法否認。若是超支花費，沒把錢存做退休之用，或因為期待未來能獲得財富所以一直花錢，就很容易變成薪水的奴隸，即便是遇到公司出售這種難得一見的好機會，因而獲得暴發戶式的收入也不例外。

李奧納先生這位年輕業務總監一直耗到手上沒了選擇權，也沒時間挽回時，才發覺自己過度消費。人們經常會用錢買時間，或受到欲望誘惑，覺得某些東西就是「一定要買」，所以才會完全沒注意，或是輕忽了自己逐漸高漲的消費。換作是你的話，有辦法一直過這種生活嗎？為了生存，你還必須付出多少？你想走上李奧納先生的路嗎？你有辦法在替他人工作的同時維持自覺，並追求自身目標嗎？這些問題都應該在職涯初期就趕快回答，將來的生活才會令人感到富足。

若想回答上述問題，我們有時必須回頭檢視自己的優勢與短處，然而，無論收入高低、職涯是否成功，也無論鄰居、家人和同事過著怎樣的生活，我們都應該嚴以律己，把自律當作一生的座右銘，畢竟財務上如果沒有彈性餘裕的話，又怎麼能獲得職涯上的自由呢？

改善工作與家庭之間的平衡

當工作開始影響到生活中的重要層面（如家庭）時，我們就會發現彈性餘裕是多麼的不可或缺，而如何透過謹慎的儲蓄來創造彈性餘裕也是重要課題。下段文字是來自北卡羅萊納州的一位富裕人士，資產淨值落在一百到一百五十萬元之間的她，分享了自身經驗，讓我們知道她是如何逃脫「高收入、高依賴」的惡性循環：

以前我曾任職於一家全球性的大公司，負責管理一個很大的團隊，員工遍布於三大洲七個國家。我當然重視丈夫和孩子，但週末、清晨和深夜卻經常必須工作。某天早上七點，我在講一通管理團隊安排的會議電話時，突然意識到這份工作已經超出我的負荷了。當下有個三歲小兒在我大腿上哭，我五歲的孩子則在地上猛敲，我先生也匆匆忙忙衝出家門要趕去公司開會，但那通電話我卻「不得不接」。那天早上，我才突然意識到人生中還有比工作更重要的事，而我們也才認真開始思考我是不是應該待在家，當個全職媽媽照顧孩子。然而，這也代表我必須放棄當時正在參加的管理人員培訓計畫，全家的財務狀況更會不如從前。不過我們還是決定賣掉股票，繳清房屋貸款，把債務全部清償，然後我就辭職。跟從前比起來，我們現在的生活大不相同：全家人都必須遵守預算，也不能隨心所欲想做什麼就做什麼，但儲蓄始終是我們的第一要務，而且不但孩子變得開心，我和我先生也都覺得壓力減輕，因而更快樂了。人生只有一次，所以我拒絕讓工作左右我的生命走向。

鄰家富人也會兼職？

如果你已有全職工作，但又想探索其他的可能性，不妨試試兼職。統計顯示，美國有將近三分之二的雇員皆有從事不同形式的兼職。有些人是因為正職收入不足，有些人則是持續在探尋機會，希望能拓展收入，為將來的職涯轉換鋪路。兼職工作可大可小，但如果想做得成功（就算只是做到中上也一樣），就必須付出時間與金錢來發展、維繫——富裕人士就是因為面臨多數重要事務時，都願意如此付出，所以才能獲得財務上的成功。其實只要把每週耗在ＩＧ或遊戲上的時間拿來從事其他興趣，最後就很有機會找到新的職涯可能，甚至自行創業。

過去多年間的研究都顯示，創造多重收入向來是許多鄰家富人的策略。換言之，只要能開創不同的收入來源，或將嗜好轉化為可帶來收益的活動，就很有機會成為鄰家富人。在現代科技的發展下，創造收入的途徑雖然比以往豐富，但其實更重要的仍是攢積財富所需的各種要素，譬如自律、毅力與韌性，只不過多數人都不願付出太多心力，所以才難以成功。**單單只做好一份工作並避免超支還不夠，我們同時也必須發揮高強的自律性與毅力**，畢竟當業務的人東西如果賣不出去，背後還有公司撐腰，但獨力奮鬥時可沒有這種好事。然而，倘若成功的話，就可以先體驗副業的各種面向與眉角，再決定是否要辭掉現下的工作，當然啦，隨之而來的額外收入也不失為一個好處。

許多財務成功的百萬富翁都曾與我們分享過兼職經驗，他們之所以能把副業經營得有聲有色，可以歸功於以下的共通之處：

- 有勇氣。他們瞭解發展副業的必要性，也敢於在從事「安全」的全職工作之餘，犧牲自由時間，投入資金來發展兼職工作。
- 握有獲得市場資料的管道。幾乎所有受訪者都曾跟潛在客戶互動，再不然也至少能鎖定特定的潛在客戶，以便評估他想推出的產品或服務是否有人要買。許多兼職的富人都在尚未正式創業前，就開始設身處地去瞭解未來客群的需求。對於潛在客戶，他們總會這麼問：「你需要什麼？你在使用目前的產品時，又遇到了哪些問題？」
- 對自己的事業既自豪又有自信。富人從事的副業各不相同，有幫人油漆房屋，也有人會在自由接案網站（如 Upwork）上為自己宣傳，甚或為了發展事業而與老同學聯絡。但無論如何，他們每個人對自身的副業都很有自信，一點都不在乎旁人的眼光。

兼職的好處：市場資料的寶庫

市場資料的重要性從 RedKen 美髮產品公司的共同創辦人寶拉．肯特．彌涵（Paula Kent Meehan）身上就能看得非常清楚。[8] 一九五〇年代末期，彌涵女士很有熱忱想演戲，卻只能拍些廣告或演些小角色。

選美小姐出身的她之所以沒能全力衝刺事業，還有另一個原因：演員經常使用的那些化妝品和護髮產品，會讓皮膚過敏得很厲害。彌涵女士曾跟她在比佛利山莊的髮型師傑利．羅汀（Jheri Redding）抱怨多數洗髮精都會害她嚴重過敏，不久她便決定著手進行副業，正好羅汀先生的其他許多顧客（可視為市場調查樣本）也都有過相同問題，而且他恰巧也有在從事化學藥劑方面的兼職工作，於是便和彌涵女士成了生意夥伴。

現在一般熟知的 Redken 實驗室（Redken Laboratories）便是由兩人共同創辦，不過羅汀最後把他所有的股份都賣給了彌涵。

打從一開始，彌涵和羅汀就深知許多女性在使用傳統洗髮精和類似的美容產品時，都會產生過敏反應。事實上，這並不是什麼祕密，但只有他們把這樣的現象視為絕佳的市場機會，而且兩人顯然都極具創業家視野（有些人可能會稱為「創意智能」）。此外，他們也有足夠的勇氣，所以才敢在三十五個國家推出針對過敏女性開發的全系列產品。

他們選擇透過髮廊獨家販售產品，這樣的手法不但非常巧妙，在當時也可說是相當新穎。成千上萬個高檔髮廊造型師都成了彌涵女士的業務員，而且客人坐在美髮椅上的時候基本上就像待宰羔羊，非常容易推銷。

Redken的行銷力之所以那麼強，幕後功臣就是彌涵女士。精力充沛的她不但把演戲事業照顧得很好，還強勢推出美髮品牌，並成功販售商品。此外，她還利用晚上時間參加管理、會計及法律方面的課程，學習創業及營運技巧。

她之所以如此滿懷能量，正是因為她相信自己的產品潛力無窮。她認為世上一定有數百萬名女性的頭皮和她一樣敏感，也深信酸鹼值平衡的產品能為消費者帶來莫大的幫助。

彌涵女士和多數成功創業家一樣，都對自己的產品和工作有著很深的感情。誠如《為什麼他們擁有億萬財富，而你卻沒有》一書所述：「選擇職涯時，不能只看薪水與獨特性，也要考慮自己的熱情所在。」[9]

有自信才創得了副業

我們以一位名叫莫瑞的高中老師為例，解釋人為什麼要有自信，才能自行選擇創造收益的方式。

莫瑞曾在學校任教了幾年，但該學區並不重視學術發展，所以後來他獲邀到一間成績頂尖、學生都打算去念大學的學校教書時，馬上就爽快答應，跳槽後薪水也提升了許多。到聲譽卓著的學校教書和現金流的大增，讓莫瑞沉浸在喜悅之中，導致他犯下大錯——由於學校位於一個風景怡人的村莊，於是他便在那兒買了棟房子。房子所在的社區費用高昂，他根本負擔不起。許多從事教育工作的人都相當節儉，莫瑞和家人在很多方面也都很省，偏偏他們住的高級社區食衣住行都貴，所以即便莫瑞每天都用咖啡色紙袋裝著花生醬三明治當午餐，而且家中所有的維護和修繕工作都自己一手包辦，錢也還是不夠。畢竟如果只有節流，卻沒有開源的話，是無法解決問題的。第三個孩子出生後，莫瑞太太辭去工作，在家專心照顧孩子，這對他們一家子的財務來說更是雪上加霜。

在這樣的情況下，夫妻倆根本就不可能替孩子準備大學基金，也無法真的存到什麼錢——事實上，現今許多人都面臨這樣的問題。

某個夏日，莫瑞在家油漆房子，隔壁的鄰居經過時停下來跟他聊天：「真希望我也可以像你這樣自己動手漆，但我太常出差，實在沒時間。我請了三個油漆工報價，結果報出來的金額都高到嚇死人。」莫瑞得知三位油漆工的報價後，差點從梯子上摔下來。

隔天早上，莫瑞突然有所頓悟。所謂「天才」，就是能在百分之九十九的人都對機會視而不見時，看見再明顯不過的機會。莫瑞突然想到他可以替鄰居漆房子，就算收價遠低於專業油漆工，也還是可以賺取不少利潤，而且他已經具備所需知識與配備。再說，就業餘人士來說，他算是漆得很不錯呢。不過他仍忍不住想，我身為一個老師，趁著暑假在這種高級社區幫人家油漆，真的好嗎？人家看了會怎麼說？但最後，莫瑞還是認為自己應該優先照顧家人的經濟福祉，至於鄰居們會怎麼評論他的副業，就沒那麼重要了。

於是他到隔壁詢問鄰居需不需要油漆服務，並強調價格只要專業油漆工最低報價的三分之二，而鄰居也決定給他一個機會。當時他只是希望能多賺點錢，根本沒想到自己會真的創業提供油漆服務，不過他正在替隔壁鄰居漆房子時，另一名鄰居也來請他報價，就這樣，他漆了一幢又一幢的屋子，不久這份工作就讓他分身乏術。隔年暑假，他聘了幾個同事一起幫忙，為了多接點生意，也從高年級的學生中，挑出了最為認真的幾位來雇用。後來，那些孩子一直到大學放暑假時，都仍會去幫莫瑞油漆。

莫瑞很喜歡教書，也始終沒有放棄老師這份福利優渥的「全職」工作，但現在，暑假副業所帶來的收益已遠超過他的薪水。他雖然身處中產階級，仍勇於嘗試某些人視作「藍領」的工作，所以才能成功開創收入。

勇敢跨出創業的腳步

要想走上鄰家富人之路，途徑不只一條，有些人喜歡保守地儲蓄、節流，有些人則想當自己的老闆，願意放膽冒險，運用手上的特殊資源來創造有價值的事業。在自己開業的百萬富翁之中，

累積財富，掌控人生

「到死都花不完的錢」——也就是在不必工作的情況下，足夠花用十年以上的積蓄——聽起來大概就像不可能成真的美夢，尤其是才剛開始工作的族群特別會這麼認為。不過我們在第一章就已提過，當今社會上的確出現了一個以此概念為基礎而誕生的群體，他們希望自己一旦獲得了所謂的「到死都花不完的錢」，就能財務自主，一輩子都不必再擔心錢的問題。二〇一二年，我父親接到一位讀者來信訴說自己困在工作之中，無法逃脫，所以針對「到死都花不完的錢」的重要性寫下了這些段落：

我曾描寫過一位在企業擔任業務工作的專業人士。他跟其他鄰家富人一樣，說他手上的錢「到死都用不完……如果老闆哪天突然把我趕走，叫我回家吃自己也不怕。」不過他始終沒有被開除，還補了一句：「感謝主哦。」換言之，這位鄰家富人所攢積的財富足以讓他在不必工作的情況下，花用十年以上。

每天不斷汲汲營營的各位，你們真的都不覺得厭倦嗎？過度消費的生活真的值得你們每個星期到處出差，就為了拿薪水、付帳單嗎？現在就開始攢積財富，改變自己吧。下次你離家十萬八千里、身邊都是陌生人，或是搭飛機遇到壞天氣時，請仔細思考一下我的建議，因為選擇權就在你自己手上。對於財務獨立的人來說，下一步要往哪走，都是他們自己的決定，反觀各位的人和職涯都是公司的財產，所以才會難以自主。

我在書中所記述的、事業資產達百萬以上的人，不會容忍自己汲汲營營地過活，因為他們的心靈是自由的。他們努力攢積財富，滿足於現下的生活，更全權掌握著自己的命運。[10]

兼職族群的個案研究

兼職的一個好處，就是讓人可以把自己在全職工作中所累積的經驗與知識，轉化為兼職領域或產業的問題解決能力。我們訪問了富裕／高資產淨值人士後，整理出了受訪者曾從事的兼職工作，歸納於附錄C之中。在賺取正職薪水的同時，各位也可以好好汲取自身產業或領域的相關知識，或許將來能應用於利益更豐厚的事業。我父親幾年前就曾分享過以下的例子：

牙科診所裡看到的機會

《亞特蘭大日報》曾報導過一位名叫坦雅・蘭席兒（Tonya Lanthier）的洗牙師（全美共有十九萬二千三百三十位）。洗牙師的收入中等，年薪大約是七萬一千五百三十美元，但這份工作讓她得以接觸到幾百名潛在客戶與正在找工作的人。我想，她正是運用了異於常人的創意智能，[11]才成功打造出價值數百萬美元的事業。

牙醫師有工作要找人幫忙時，總會請她幫忙推薦優良人選。他們知道洗牙師經常到許多診所兼職、排班，所以會認識許多相關領域的朋友。

後來有太多人請坦雅推薦人選，所以她決定創辦一個牙科產業專用的全國性求職網站，目前已經有四十多萬名用戶註冊了。

她明明就沒有創業經驗，沒有相關學位，沒有行銷背景，也不會寫程式，為什麼有辦法把網路事業經營得如此成功呢？如果需要具備前述條件的人才，找些員工即可，但如果少了坦雅的創意智能（也可說是創業家視野），求職網站也不可能會這麼受歡迎。此外，報導中也有特別提到坦雅的毅力和領導特質，我想這些也都是她的成功要素。

兼職之路：從護士到業務再到創業

一位有專業執照的護士曾這麼問我：護士「將收入化為財富」的能力高不高？答案是「表現中等」：在我針對二百種職業工作者進行的調查中，有執照的高薪護士把收入轉化為財富的能力，排名第八十八。

但她的問題讓我想起我曾個別研究過的幾位護士，她們都受過嚴格的訓練，具備過人的工作倫理和豐富經驗，而且也都能善加運用前述的優勢，創造出各種的利多事業。不僅如此，這些護士們都很懂得瞄準市場機會。

就舉凱兒來當例子吧。她在外科當了九年的護士，後來轉換跑道賣起手術設備，不過在當業務的同時，凱兒也在「獵人頭」這方面花了很多時間。雖然這並不在傳統業務的工作範疇內，但她仍以業餘身分替有開缺的醫院和診所找醫生、護士和醫療技師，不僅提供免費服務，成功找到人的機率也很高，所以許多客戶都很歡迎她這種服務。最後，她認為市場上確實存在著這方面的需求，而且她在醫界關係好，也認識許多人，於是便自行創業。我在《原來有錢人都這麼做》中就曾寫道：「在成功的創業家之中，多數人都是在原先從事的產業中累積過經驗與知識後，才自行開業的。」

凱兒辭去了業務工作，創辦了主打醫療領域的雇傭公司。她之所以會決定創業，主要是因為她覺得不能再受雇於人，應該要當自己的老闆。她先前對於護士這份工作是很滿意沒錯，但後來她發現當護士所必須付出的努力以及必須承擔的責任，其實一點都不比創業少。

捨棄護士工作，自行另外開業的其實並不只凱兒一個，而眾人選擇的產業也各不相同，其中包含了管理顧問／醫療管理、居家照護服務、專門媒合家庭照護人才的雇傭公司、療養／戒斷機構（業主或經理）、心理治療機構（業主或經理）、托兒中心，以及學齡前教育機構。

有將近百分之三十的受訪者表示他們這輩子在職涯上的選擇多半都「有風險」或「風險非常高」。相較之下，在非自行創業的富人之中，只有百分之二十的人給予相同的答案。一位富人的太太就曾這麼告訴我們：「我先生決定自己開業時，我非常緊張，但我們制定了因應計畫，犧牲了好幾年享受，減少花費，省吃儉用，一直存錢，好讓他可以辭掉工作，開創事業。當時我們就只靠我的薪水過活。至於他的收入則全部存進銀行，幸好最後的結果很棒，一切都非常值得。」

雖然並非所有富人都自行創業（在我們的樣本中，比例是百分之四十），但可以肯定的是，創業的富人們的確都能創造傲人的收益，並將資本重新再用來投資自己的事業。假設現在有兩個人：一人手上握有五百萬美元的信託基金，另一人是身價數百萬美元的創業家，你覺得誰會比較大膽、果斷呢？就我們的研究顯示，答案通常都是創業家，因為他們每天都必須面對風險、接受勇氣的考驗，所以往往能學會克服恐懼。[12]

面對職涯時，若是敢於冒險（講得更明確一點，就是創業所帶來的風險），將來就很有機會能創造收益，而且這樣的收入經常是受雇他人的薪水所難以企及的。我們最新一次的研究結果顯示，雖然都是百萬美元等級的富翁，但就收入中位數來說，自行開業的族群比受雇於他人的受訪者高出了超過一點五倍，而且平均而言，這些業主的實際資產淨值扣除估計資產淨值後所得出的結果是受雇族群的兩倍以上。

在財務方面，自行創業的富翁和多數經濟成功人士一樣，通常都極度自律，這點我們在第五章已討論過。創業家每天的生活都很規律，所以才能在工作的每一刻都產出最大效益；此外，他們也會規定自己的工作內容，其中更有百分之八十一的受訪者表示，他們所設計的職務能讓自己將能力與特長發揮至最大效益。

收入如果太低的話，成為富人的機率也不可能會高。根據美國人口調查局（Census Bureau）在二〇一六年的統計看來，美國家庭收入的中位數約莫是六萬美元。[13]在這樣的收入水平下，育有三名子女的夫婦確實很難累積到百萬以上的資產。我父親整個職業生涯研究了數千場訪談，在某次相當有趣的訪問中，一位資產高達數千萬元的受訪者說出了許多鄰家富人的心聲。他描述自己是如何靠著股票、商業性房地產、牛隻、油田，甚至是古董和貴金屬賺錢，但除此之外，他也傳神地道出多數鄰家富人的信念：「要徹底瞭解所有投資議題是非常困難的，所以創立屬於我自己的事業，並盡心盡力地經營，可說是我這輩子最正確的決定，也是讓我擁有現在這一切的基礎。」

表 6-3. 創業富翁與其他富翁的職涯策略與選擇

	目前的職涯策略			人生中多數的職涯選擇		
富翁種類	有風險／風險非常高	普通	保守／非常保守	有風險／風險非常高	普通	保守／非常保守
自行創業	20.8%	45.9%	33.5%	33.5%	42.0%	28.8%
其他	5.7%	48.1%	15.2%	15.2%	46.7%	38.1%

換言之，正是因為事業帶來了高額收益，他才有本錢能投資其他事業，這樣的機制不就印證了我們先前提過的橡實比喻嗎（要有錢買橡實，才能種橡樹）？然而，創業並不保證高額收入和財富，事實上，就二〇一五年的統計來看，自行經營小型企業的民眾人數雖多達兩千三百多萬，但年淨收入的平均值卻只有一萬一千六百三十七美元。

現今雖有許多人因為創業而致富，但成功的前提其實仍在於毅力、韌性和自律等優勢，以及承受起與落的能力。畢竟誰創業時能一帆風順呢？在當今這個時代，創業的簡易程度可是二十多年前的人作夢都想不到的，拿起筆電打個幾小時就成立公司這種事，在一九九六年根本無異於天方夜譚。再早到一九七六年的話（也就是我們研究樣本中的富人平均年齡為十七歲的那年），當然就更不可能了。受訪富人在成長過程中，並沒有父母、指導人士、教練、老師或輔導員告訴他們可以利用手邊現成的資源，開創出收入管道，並在世上留下一些痕跡。反觀今日，我們只要花幾小時，甚至幾分鐘，就可以在網路上創業，而且只需要小額費用就能營運。就許多層面而言，經營小型企業的門檻已因為網路與相關技術而大幅降低，讓不想再繼續領穩定薪水的雇員都能在甩脫心中的顧忌後，創造屬於自己的機會。舉例來說，身心障礙人士在美國自行創業人口中所占的比例（百分之十一）就比在整體就業人口之中（百分之六）來得高，[14]之所以會出現這樣的現象，科技所帶來的便利性正是原因之一。

看見價值，創造價值

當然，每個產業的小型企業在不同階段的收益會有所差異，也並非所有事業都一樣賺錢（如需實例，請參閱附錄C），而且更不是每一門生意的淨利都能支付創業家的生活所需。以牙醫診所（百分之八十九能賺錢）和餐廳（賺錢的比例為百分之六十六）為例，就二〇一五年有獲利的六萬九千三百六十四間牙醫診所而言，平均淨利為十一萬八千六百七十六美元。相比之下，全美有將近四十萬人擁有餐廳或酒吧，但淨利卻只有七千多元。由此可見，如果想創造高收益，進而達成累積財富的終極目標，那麼產業的選擇可是至關重要的一環。

撇開工具、科技和聰明才智不談，如果想創業，一定得具備專注力、創意、努力、自律性、分析能力和遠見。創業的人多不勝數，但真正成功的可就寥寥無幾了。我父親經常引用戰鬥機飛行員和軍隊上將的話來說明專注力和自我覺察力的重要性，他認為從軍人士之所以能在職涯中成功，就是因為他們擁有前述的兩項特質：

有位傑出的戰鬥機飛行員在談到缺乏經驗的新飛行員時，是這麼說的：「他們視力雖好，卻什麼也看不見。」——其實他的意思就是：戰鬥機飛行員如果看錯航向的話，即便擁有1.5的視力，也毫無用武之地，這就好像天生擁有高度分析智能，但不會應用一樣。我們在觀察市場機會及挑選職業時，也一定要看準正確方向才行。創業家對於企業經營和收益創造途徑的想法經常與眾不同，所以能夠逆向操作，以獨特的方式應用自身的創意智能來滿足市場需求。正因如此，才會有許多人選擇從事定位非常明確、或許沒有新意或較為低階的產業，藉此獲利，畢竟這些產業的競爭並不激烈，甚至完全沒有對手，所以成功機率也相對較高。一如《為什麼他們擁有億萬財富，而你卻沒有》所述，每五位創業的百萬富翁之中，就有四位（百分之七十九）表示他們當初在考慮要創立哪種類型的事業時，正是以達成財務獨立的可能性來作為決策準則。[15]

我父親在著作中曾列出受訪的富人所擁有的事業類型，其中包含「平凡無奇」的生意，但也有相當獨特的產業。舉例來說，在《原來有錢人都這麼做》當中的百萬美元等級富翁所自創的事業之中，就有「牛隻精液經銷商」這一項，[16]有趣的是，《華爾街日報》二〇一三年的某篇文章也曾報導：「每一單位的公牛精液，至少能賣上三千美元。」[17]

話說回來，小型企業的失敗率約莫是百分之八十，[18]《原來有錢人都這麼做》一書也曾提到，在某些產業中獨自開業或創立小型企業，成功率都特別低。

要想創業，就必須捲起袖子好好打拚，才能走向獨立自主之路，所以心志不夠堅強的人是做不來的。若想成功發展自創事業，創意、努力和毅力都是不可或缺的元素——在我們最近一次的研究中，有百分之九十三的創業富翁都表示，「韌性」或「毅力」是他們成功的關鍵要素（將這兩個項目評為「重要」或「非常重要」），至於「自律」和「誠實」的比例則分別為百分之九十和百分之七十八。

毅力的重要性

事業起飛前，創業家經常得忍受幾個月、甚至好幾年都沒有穩定收入的日子。所以一般才會說一個企業之所以能成功，主要都是因為老闆擁有兩項要素：錢和時間。

除了錢和時間之外，相關研究和我們訪問的創業富人也都指出，毅力對於創業而言是第三重要的成功因子。其實，在著手進行任何有意義的事務時，都應該下定長期努力的決心，不能抱持懶散的態度，以為一下子就能成功。創業這方面尤其如此。畢竟開業的漫漫長路需要的是時間與資源，而且在營運事業、將想法呈現給市場大眾時，必定會經歷許多高低，所以也必定得培養應對各種情況的能力。事實上，許多創業家都是在進行無數磋商，捱過不知多少困境後，才終於成功的。

二〇一四年時，《華爾街日報》就曾刊登過一個克服困境後終於成功的故事，[19] 描述凱文·哈特福（Kevin Hartford）歷經的大風大浪。他任職的顧問公司破產後，他就四處應徵白領階級的工作，卻怎麼都找不到，他認為雇主都是因為看他有口吃問題，所以才不錄用他。報導中也提到：

「有很多年的時間，他淨做一些奇怪的工作……像是送包裹、黏貼醫療用品……將郵件分類……還幫人除過草。」

後來他和生意夥伴接管了一家危在旦夕的小型金屬零件製造商，現在公司經營得有聲有色，二〇一三年的銷售額甚至高達六百萬美金，顯示哈特福先生克服了許多困境，像是職涯早期的不順遂以及自身的口吃問題。該篇報導引用了勞工局的資料，指出身心障礙人士自行創業的比例幾乎是非殘障族群的兩倍，許多自營事業的鄰家富人也都表示他們之所以選擇開業，是為了將自身的能力及專長發揮到極致——有百分之八十三的富人都這麼表示。資產淨值已達千萬美元以上的創業家沃倫先生受訪時明白說道：「坦白講，如果當年有哪間好公司願意雇用我的話，我根本就不可能自己創業……我之所以做出創業的決定，完全是因為走投無路。幸好我不是替人家做事的料，否則我就會甘於接受平庸的命運了。」

開創自己的命運

我在此想舉的例子，最初是記述於《為什麼他們擁有億萬財富，而你卻沒有》之中：W的學歷不佳，所以工作機會有限。正因如此，他才領悟到他必須作自己的老闆。

現在，自行創業的他已成了相當成功的貸款經紀人。現年四十三歲的W表示，他的客戶帶

為誰辛苦為誰忙？

如果企業已將大量股票都賣到股東手上，那掌權的究竟是誰？你真的還算公司老闆嗎？電視節目《創業鯊魚幫》（Shark Tank）把創投和新創公司描繪得浮華炫目，引人無限遐想，或許某些讀者也很受那些五光十色吸引。但事實上，如果必須舉債籌措資金，就還是逃不出「替他人工作」的牢籠。二〇一四年時，我父親就寫下了這個關於小型企業資金籌措的故事：

戴維斯是個自行創業的百萬富翁。他的事業剛起步時，經常有人這麼問他：「你都是找哪家銀行處理公司財務啊？」而他則往往回答：「最會虐待人的那間銀行。」當時負責替戴維斯處理業務的信貸員經常換人，而且每個都態度冷淡，高高在上，無論他還債還得多麼勤，都還是必須不斷繳納資產明細。當時他如果不跟銀行借錢，就無法維持公司運作。不過近來他已做出一些取捨，將企業一部分的收益用於拓展公司版圖。戴維斯之所以會有這樣的轉變，基本上正是因為聽了吉恩的某次演講。

吉恩是我在《為什麼他們擁有億萬財富，而你卻沒有》中寫過的一位鄰家富人，他的成就傲人，也不吝與我分享，對我的研究大有貢獻，在我訪問過的百萬富翁之中，他的重要性絕對名列前十。吉恩專從金融機構手中購買或搶救經營不善的房地產，所以才變得那麼富有。

除此之外，指導想創業的有志之士也是吉恩的工作之一。為了警告學生不要太過依賴舉債，他常會慷慨激昂、苦口婆心地勸誡，更會詳細分享他跟一家銀行借錢的經驗，在我聽來是相當有說服力。他說他簽了合約以後，「銀行的資深信貸員馬上領著吉恩走向頂樓信貸辦公室的大窗旁，從那裡可以看到窗外遠處，四周有幾千棟商業大樓。信貸員指向那些建築，說出了一段吉恩永生難忘的話：『這些全都是我們銀行的，全部都是。你有看到那些公司嗎？你們借款方只不過是替我們管理企業罷了，銀行才是真正的老大。』」

吉恩說他聽到那些話以後火冒三丈，完全無法冷靜思考。從此以後，他就經常在演講時分享這段經驗，強調業主絕對不能過度借貸，否則對自身企業的控制權就會變得很小，公司甚至會落入別人手中：「銀行根本就不尊重我們。其實我們就像馬戲團的海豹似的，被訓練得服服貼貼，所以他們怎麼可能會給予尊重呢？」

許多人之所以決定當自己的老闆或自行創業，主要都是因為想要獨立，就好像出海時想自行決定船隻航向一樣。隻身開業需要很大的勇氣和動機，不過在銀行眼裡，借錢的業主根本就不算真正擁有事業，只是被放貸方控制的魁儡罷了。借貸在創業的世界裡當然占有一定的重要性，但業主的確也應該逐漸減少公司對金融機構的依賴，才是長久生存之計。

給他一百七十萬美元資產淨值，但從沒有人問起他的高中成績或大學念哪裡。換句話說，客人之所以會找他服務，並不是看他學歷佳、成績出色或家世好，而是因為他在產業中聲譽卓著；他們一點都不在乎W是在單親家庭中長大，而且養育他的母親還是個十六歲就拎著一只塑膠袋移民到美國的青少女媽媽。他說母親為了養育五個孩子，每週都要工作八十小時：「她把我們幾個小孩都養得很好，從她身上，我學到許多重要的道理，那就是工作一定要努力，不能入不敷出，而且必須善待他人。我的SAT總分才八百多，但我想告訴各位，其實只要有心，任何人都能夠成功——在我看來，多數人都只是還不瞭解這個道理罷了。他們為了錯誤的理由而活，一天到晚想買大房子，開名車，能買多少東西就買多少，但我不一樣，我人生的最大目標就只是當個好爸爸而已。」

在我父親稱作「900俱樂部」的團體中，W就是眾多成員的其中一位。關於這個俱樂部，《為什麼他們擁有億萬財富，而你卻沒有》是這麼描述的：[20]

> 本俱樂部僅接受SAT考不到一千分的富人加入。人生就像馬拉松，最後的成績如何取決於許多因素，不單單是分數可以決定的……真正的賽跑並不能由標準化的測驗來取代，畢竟成績就像「學業算命師」，但像W這樣的富翁絕不會讓成績決定他在人生中的表現——他們知道創意、努力、自律和領導力等特定社交技能，遠比分數和能力測試來得重要，所以他們才有辦法讓老師

和資質／智力測驗的擁護者都跌破眼鏡。

所以囉，就算你的履歷、學業成績或工作申請表上的其他資料不夠出色，那又怎樣？不如考慮一下角色對調的可能性吧。只要下定決心，你也能坐到面試桌的另一端，評估求職者的條件，掌握人力資源的主控權。

犧牲與努力：還是很重要

塔夫斯大學和史丹佛大學的年輕創業家研究（Young Entrepreneurs Study）指出，許多創業人士都擁有四個共通特質：**擁有創新的思考方式、具備驅力與自制力、專注於事業，在事業方面有貴人指點**。[21]這份研究強調，創業家的特質是「後天養成，而非先天使然」，對於這些特質的培養，家長、相關指導人士和老師其實都可以貢獻一己之力。但一般人卻很少能把握這樣的機會——身為父母的我們經常代替子女制定長期計畫，幫他們準備班上要賣的餅乾或爆米花，或把忘在家裡的東西送去學校——讓孩子有安全感是很好，但如果他們因而認為自己失敗墜落時，必定會有人在一旁待命搶接，這樣不就剝奪了子女學習獨立，並培養毅力來面對困境的機會嗎？

滾石樂團教給我們的創業課程

我父親成年於搖滾樂蓬勃興起的一九六〇年代，所以無論是齊柏林飛船（Led Zeppelin）、滾石樂團（Rolling Stones），或德瑞克與骨牌合唱團（Derek and the Dominos），他都很喜歡。他相當熱愛音樂，但那些表演者背後的故事經常比歌曲更讓他覺得震撼，其中，他對滾石樂團的米克·傑格（Mick Jagger）和基斯·理查茲（Keith Richards）又特別著迷。他認為兩人做音樂的歷程基本上就等同於創立小型企業，並於二〇一一年寫了以下段落：

各位有想過要開創小型事業嗎？如果有的話，基斯·理查茲的自傳《滾吧，生活》（Life）會是很不錯的讀物，[22]坦白說，我覺得滾石樂團簡直就是這世上獲利能力最強的小型企業了！許多公開上市的公司都會吹噓他們每位員工的平均所得有幾十萬元，但滾石四位全職團員的獲益可都是以幾億來計算的呀。

我們暫且不談這些團員的「壞男孩」形象（如怪異髮型、行徑和穿著打扮等……），只把他們當作賣唱片和演唱會門票的小公司就好。這幾個人為什麼有辦法產出一首接一首的暢銷歌曲，創造幾十億美元的收益呢？答案絕對不只是過人的創意智能和天賦而已。

事實上，剛從事音樂創作的米克．傑格和基斯．理查茲完成了第一次的千場巡迴後，雖然精疲力竭，卻做出了職涯中最正確的決定：雇用安德魯．奧德漢（Andrew Oldham）擔任滾石樂團經紀人。奧德漢告訴他們：市面上的音樂人很多，無論再怎麼有天分，要是無法自己寫歌，也終究會被淘汰；他甚至把兩人關進廚房，說歌如果沒有寫成，就不要出來！所以傑格和理查茲在二十出頭時就開始創作，也因而走上了財富攢積之路，因為他們寫的一首首新歌都是滾石樂團出唱片、巡迴演出和所有獲益的基礎，歌曲帶來的版權費也讓他們得以獲得永久性的收入，而且後代更會深蒙其利。

當然啦，世上並非所有人都像滾石團員那麼有創作天賦，但多數人其實都有能力打造屬於自己的「版權」，從而創造未來收入。請各位想想看我先前曾寫過的諸多個案吧，其中有一位名叫T先生的德州森林農夫，他一開始只有幾英畝的地，但後來土地越積越多，現在他一年種的樹多達三百五十萬棵，價值超過三千萬美元。另外，刊登於thomasjstanley.com網站的布萊恩也是個好例子。高中同等學力測驗他考了好幾次都沒有達到門檻，但誠如他所說：「就連我都賺到數百萬的資產了，那麼其他人一定也都辦得到。我靠著賣玩具，買到了人生的第一棟四房公寓。」現在，他已是七間房子的屋主了。最後，還有在工作之暇兼職的消防員馬爾康。他在職涯很早期的時候就瞭解到救火這份工作很難累積技能，於是決定把一間剛翻新的舊屋租給學生，而源源不絕的學生也總有租屋需求，因此，房地產收入就成了他穩定的財富來源。

基斯．理查茲的《滾吧，生活》中，有兩句話明確地道出我們必須付出多少努力才能成功，偏偏世上並非所有人都願意如此投入：

「我每天醒著的每個小時……都握著吉他，倒在地板上崩潰，真的就是這樣，樂器這種東西，不可能有學完的一天。」[23]

「這份工作真的非常困難，我們就算下了台也不能休息，必須回飯店把歌曲琢磨得更好。總之，就是完全沒有休息時間，壓力也大得不得了，不過或許正是因為如此，我們才能有進步吧。」[24]

我讀完基斯．理查茲的回憶錄後，馬上就發現他也擁有絕佳的分析式智能。

理查茲先生當年花了幾千個鐘頭的時間研究歷史上所有偉大的藍調音樂家和搖滾大師，並將從中獲得的知識融入自己寫的音樂；他甚至備有一本筆記，記錄滾石樂團每次演出新片段時，觀眾有什麼反應，以進行調整。換個角度來想，其實他就是在收集市場資料，加以研究分析，並從而達成目標，讓觀眾在聽滾石的音樂時，也能像他自己在聽歌時那樣，打從心底深處感受到濃烈的情緒。

自行創業的人幾乎都和滾石一樣經歷過許多挑戰，如果想成功，就必須無數次忍受開業初期的挫折，並克服市場一開始反應不佳的困境。恰好理查茲正擁有極強的耐力、專注度、熱情、體力和韌性。「那整整三年，我們每天都得演出，總共一千多場……幾乎都沒有休息，只有在完全結束後才放了十天的假。」

在一千場巡迴演出的前半段，也就是滾石來到美國前，他們根本沒賺頭可言，畢竟「只有兩個人，怎麼可能炒嗨現場觀眾的氣氛呢？」雖然經濟情況不穩，生活心力交瘁，顧問和經紀人也總想占他們便宜，但兩人仍把音樂視為使命，繼續演出，為什麼呢？理查茲是這麼解釋的：「……一直以來，我都不是以賺錢為目標。一開始我們只會想，收入夠不夠買吉他弦啊？後來變成，賺來的錢夠不夠支撐我們想呈現的演出？初期的時候，那些錢大部分都拿去投資我們想做的表演了。」

許多孩子都以為自己輕輕鬆鬆就可以像理查茲那樣成功，換句話說，他算是促成了幾百萬把吉他的銷售。不過那些孩子很快就會發覺，買把吉他、依樣畫葫蘆彈一彈是很輕鬆，但如果真要花上幾千個小時來練習，還必須忍受沒有薪水的窘境，就不是想像中的那麼簡單了。

面對職涯的決心

早年經驗不僅會改變理財方式，也會影響我們看待工作的態度。許多富翁都表示，他們之所以能在職涯中獲得成就或成功創業，有很大一部分必須歸功於照顧他們的貴人或人生導師的支持；此外，早年的經驗（尤其是困境或失敗）也讓他們能夠更敏銳地察覺眼前的機會並加以利用。

如果發現自己被困在工作的迴圈之中，那該怎麼辦呢？我們該怎麼做，才能重新開始，才能離開現在的崗位，找到下一份工作，或者自行創業呢？成功轉職的族群，或是曾經受雇於人，但後來轉換跑道的創業家都是怎麼辦到的呢？

其實答案和個人理財方面的道理相同：我們必須將工作上所獲得的資源轉化為自身的經驗與聲譽，無論當下的就職狀況如何，都必須持續尋覓機會，即便是兼職也不該排斥。如此一來，才能累積知識與經驗方面的本錢，用以轉職或開創自己的事業。不過最重要的是，我們在財務方面必須留有彈性餘裕，這樣才能在需要或想要轉換跑道時，將計畫加以落實。

過去二十多年來，職場的變化相當劇烈，程度遠甚於我父親幾年前開始跟我一起著手準備此書時的想像。沒錯，為求退休後的保障而亟欲爭取終身職或退休金的時代早已過去，而且現在能讓人致富的產業種類也越來越多，我們如果天真地想依靠老闆，藉此獲得平穩與安定，那麼成為鄰家富人的可能性可就大打折扣了。

在當今這個時代，傳統上對於工作的定義已逐漸失效，許多有望致富的素人都逐漸改變了他們對工作的看法，也積極累積職場上的經驗與知識，勇於嘗試創造收益的新途徑，為職涯開創新氣象。

第7章 善用資源的重要性

如果對投資策略不瞭解，那麼風險可就大了。

——沃倫．巴菲特（Warren Buffet）

財務上的成功與資源管理能力大有相關。能將收入化為財富的人，基本上都懂得以有助長期資產累積的方式分配時間、精力與金錢。過去二十年來，這項研究結果都沒有改變，而且我們認為近期也不會產生太大的變化。

富人之所以能在經濟上有所成就，是因為他們不隨波逐流，不追隨群眾。怎麼樣的群眾呢？就是商店打折日會親自到實體商店購物、一有空閒時間就全都用來操煩政局狀況、每天在社群網站上浪費超過兩小時的那些人。過去多年來和當今的研究都顯示，多數富人皆善於逆向操作，他們的想法和行為不同於一般大眾，這樣的特質不但反映於開銷決策，也讓他們得以站穩腳跟，不讓身旁的人左右自己的消費習慣、生活型態及投資策略。在這個消費過度的時代，這些富人卻懂得儲蓄、投資，並深入瞭解各式投資途徑（包含他們自身經營的事業與所屬產業），藉此做出聰明的決定，以明智的方式投資手上握有的資源，為財富帶來成長。

第五章所列出的成功要素不僅會影響我們選擇收入創造途徑、替自己開創工作，以及尋覓正確職涯的能力，也會決定我們管控收入的方式。誠如第六章所述，如果有幸從事自身喜愛的工作，便能創造所得，獲取資源。那麼財務成功人士除了將錢花在第四章所提及的各類消費領域外，究竟又是如何運用他們所賺取的收入，透過長時間的累積讓財富升級呢？過去二十年來，影響他們投資方式的因素又有哪些？

本書在撰寫時，市面上已有一千多家金融導向的科技公司針對一般個人及財務專業人士提供服務，[1]其中許多公司的目標都在於幫助消費者有效理財，讓他們無須另外聘請金融顧問或財務規劃師。隨著科技發展，我們現在已能透過智慧型手機輕鬆儲蓄、購買期權，甚至是投資稀有的國外股票。這樣的改變是好是壞還很難說，但可以確定的是，現代人需要交易時，已不必再致電經紀人請對方幫忙（根據統計，美國目前仍有大約六十三萬一千位證券經紀人，由此可知，有些人還是習慣傳統途徑），[2]就連較為複雜的投資行為——如稅務虧賣（tax-loss harvesting，認賠殺出，以求降低稅賦）——也已經可以透過機器顧問、演算法和相關技術自動完成。

即便現今科技進步迅速，財務諮詢的提供方式也有所變動（如信託標準的崛起），但謹慎投資人所具備的共通特質仍未有任何顯著變化。大眾對於投資的態度會隨著不同時期而有所改變，[3]不過有紀律的人即便面臨經濟困境或市場波動，通常都還是能堅守自己的投資策略。他們的審慎投資手法或許是與生俱來，也或許是從指導人、諮詢師或顧問身上習得，但無論如何，投資決策都勢必會影響到長期財富的累積。

富人的投資途徑

許多富翁透過自學，又對市場狀況與投資機會進行詳細觀察，才能適切地制定決策。或許正是因為如此，他們才會傾向於選擇較為傳統的投資標的（詳見表 7-1）。超過百分之六十的富翁都把百分之三十以上的資金投資於退休帳戶，另外也有將近百分之四十的富人在房地產這個類別投資了百分之三十以上的資金。在我們最新一次的研究中，受訪的富人表示他們很少會投資罕見的外國標的，或是不常見的投資商品。舉例而言，僅有約百分之六的百萬富翁投資土地使用權。至於投資組合包含無形資產（如版權或智慧財產權）的受訪者也少之又少（百分之四）。

表 7-2，比較了二〇一六年與一九九六年的遺產情況。有趣的是：

- 遺產總額高達兩千萬元以上時，避險基金和藝術品這兩類投資似乎就會吸引力大增。就二〇一六年的資料而言，遺產總額達到兩千萬元的門檻時，避險基金所占的比例便從一千至兩千萬區間的百分之零點六九，躍升百分之三點七。相較之下，在一千萬元以下的遺產中，這項投資標

表 7-1. 富翁的資產持有比例

	資產分配比例							
資產類型	0%	1%	5%	10%	20%	30%	50%	75% 以上
	持有表列資產的百萬富翁比例							
退休帳戶	2.0	3.2	7.1	12.1	13.5	23.4	28.2	10.5
現金	3.5	19.6	35.7	25.2	9.8	4.5	1.2	.7
壽險（保險金）	49.6	22.8	13.0	6.9	4.9	1.0	.8	.8
私人持股企業或合夥公司	58.8	6	7	8	5	5	5	5
證券	17	8	13	15	16	16	9	7
股票期權	81	5	6	3	3	2	<1	<1
房地產（個人用；僅產權）	4	2	8	20	27	21	15	2
房地產（商業用）	68	3	7	7	6	4	4	1
汽機車輛	13	54	27	4	2	<1	0	0
有形資產／收藏品	38	40	17	4	1	<1	0	<1
土地使用權	94	4	1	1	<1	0	0	<1
無形資產	96	3	1	0	0	0	0	0

表 7-2. 美國國稅局遺產稅資料：2016 年及 1996 年的遺產稅申報額比較

	遺產總值（2016 年的申報額）				遺產總值（1996 年的申報額）			
	>$500 萬	$500-$1000 萬	$1000-$2000 萬	>$2000 萬	>$500 萬	$500-$1000 萬	$1000-$2000 萬	>$2000 萬
資產類型	在遺產總值中所占的百分比 *							
個人住所	8.70	7.93	6.43	2.77	8.68	4.66	3.58	1.16
其他房地產	11.67	14.84	14.24	12.43	13.34	12.49	11.44	6.42
私人持股公司股票	2.87	4.61	7.33	19.25	3.03	8.70	11.99	20.27
公開上市股票	24.16	22.85	25.81	24.43	21.87	28.96	30.94	35.12
州／本地政府債券	10.39	7.89	9.35	6.47	12.04	14.98	16.01	10.29
聯邦政府債券	0.91	0.77	0.75	1.17	0.89	3.76	3.26	5.91
企業／外國債券	1.60	1.48	1.52	1.31	0.72	0.68	0.56	0.42
債券基金	0.94	0.48	0.52	0.37	4.03	0.30	0.15	0.08
未分類共同基金	1.34	0.90	0.66	0.39	4.03	1.05	0.64	0.29
現金資產	11.81	9.60	9.43	6.06	13.66	6.84	6.38	4.72
壽險淨額	1.30	2.61	1.61	0.51	0.09	0.10	0.07	0.02
農地資產	3.72	5.79	3.95	1.63	0.49	0.28	0.18	0.23
私募基金／避險基金	0.37	0.32	0.69	3.70	n/a	n/a	n/a	n/a
退休資產	9.62	11.59	7.58	2.14	n/a	n/a	n/a	n/a
無形資產	0.49	0.47	0.40	0.12	0.31	0.56	0.55	0.46
藝術品	0.37	0.28	0.52	1.83	0.11	0.36	0.47	2.56

* 本表並未列出所有資產類型，因此加總並非 100%。
n/a = 並未獨立列於 1996 年的研究資料。

的占有的比例更是遠低於百分之零點六九。至於一九六六年的研究不含避險基金／私募基金的資料，因此無法比較。同樣地，在規模兩千萬以上的遺產之中，藝術品所占的比例在一九九六年及二〇一六年分別為百分之一點八三和百分之二點五六。但如果是金額較小的遺產，藝術品投資則幾乎完全不存在。根據前列的歸納，我們似乎可以證實以下論點：資產淨值高到特定水平（亦即兩千萬美元以上）時，較稀有或複雜的投資商品似乎就會變得相當難以抗拒。

• 遺產達到兩千萬元的門檻時，「私人持股公司股票」所占的比例便大幅跳升。這個現象在一九九六年和二〇一六年的資料中皆有出現，而家庭式企業的股權正是屬於此類別。

就比例而言，稀有投資標的、避險基金和私募基金在表 7-2 中敬陪末座。但由於一般人缺乏認知，媒體的報導又不斷加深刻板印象，所以很多人才會相信「有錢人必定會投資稀有商品」這種迷思。然而，就表中所列的國稅局遺產稅資料來看，其實只有在資產淨額達到兩千萬元以上時，稀有商品投資的比例才會變得明顯較高。換句話說，只有富裕到願意付出較高費用，來換取較低報酬的人，才會進行這類投資。如果是鄰家富人族群，多半不會對稀有投資感到興趣。

巴菲特在他二〇一六年寫給股東的信中，將上述的投資行為解釋得非常清楚：[4]

經常有人請我推薦投資標的，我在回答時，對人類的行為也有了很深的認識。基本上，低成本的標普五百指數基金是我的標準答案，而某些收入不高的朋友通常也都會採納我的建議。

不過我想，如果是超級有錢的富豪、機構或退休基金持有人，應該就不太會聽取我的建議了。當然啦，這些投資人當面仍會有禮貌地向我道謝，但離開後多半都禁不住那些高價請來的理財專家所提出的誘人主張；如果是機構的話，則經常會轉而向收取天價酬勞的「顧問」尋求意見。

然而，前述的兩種行業其實都面臨了一個問題：身為投資顧問，如果年年都只叫客戶增資投資標普五百這類的指數基金，不就等於親手葬送自己的職涯嗎？相較之下，收費超高的「投資專家」只要每年推薦客戶進行一些管理上的小變動，就可以獲得豐厚的酬勞，因此，他們經常會用行話來包裝一些無稽之談，告訴客戶要改變投資方式，才能跟上當下流行的投資「風格」或是經濟潮流。

有錢人總認為他們天生就該擁有最棒的美食、教育、房子、整形手術和運動比賽門票。在這些人眼裡，他們的錢自然要拿去買些一般大眾得不到的好東西才對。

的確，在許多情況下，錢能買到一流的產品或服務，正因如此，所謂的財富「菁英」——也就是富裕人士和退休基金、校務基金的持有人等等——才會企圖跟一般民眾有所區別，而不願購置只需幾千美元就能投資的商品，即便預測值清楚顯示某項標的是最佳選擇，他們也還是不太願意投資。根據我的計算（不過坦白講，我算得很粗略），財富菁英為了尋求高人一等的投資建議，過去十年來總共已浪費了超過一兆美元⋯⋯

人類的行為是不會輕易改變的。富裕人士和退休基金、校務基金的持有人會繼續認為他們應該要額外獲得某些「獨家」投資建議，而聰明利用這種心態的顧問也會繼續從中撈錢。在顧問口中，今年度的投資萬靈丹或許是避險基金，明年大概又會換成其他標的，投資人如果一味相信這種承諾，最後很可能會落得這句格言所述的下場：「有錢與有經驗的人若是相遇，有經驗的人會口袋滿滿地離開，至於有錢人雖能累積經驗，但也會失了錢財。」

誠如巴菲特所述，社會上的確有某些人著迷於稀有的投資標的。相較之下，富達投信（Fidelity Investments）的知名股票挑選專家彼得．林區（Peter Lynch）所採取的投資手法大不相同。對於要買哪家公司的股票，林區最重視的準則和我們多年來研究的許多百萬富翁所秉持的信念相同。他之所以能挑選到出色的股票，有很大一部分的原因在於他經常和重要企業人士進行一對一訪談，也不時會到各公司的總部拜訪。以下，我們列出「林區投資法」中最具他個人色彩的幾個結論：[5]

要想知道一間公司夠不夠節儉，直接到總部拜訪是個很不錯的方法。辦公室裝潢得越是奢華，就代表企業的管理階層越不願意回饋股東。

如果從資產負債表就看得出股票的未來表現，那麼數學家和會計師大概就是這世界上最富有的人了。

新手投資人……如果能拒絕隨波逐流，就有機會擊敗市場趨勢。

如果其他條件都相同的話，就請選出年報中彩色照片最少的公司來投資吧。

林區先生曾正確預測了許多企業的成功，在他對那些公司的觀察之中，又以下列片段特別值得我們省思：

這些企業總部沒有主管階層的專屬用餐室，停車場沒有豪華房車，停機坪也沒有公司專用的噴射機。

不用浪費錢把辦公室打造成希臘神殿，也不要購置復古奢華風的家具擺在大廳，更不必花錢買宣傳氣球、立告示板、請人代言，或買真跡藝術品來掛在牆上。基本上，只要貼張旅遊海報……

就足夠了。

只有在公司表現特別好的年度，管理階層才能拿獎金。換句話說，獎勵的多寡應該隨著工作表現增減，而不能以職場上的地位為基準。

林區的最後一句名言和《原來有錢人都這麼做》中列出的第三項致富要素不謀而合：鄰家富人沒有興趣炫示自己的社經地位，反而比較重視財務獨立。這樣的優先順序正是他們構築生活型態的重要基礎。

不過無論是有意識地拜金或是潛意識作祟，收入豐厚的人都經常會認為「稀有」或「昂貴」的商品就是比較好，畢竟把錢拿來投資這種標的物，似乎就能展露自己的社會地位。換言之，這種族群可能認為他們必須進行一些稀有的高價投資，才能體現出自己賺了多少錢、買多好的房、開多貴的車，經濟狀況又有多傲人。然而研究資料卻白紙黑字顯示，其實他們如果願意綜觀市場狀況，將資金維持低檔，並執行單純但牢靠的投資計畫，獲益一定會有所增長。但若要高收入族群改變投資策略，大概就跟叫他們捨棄凌志轎車，改買豐田一樣難吧。

大學校務基金近年來的表現，可說是上述稀有投資陷阱的典型案例，其中又以哈佛大學基金（全美國規模最大的校務基金）的失誤最廣為人知。二〇一六財政年度，哈佛基金虧損了百分之二，然而，同一時期的標普五百指數卻呈現持平，不賺不虧。怎麼會呢？其實這正是因為知名的哈佛基金落入了班·卡爾森（Ben Carson）在部落格《致富的常識》（A Wealth of Common Sense）中所提及的「溢價自尊陷阱」，而且受害的還不只哈佛。二〇一七年時，卡爾森先生寫了一篇文章，把只有三種 Vanguard 基金的簡單投資組合——亦即他所稱的「魔王組合」——每年所能產生的收益，拿來與美國大學校務基金的年度平均收益比較。結果發現，魔王投資組合的十年期收益率（百分之六）高於百分之九十的校務基金（獲益能力排名前百分之十的魔王組合年收益率為百分之五點四）。換言之，只要坐在電腦前，針對組合裡那三種大眾廣為持有的 Vanguard 基金（或指數股票型基金）進行投資，在年混合稅率約為百分之零點一的情況下，投資表現就能勝過百分之九十以上的大學校務基金。關於校務基金的運作方式，卡爾森先生這麼寫道：「這些基金多半投資於創投基金、私募基金、基礎建設、私人房地產、木材，以及市面上聲望最佳的避險基金，而且總能請到最強的股票和債券基金經理人，並動用名氣最響、人脈最廣的顧問，利用資金槓桿來投資複雜的衍生性商品。可是即便如此，多數校務基金的收益仍敵不過低成本的 Vanguard 指數型基金投資組合。」[6]

簡言之，高收入族群經常為了突顯地位而尋求稀有投資，但最後往往會多花了錢，卻少了收益。為什麼呢？這些人明明不笨，可是即便證據就擺在眼前，證明稀有投資能夠產生的收益比便宜的選項少，他們卻還是願意花錢購買「溢價自尊」。對此，我們研究團隊中的心理分析人員認為，高收入人士心中（可能是在潛意識之中）或許有某種情節在作祟，所以他們才會想藉由投資行為，宣示「我就是有錢可以燒」的訊息。

持有藝術品的百萬富翁僅占少數

許多懷抱雄心壯志的人都會想效法財務成功的人士，因此，商人往往會砸下幾十億元的行銷費用，營造「最成功、最有錢的人一定會投資高級藝術品」的假象。這樣的迷思不僅流傳於當今的社會，在經濟史上其實也始終存在。許多高所得家庭會把藝術投資當作炫富手段，但**其實他們只有「收入」高於平均，在「財富」方面並沒有什麼優勢**。

就投資種類而言，藝術品係屬「有形資產／收藏品」這個廣泛的類別。我父親曾在他為《美國人口統計》（American Demographics）撰寫的一篇文內提到：「普遍來說，百萬富翁的資產中，僅有不到百分之六的比例是以有形資產或收藏品的形式持有，譬如古董、硬幣、郵票、寶石或藝術品，這點著實令人訝異。」[7]

不過那篇文章是寫於三十多年前，所以現在情況是否有所改變呢？就我們最近一次的調查看來，答案是「沒有」。研究結果顯示，多數百萬富翁（將近百分之七十）投資於有形收藏品的資產比例都低於百分之一。另外，就國稅局最近發布的遺產稅資料看來，數值也相去不遠。[8] 綜言之，財富規模達兩百萬元以上的富翁投資於有形藝術品的資產比例僅有百分之一點三，而且由於某些高價的藝術收藏可能是贗品，所以這個結果值也很難保證不是高估。

除了藝術品外，《別再裝闊了》一書曾詳細討論的許多資產種類，也都被多數富翁歸在「手上沒有，也從未持有」的類別之中。舉例來說，擁有度假別墅、船、飛機、葡萄酒收藏、著名款式的汽機車或名貴西裝的富翁都僅占少數。

成功投資人的特徵

請參閱以下這段關於投資人的敘述，並加以思考：

真實世界和學術模型中的投資人，一點也不像。理論上，投資時應持有多樣化的投資組合，維持低頻率交易，藉此壓低稅款和其他交易費用。但實際狀況卻完全不是這樣。現實生活中的投資人交易得很頻繁，挑選股票時經常倔強又不講理，導致無中生有的投資費用大增，也因而損失許多收益，而且還一直賣掉賺錢的投資商品，把虧錢的留在手上，造成不必要的稅務負擔；不少人雖有做到投資多樣化，但商品的組合很差，所以才得承受明明就可以分散的高度風險；此外，還有許多人受媒體或過往經驗的影響太深，因此容易忽視他人的建議，不願投資並持有費用低廉且搭配適當的投資組合，最後才會走上失敗之路。[9]

無論經驗多寡，過度積極的心態（也就是「與其什麼都不做，採取一些行動總是比較好」）經常會讓投資人在無須行動時仍舊決定出手。這種極端的「行動派」投資人就是因為太積極想做些什麼，所以才經常在錯誤的時間點買進、賣出。當然也有人是屬於另一個極端，他們耗費許多時間制定投資策略，卻不願採取行動，殊不知計畫還沒執行，可能就已經因為過時而被市場給淘汰了。

所以怎樣才能稱作是成功的投資人呢？知道如何在景氣低迷時進行投資，而且面臨高風險商品時能處變不驚，這樣就算成功嗎？誠如高潛力的家庭財務總監和不擅累積財富的族群在行為上有所區別，傑出投資人和一般大眾也有某些行為和特質上的差異，而這樣的差異是不受景氣和政府因素影響的。先前說過，勇氣和承擔風險的意願都和資產淨值有著高度相關，[10]過去幾十年來，許多富翁都曾與我們分享自身經驗，描述他們是如何靠著勇氣捱過職場、商場與投資上的風風雨雨。要想投資，就絕對不能膽小，但在培養勇氣前，還必須先具備踏入投資場域的意願及一定程度的信心，才有辦法制定投資相關決策。另一方面，我們也發現財務知識與風險承受力間存有正向關係。[11]由於「知識」可透過自學和研究來累積，所以超優理財族群用於鑽研及制定投資策略的時間向來都比超遜族來得長，而且這項調查結果在過去多年間並未出現顯著變化。另外，研究資料更顯示，容易焦慮、操心的人從事短線交易的可能性也比較高。[12]

我們為了評估受訪者的風險承受能力，進行了以「行為」與「經驗」為基礎的心理測驗，並從中歸納出「優秀投資人」的五個特質。請注意，所謂「優秀」指的是能帶有自信地投資股票市場，即便景氣低迷，也敢於買入，而非賣出。[13]

個性敢冒險

即便還無法確定結果走向，成功的投資人也通常都能預先制定投資決策。換言之，他們有辦法在未來狀況尚不明確時，充滿自信地進行投資。

偏好高風險商品

偏好高風險商品（如股票）的投資人通常都能做出較佳決策，並獲得較高的收益。

對自身的投資能力有信心

投資人的確可能因為過度自信而做出不智的選擇。但如果沒能具備一定程度的信心和自我效能，投資也很難成功。若是缺乏自信，就很容易質疑自己在投資上的決策，改變心意後卻經常會對財務狀況造成負面影響。

對於投資方式與商品具備充足的判斷力與知識

巴菲特曾引述過這句話：「如果對投資策略不瞭解，那麼風險可就大了。」整體而言，只要有心瞭解投資原理、投資商品的潛在起伏與股票市場的週期性特質，就比較容易制定出正確的投資決策。誠如研究結果顯示，超優理財族群用於研究投資商品的時間比超遜族長，而且投資方面的知識越充足，最終的決定也就會越正確。[14]

冷靜沉著

一般而言，所謂的「冷靜沉著」指的是無論市場起落，都能承受各種變化。市場崩盤時，優秀的投資人通常都還是能秉持勇氣，冷靜地制定優良的投資決策，不會像普通人那樣敗在焦慮手下。

擅於投資的富翁都具備怎樣的特質？

上述的優秀投資人特質，是由廣泛的研究樣本所歸納而出，而該份樣本中也包含了許多資產未及百萬，但屬於富裕階級的人士。投資技能和攢積財富的能力一樣，會受到人格特徵和行為模式的影響，所以擅於投資的百萬美元等級富人，具備怎樣的特性呢？答案會跟我們以一般人作為樣本所得到的研究結果相似嗎？事實上，百萬等級富翁們多半具備「有信心」這項特質。在我們最近一次調查中，百分之七十以上的受訪者都認為自己的投資知識比一般人豐富。但話說回來，對於投資的信心可說是把雙面刃，若是自信過了頭，就容易做出致命的投資決策（譬如高估自己掌握市場時機的能力）。[15]

不過就某種程度而言，若想做出明智的投資決策，並聰明地利用各項資源，到頭來還是得倚賴自律這項成功要素。將近百分之六十的百萬富翁（每五人之中就有三人）都訂有明確的長短期目標，一半以上的富翁自認在執行任務時很少分心，另外，也有超過六成的受訪者表示他們會花時間為將來的財務狀況做打算。

至於投資手法的部分，將近百分之五十五的富人認為他們之所以能投資成功，是因為自己努力瞭解相關知識，而不是依靠專業人士的建議；同樣地，僅不到三分之一的富翁表示他們在制定投資決策時，習慣依賴專業金融顧問。以富裕階級人士為樣本的研究發現，一個人的投資行為越出色，就越容易認為顧問或相關領域的專業人士沒有存在價值，因而將對方解雇。[16]從這樣的調查結果中，金融業的專家們或許可以學到重要的一課：如果想以富翁為目標客群，就一定得具備最頂尖的技能，也必須把市場狀況忠實向客戶報告，才有可能做成生意。

在培養投資管理技能及相關知識累積方面，擅於投資的富翁們也可以說是下足工夫，每個月平均會花十點五個小時來研究、計畫未來的投資策略；就每月所耗費的時數而言，超優理財族和超遜理財族之間也存有顯著差異，確切的數值分別為十一點三四對上八點七個小時。超優理財族懂得花時間研究投資商品，藉此擬訂資金配置方式，即便是投資自己的企業，也仍會做足功課。事實上，他們正是因為具備財務知識，所以才比較能承受投資所帶來的風險。[17]總體來說，未來的發展好壞以及金融知識的多寡都與承受投資風險的意願呈正相關，[18]換言之，超優理財族用於管理、研究投資商品的大量時間，確實有助他們做出正確的選擇。

投資人如果一接收到看似重要的新資訊，就覺得「非得做些什麼」的話，長期來看投資表現通常都會比較差。不過富翁在管理投資標的時，也不是無為而治——在二〇一六年度，百萬富翁的年平均交易數為十七次，每五位富翁之中，就有一位的資產持有時間不超過三年——換句話說，重要的不是「要不要採取行動」，而是「行動前有沒有先縝密、仔細思考」，如此一來，才能避免自己受到「非得做些什麼」的錯誤心態驅使，因而做出魯莽的決定。制定投資決策是個相當複雜的過程，若是缺乏相關

表 7-3. 投資相關陳述（表列數值為同意的富翁比例）

陳述	同意／非常同意
我在投資方面的知識勝過多數人。	70.4%
我將許多時間用於制定未來的財務計畫。	61.8%
我在投資上的成功是自學的結果，與專業人士的建議關係不大。	54.8%
我在制定投資決策時相當仰賴投資顧問。	33.2%

知識（財務素養也包含在內）、對於未來的展望，以及在大環境的漩渦中臨危不亂的能力，勢必難以做出正確的決斷。理論和實務上的研究皆已證實，[19]如果能夠著眼未來，及早制定長期計畫，同時具備擬定適當金融決策所需的知識，又能保持沉著冷靜的話，對於自身財務的規劃也會較為理想。

風險是一定的

除了前段所述的特性外，資產達百萬美元以上的投資人還有哪些共通點呢？答案是**他們都樂於承擔風險，而且對未來的目標明確**。佛羅里達州的一位鄰家富人曾和我們分享一個相反的例子：「我的伴侶很怕投資，往往只想把錢投入一些利率很低的儲蓄帳戶，過去這二十年來還一直說我對共同基金的投資很輕率。但事實上，我們的財富中有很大一部分都來自我的基金啊。」許多百萬富翁都是創

表 7-4. 百萬富翁及超優／超遜理財族群投資時的平均資產持有時長

	每個組別的投資人比例		
購入股票／股票型共同基金後，通常會持有多久？	所有百萬富翁	超優理財族	超遜理財族
數天至數月	6%	9.3%	6.0%
1 至 2 年	16%	16.1%	17.9%
3 至 5 年	31%	30.2%	30.6%
6 至 10 年	19%	11.4%	19.4%
10 年以上	28%	32.8%	26.1%

業家，而自行創業的人對於風險的接受程度通常比較高。[20]另一方面，和在私人企業工作的人比起來，就業於公家機關的族群對於風險的容受度就相對較低，然而，如果不願承受風險，對於自身財務的滿意度也會比較低。[21]

許多傑出投資人和財務成功的人都自認犯過一些錯，卻仍舊願意承擔投資風險。總體而言，跟普通有錢人和一般大眾相比，資產淨值高的富裕家庭所從事的投資活動相對多元，願意承擔的風險值高於平均，對於投資的本質領會得較為徹底，而且也會比較頻繁地研究組合中各項投資商品的正常風險水平。[22]這些習性或許不一定能保證投資成功，但前述的研究結果的確突顯了財務知識與冒險意願在累積家庭財富時的重要性（說是必要性大概也不為過）。在本次的研究中，許多百萬富翁都表示自己年輕時比現在更能承受投資風險，而這項結果也多少反映出受訪者平均年齡為六十一歲的樣本特徵。

我們存下來的每一分錢，每年都會因為通貨膨脹而喪失一定的購買力，有鑑於此，超優理財族群懂得透過有效投資來避免通膨所造成的損失，並以錢滾錢的方式來滿足未來的需求與欲望。上表的資料顯

表 7-5. 百萬富翁的投資策略／風險承受力

你會如何形容……	有風險／風險非常高	普通	保守／非常保守
剛開始全職工作時的投資策略？	55.6%	28.6%	15.7%
目前的投資策略／組合？	17.5%	56.0%	26.5%

示，超優族在職涯初始時，通常都是以「有風險」或「風險非常高」的方式進行投資，等到資產逐漸累積，投資變現時間也縮短後，才改採比較溫和、保守的投資手法。某位讀者曾跟我們分享過以下片段，故事中的雙方都擅於儲蓄，但投資手法卻大不相同：

我父母向來都很擅於節流，多年來，也毫不鬆懈地把薪水都攢了下來，但他們賺的那些辛苦錢，卻只是每個月、每年往咖啡罐裡存而已（是真的有個咖啡罐，不只是譬喻而已）。我太太的父親一年存的錢雖然不那麼多，但他在投資方面比較精明（也或許可以說是比較幸運吧），每年都會把積蓄拿去投資富達麥哲倫基金，最後，我父母存的錢都還不及他投資收益的一丁點兒呢。

對於儲蓄和投資，超優理財族自有一套規律的方法，他們懂得先把大部分的收入都積攢下來，然後再把積蓄拿去投資效益高的資產，進而促成長期的財富成長。試想，如果年儲蓄成長率高達百分之一百四十三（根據我們的計算結果，「頂尖儲蓄族群」的確就是這樣），然後又把存下來的錢拿去投資每年收益百分之三的超級組合，那麼威力會有多強大？投資時若想獲利，方法不在少數，無論是透過降低投資費用、閱讀投資顧問的相關研究，或是改善投資行為（學會買低賣高，不反其道而行）都有其效果，超優族群就因為是能夠採用前述的多數或全部訣竅，才能長期鞏固投資利益。

邊做邊學，把錯誤當投資

資產淨值多寡及聰明制定投資決策（如買低賣高）的能力，都與「信心」有著很密切的關係。除了要有自信以外，也必須抱持謙卑的心態，實際瞭解自身的能力與技巧，才能善用自己在投資、理財方面的本領。巴菲特就曾說過：「刺激與花費永遠都是敵人，這點投資人必須謹記在心。各位如果堅持要預測股票投資的時機，那麼也請切記，別人貪心時，你反而應該害怕，等到別人害怕時，你才可以貪心。」撇除年齡、收入和財產中的繼承比例不談，若是擁有規律的行為模式和豐富的生命經驗，同時又能對自身的投資能力與技巧抱持適度的自信，那麼資產淨值通常也會比較高。[23]

在投資場域裡，過分自信向來是潛在的致命傷。研究顯示，投資人若是太過有信心，就容易做出失敗的決策，像是過度頻繁地交易、超估證券價值，或是挑選到不良的共同基金。事實上，在某份關於投資人過度自信的大規模調查報告中，研究人員就曾下此結論：「金融市場中之所以會有那麼多交易產生反效果，原因其實簡單又有力：投資人太過自負。」[24]

自一九九六年起，投資心理學界興起一股和學術界及大型證券經紀商等機構相同的風潮，眾人都開始重視所謂的「行為財務學」，研究投資人內心深處的心智或感知偏見會如何影響他們對於證券買賣及其他事務的決定。二〇一七年因為行為經濟學著作榮獲諾貝爾獎的理查德・塞勒（Richard Thaler）曾透過實際研究證實，精明的投資人都知道，投資時若有偏見或受到情緒影響，會導致最後的財務決策不夠健全。就實務應用而言，行為財務學的目標在於讓投資人意識到自身偏見（或者讓顧問發現客戶的偏見），如此一來，就能避免因為對市場抱持不理性的信念或偏差的想法而做出不利的投資決策。

成功的投資人正是因為具備經驗（好壞或許都有），所以風險承受力才會增強，面對財務風險時的態度也較為正面。[25]這些人一路走來一定也都犯過錯，幸虧他們通常都能下定決心，從錯誤中學習，才能有所成長。

在我們的研究樣本中，超過一半的富翁表示他們在投資時經常犯下這些錯誤：市場時機預測失敗，尤其是賣得太早或太晚，或是為了等待市場達到最高或最低點再進行買賣而錯失良機。再回首時，這些失誤自然是不難察覺，因此，百萬富翁們不吝分享了自身經驗，讓我們知道是哪些錯到離譜的決定，讓今日的他們能對增長財富的方式擁有過人的眼光與祕訣，而在那些錯誤背後，過度自信往往是罪魁禍首。

除了上述的失誤外，也有許多人會為了平衡投資組合而混和搭配可靠、安全以及較為稀有或投機性較強的商品，結果虧損。若想改善這些錯誤的投資行為，要不就是得自學相關知識、提升自律性，否則就必須找到以客戶利益（而非自身好處）為第一優先的投資顧問，並尋求對方的指導與建議。

在投資特定類型的商品或公司時是否有犯錯，只有投資者本人可以判定，畢竟市場上並沒有哪支祕密股票或哪個投資組合能讓富翁一致認定為「最佳」或「最差」。這些年來，我們曾多次請富人列出他們心目中「最佳」和「最差」股票的排行，因此本次在進行調查時，也決定把這個問題再問一次。多數的睿智投資人和百萬富翁都說，其實股票的好與壞真的是見仁見智，報章雜誌或許還可以把某支股票拿來當頭條寫，但如果真要一一討論每支股票的優劣，其實並沒有什麼意義，不過我們仍從受訪者的清單

表 7-6. 百萬富翁在投資方面的自陳行為 [26]

投資行為	自陳有此行為的受訪者百分比
太晚售出劣質股票	73.6
太早售出優質股票	60.3
因為過度等待而沒能在市場高點售出	58.1
因為過度等待而沒能在市場低點買入	55.3
想用投機性的投機組合來平衡較為安全的組合	53.5
購買／持有雇主公司的股票	44.4
因為過於擔心損失而忽視了收益多寡	41.6
根據朋友或親戚的建議進行投資	41.5
企圖預估市場起落的時機	37.5
投資股票期權／投機性高的股票	36.9
讓他人替我理財	34.8
根據近期的市場低點來販售股票	34.2

中，歸納出了以下的大方向：

- 許多受訪者都認為網路上的熱門股票是他們投資過的最差商品。
- 在受訪者投資過的最差商品中，也有一些名氣很大，但最後崩盤的股票。
- 許多受訪者都認為表現穩定的藍籌股是最佳投資（如3M和IBM）。
- 如果是雇主公司的股票，投資表現通常有好有壞。
- 被問及投資過的「最佳」標的時，某些受訪者的答案如下（帶有玩笑性質）：「我老婆」、「自己的事業」和「我所受的教育」。

付錢買「建議」

富翁對於財務顧問及相關科技的選擇都很有一套。雖然許多人在投資時是仰賴自身技能，但還是有不少富翁仍繼續與金融顧問合作。根據一九九六年的統計，全美共有二十四萬六千位投資顧問和證券經理人；[27]到了二〇一四年，人數增長為三十四萬一千五百位。[28]在我們的研究樣本中，超過百分之七十的富人說，他們雇有提供全套服務的投顧公司幫忙管理某些帳戶，至於將帳戶交給信託機構經營的富翁則有百分之十五。不過就整體樣本而言，花在理財服務上的費用相對很低：完全不花錢購買投資建議的受訪者比例約為三分之一，另外更有多達百分之五十六的受訪者僅將百分之一以下的收入用於金融服務。

的確，富翁們多少會雇請金融機構或顧問，但大多數的富翁都並不仰賴專家建議。我們先前曾提過，自認在投資時非常倚賴顧問意見的富翁比例不到三分之一，而且百分之七十的受訪者認為，自己在投資方面的知識強過多數顧問，另外還有超過一半的富翁表示他們的投資組合之所以能獲益，主要應該歸功於自學。專業建議或許有益，但只是輔助，由此可見，受訪者們的想法和下述研究結果不謀而合：在建置投資組合以求最大收益時，專業人士的表現不一定會勝過「業餘人士」。[29]

受雇於富翁的金融專業人士能做的就算不多，至少也應該努力幫助客戶避免嚴重的投資失誤。Vanguard 出版的《終極顧問》研究（Advisor's Alpha）向來都致力宣揚跟顧問合作能帶來怎樣的益處，而過去某期的報告就曾指出，在顧問替客戶創造的收益之中，有一半（也就是顧問替投資組合帶來的百分之三表現提升）都應該歸功於他們對客戶投資行為的改善。[30]

金融諮詢與信託服務

傑克先生是位財富管理專員，提供全包式的服務，酬勞的部分為傭金。近來他與我分享工作心得，表示自己十分感到很喪氣，因為現在自助式的投資技術越來越豐富易用，導致許多專向有錢人販賣金融服務賺取傭金的顧問都落得如 DVD 出租店般過時。相較之下，信託顧問卻因為不從推薦給客戶的投資商品中抽成，所以越發受到重視。有鑑於此，他決定要開發「機器顧問」這個新領域，降低他提供「專業投資知識」的費用，無論如何都要把有機會賺到的錢撈進口袋。他希望能以壓低「基本費用」的方式，吸引到有望成為鄰家富人族群，並在他們長期累積財富的同時，持續提供服務。

傑克先生想知道該如何找到這種理想客戶，於是便在我們的談話中向我提問。由於我繼承了我父親的研究，所以他理當認為我可以替他指出一條直接導向潛在富翁的路。要我替他指路是沒問題，畢竟只要檢視潛在客戶的行為模式和財務經驗，就可以知道他們是不是有可能成為鄰家富人。

但傑克先生沒有認知到的是，即便他真能找到有潛力成為百萬富翁的客戶，對方也不太可能對他想賣的服務感興趣。無論是偏好自己動手投資，或是想尋求專業建議的族群，在現今的科技發展之下，都已變得相當精明，不但對金融服務具備一定的認識，通常也都希望能以低成本買到高品質。而且就算他們有意願跟專業財務人士合作，他們眼前的選項可說是多到眼花撩亂，畢竟過去如果想找遵守信託標準，而且不收傭金的金融企劃師，信託機構是唯一的途徑，但現在一般市面上也不乏這種人才。在這樣的環境下，傑克先生必須非常努力，才能讓白手起家的鄰家富人看見他的價值。

一般人之所以會想直接與金融專業人士合作，通常是希望對方能針對自己的各式財務行為提供全面性引導，但傑克先生的服務卻無法提供這樣的核心價值。他並不想建立太過深入的合作關係，也沒興趣幫助客戶提升他們對於投資或金融決策的信心。

但當代金融顧問的價值，其實就在於協助客戶從超遜理財族狀態晉升至超優族群。如果想促成這樣的轉變，就必須先改變客戶的財務行為，而不能只是幫忙調整投資組合而已。

或許傑克先生心裡有數，也或許他並不知情，但很可惜，他想找的其實是自認有潛力成為鄰家富人，但行為上卻過度浪費、幾乎什麼東西都要買的客戶。這種族群說穿了就是愛擺闊，不但容易誤以為收入就等於財富，還經常會抱持著「未來有可能致富」的心態亂花錢。所以對於傑克先生來說，他想找的客戶是誰呢？就是那些不想改變行為、不想自我反省，只希望他能擊敗市場趨勢的客戶。這種投資人多半都很樂意額外掏錢支付相關交易費用，好讓旁人知道他們就是有錢，所以才請得起顧問。

讓鄰家富人自己找上門

檢視過傑克先生尋找潛在鄰家富人的方式後，且讓我們參考一下遵守信託標準且不收傭金的珍金斯小姐是如何提供金融諮商。珍金斯小姐受到信託誓言約束，必須以客戶利益為第一優先來給予建議與指引，不能因為某項商品可能帶來傭金就背棄誓言。換言之，傑克先生賣的不過是金融商品，但珍金斯小姐卻能讓目標客群知道她願意長期幫助客戶，提升他們成功的機會。她不需要向素人百萬富翁推銷服務，因為對她而言，成功與否其實取決於客戶有多信任她這個顧問，以及她能否幫助客戶改善投資方面的決策與行為。此外，她也很清楚地闡明自己能為客戶做些什麼，又有哪些問題她幫不上忙，如此透明化的服務方式替她吸引到許多願意下苦功來提升財務意識與自制力的客群。珍金斯小姐透過自己寫的部落格和相關文章來教育潛在客戶與讀者，在展示專業知識與諮商策略的同時，也藉此引導客戶成為聰明的投資人。對於她提供的這種高價值服務，鄰家富人才會趨之若鶩。

從她的自我宣傳（「如果各位想扳倒市場的話，我可幫不上忙」），到她向客戶收取顧問費的方式，珍金斯小姐的整套服務都突顯了她希望教給客戶的是怎麼樣的行為。對她而言，成功的指標在於「客戶管理財富的方式是否因她而有所改善」。至於傑克先生呢，大概只會想把高風險的共同基金賣給不知情的客戶，然後期待傭金趕快進帳吧。

能吸引到潛在鄰家富人的金融專業人士都知道，要想累積財富，靠的不是名車或昂貴的首飾，甚至也不是多高的職銜，而是某些行為特質；反過來說，想要達成長期財富累積目標的族群在尋覓金融顧問人選時，也勢必會選擇以長期理財導師自居的顧問。

販賣金融商品

一九九六年時，市面上多數金融專業人士的主要目標都不外乎是替人買賣證券，然後從中收取大筆傭金，就跟身為投資管理專員的傑克先生一樣。就理想狀況而言，投資顧問應該也會建議客戶進行再平衡、幫忙操作稅務虧賣，並研擬出能讓投資人獲利的策略與決定。在一九八〇和一九九〇年代，富翁們通常都有請人幫忙進行交易。

《原來有錢人都這麼做》出版後不久，線上交易就為投資人開啟了全新世界，所有人都能獲得直接的交易門路，可以隨心所欲買賣。先不論這樣的便利性是好是壞，但至少投資人如果不想，就完全不必跟股票經紀人接觸。

但成功的投資顧問和其他行業的佼佼者一樣，一定是具有特殊的知識、技巧、能力和其他專長，才能在所屬的領域中出頭。一般來說，成功的投顧人士會花上許多時間與精力來研究投資商品（譬如密集研究某個公司、產業或市場），就以一九九〇年代的投顧產業為例吧，普遍而言，能「有效挑選優良股票」的顧問就僅有百分之七而已。

所以鄰家富人或靠著自己努力打拼的人，又該如何制定投資計畫呢？在一九九六年時，一般會建議個體投資戶請信託機構幫忙管理財富，畢竟當時如果想請人依據信託標準來提供服務，這

重新探討累積財富的祕訣

科技日新月異，但富裕人士，甚至只是有機會致富的族群都仍未全盤拋棄專業金融顧問。多年來，我們觀察到一個有趣的現象：某些人沉溺於消費性產品的購買，完全罔顧外界在投資與退休計畫方面所提供的建議與服務。關於這點，我父親在二〇一四年就曾撰文討論：

就財富累積而言，一旦進入高所得區間（即年薪十萬美元以上），收入的多寡反而是其次，重要的是你要如何運用已經握在手裡的財產。

資產型的富裕人士指的是資產淨值位居全國前百分之二十五的族群。這些人通常會盡量把錢注入投資場域，而非用以消費，而且每年平均會花上一百個鐘頭的時間來進行投資規劃。相對而言，「收入型」的富裕人士或資產淨值落居全國倒數百分之二十五的族群，每年卻只將五十個小時用於進行投資相關事務。有趣的是，一個人在研究、計畫所花費的時數，與資產淨值呈現明顯的正相關，我的研究結果就顯示，高資產族群的資產淨值比高收入人士多出六到十倍。

此外，資產型的富裕人士也較能有效率地利用時間，更懂得尋求專業建議，提升自己制定重要決策的能力。通常，他們會雇用一整個團隊的顧問，成員從律師、會計師、證券經理人到銀行員（信託專員）都有，而且也很願意提供豐厚的酬勞，換取優良的諮商。

讓我覺得驚訝又諷刺的是，人們「購買奢侈品」和「付錢請人提供投資建議的意願」竟呈反向關係。高收入族群往往喜歡灑大錢買車、買船又買房，對於投資方面的諮商卻很小氣。相較之下，高資產族群面對奢侈品時很少動心，但如果要買的是高品質的法務和財務建議，他們可絕對不會手軟。

是唯一的途徑（另一種顧問則是遵循「合適性標準」，主要都是透過交易來收取傭金的顧問）。但現在，金融服務市場上已出現了供給完整的子產業，許多顧問都願意按照信託標準，針對各收入及財富階層的客戶提供諮詢，這種以客戶利益為第一優先的服務以前相對較難取得，但現在已普遍得多。

對於金融服務的認知

美利堅大學和華盛頓州立大學在二〇〇二年一份研究報告的總結中，針對想避免常見投資錯誤的族群提出了以下幾點指引。[31]他們的建議，其實是大家在追求財務獨立的過程中，都早已熟知的訣竅：

- 要知道投資時可能產生哪些偏見。富翁們描述的許多偏見與行為，其實都源於常見的錯誤投資觀念。
- 確立投資目標，並瞭解投資限制：你的目標是什麼？在有風險的情況下，該如何達成目標？
- 培養使用量化資料做決策的能力：換句話說，就是不能依情緒行事。
- 投資多樣化的商品。

• 定期查核投資標的，並依據需求進行再配置。

在當今這個時代，專家的許多建議都可以由科技取代，像是交易的設定或取消，就可以透過自動化的投資服務（即機器顧問）來完成，因此，情緒因素在投資過程中的影響力也大為減弱。自動化服務能利用演算法，幫助投資人針對投資目標進行標的多樣化及再配置，同時也剔除了人為決策中的情緒因子。

既然如此，那麼個體投資戶為什麼還需要顧問呢？其實傳統上定義的許多「證券經理人」（也就是販賣投資商品的專業人士）都已慢慢轉型成投資管理顧問或者是更專精的財務規劃師，這是現今市場上的一個持續性趨勢。

我父親在他先前出版的著作中就曾提過，**金融顧問會從「投資組合管理」慢慢走向「行為管理」**，而這樣的預測正與本次研究的資料與結果相符。因為「Vanguard 效應」的緣故，當今的資產管理服務已逐漸商品化，畢竟資產組合的收益若能勝過九成的大規模校務基金，而且只需要在電腦前操作個幾小時，並支付百分之零點一的年混合稅率，那麼何必花大錢去投資那些收益比較低的商品呢？我們的研究資料也顯示，**專精於行為管理的顧問其實還是掌握大量商機**。過去幾十年來，的確有許多人對於我們在行為方面的研究結果表示「是喔，那又怎樣？」（即便如此，這些受訪者的回應也並非毫無價值，因為他們身旁總有一些親朋好友對我們的結論感到不解，而這樣的觀點正好可以看成是中立第三方的資料，反映出他們對節儉生活型態的支持），不過對於我們在行為方面的見解，多數讀者的反應都是「對耶，真的就是這樣！」，其中還有些人分享了他們馬上改變理財行為，然後隨即走上超優理財族之路的故事。

另外，多數人也表示，行為的改變相當困難，並非一蹴可幾，必須痛下苦功，花上數年的時間，才能反轉原先的習性，事實上，許多人在改變的路上都有尋求外界的支持與引導。

我們的研究資料顯示，當今的金融顧問用於跟客戶討論「非金融」事務的時間越來越多。在科技平台（如機器顧問）持續滲透純技術市場，幫助投資人進行組合選取、再配置和稅務虧賣的同時，行為管理與訓練大概是金融顧問最能夠有所發展的最佳場域，也是他們最後的生存機會。

可惜的是，市面上並非所有顧問都是以客戶的最佳利益為優先。現年六十歲的丹尼斯先生是財務顧問，任職於一家大型金融服務機構。他說：「我比較喜歡沒自信的客戶。」他遵循證券交易／經紀商的服務模式，提供全包式的金融諮詢，也收取全額傭金。他的客戶則多半都是剛升上執行管理階層的專業人士，他們收入高，想突顯社經地位，但沒空對投資商品或顧問進行研究；雖然很「享受」熱門股票買賣祕訣和遊戲般的投資世界，卻沒時間自行管理商品，只是看到投資遊戲和當紅熱股就想摻一腳，也喜歡雇用知名的金融服務公司，認為這是一種特權，覺得只要說句「我有請某某（大股票經紀公司）幫我理財」，那麼在面對其他同樣因為辛苦工作而時間不夠的高收入族群時，自己多少會感到臉上增光。他們為了獲得這種便利的特權，每年都必須支付資

該聽金融分析師的話嗎？

能夠成功聚積財富的族群通常都很擅於評估他們所接收到的金融資訊，從而決定要遵循那些建議，不會一遇到頂著「專業」頭銜的人，就盲目相信。我父親在二〇一一年曾寫過以下關於金融分析師的段落：

在全國所得排名前二百名的職業中，金融分析師始終穩定落在前十名之內，而且年收入也高達二十萬美元以上。不過重點來了，這些人的資產多嗎？這個嘛，我不敢說全部，但許多分析師都擁有一定分量的財富。就投資淨值達百萬美元以上的人數比例而言，金融分析師在各項職業中排行第一，話雖如此，各位在聽取他們的建議時，也要有自行篩選的能力，畢竟有些人可能曾有不良的執業記錄，而且並非所有人都擅於將收入轉化為財富——就我的估計來看，他們在這方面僅排在第一百一十六名；要想打造出一百位名百萬富翁，必須由一百五十四位高所得的分析師合力才有可能辦到。

《今日美國報》曾刊登過一篇報導，作者引用了德州農工大學教授愛德華．

史瓦森（Edward Swanson）對於金融顧問的分析。那篇研究最早是刊登於《美國會計期刊》（The Accounting Review），後來下述片段又在二〇一一年的報導中被引用：「如果能綜合聽取分析師和看空人士的建議，就可以大幅增進股票表現……講得更明確一點，如果是分析師建議要『賣』，但市場看多的股票，那就要買；但如果是分析師建議要『買』，但一般多半看空的股票，那可就要賣了。」[32]

所謂的「多半看空」是什麼意思呢？基本上指的就是投資人認為股票之後會下跌，所以透過複雜的方式投入許多資金以作為因應。

這份研究並未對分析師提出什麼剖析（文中的論點也不甚透明、公正），對於賣空人士的行為（而不只是他們的言論），似乎更是大加褒揚。

平心而論，某些金融分析師對於投資商品的命中率的確很高，而且還有許多人名列《華爾街日報》的年度最佳分析師名單。然而，在資訊來源眾多的情況下，我們必定要具備判斷對錯的能力，才能成為聰明的投資人。

產中的百分之二作為費用，但事實上，丹尼斯先生先生的工作根本就相當輕鬆。所以，我們先前提到的傑克先生可能要改變策略，瞄準這種高收入族群才對。

雖然丹尼斯先生的客戶多半是企業的管理階層，但其實他也有許多在投資方面缺乏自信與自我效能的顧客，而他恰好就喜歡客戶完全倚賴他的建議與專業知識。坦白說，這樣的現象在許多專業人士身上（如律師、醫生等等）都能看到，畢竟自以為比專家懂得還多的客戶實在很令人頭痛（至少專業的那一方總是這麼說的），但某些金融顧問卻會刻意尋覓沒自信的顧客，大肆搬動他們的帳戶資產，並販售不必要的高價金融商品，藉此行利用之實，正因如此，金融服務業的整體形象才會大受質疑。

目前，金融策劃服務的相關規範和一般大眾都逐漸傾向採用「信託標準」：也就是顧問在提供建議時，必須以客戶的最佳利益為唯一考量。《原來有錢人都這麼做》一書就曾提過，某些規劃師在提供諮詢時可能會有所保留，隨著時代發展，這樣的問題現在已可以說是眾所皆知。多數人都知道，顧問如果不願承諾以客戶利益為優先並簽署信託誓言，那可就要當心了。

過去的研究結果都顯示，如果想獲得財務上的成功，除了自己努力以外，也必須知道該如何挑選值得信賴的顧問團隊。許多百萬富翁在受訪時，都表示他們想專注於自己擅長的領域（如企業經營），同時讓其他領域的專家（如會計師、財務規劃師）也發揮專長。在這樣的前提之下，一位充滿抱負的鄰家富人在評估專業理財人士時，應該要關注哪些層面呢？以下是最基本的幾個問題：

1. 我要付你哪些費用，請具體列出。

從前許多人會為了雇請「股票經紀人」而支付數額龐大的傭金，最後卻只買到自己根本不需要的金融商品（就算確實有需要，可能也會發現如果自己動手去購買，會便宜許多）。其實那樣的時代已經結束，只是金融服務產業和一般大眾多半還沒意識到而已。證券經理人這個錢淹腳目的世界大概要好幾年、甚至數十載的時間才會慢慢消亡，但目前確實已能看到產業漸走下坡。現今市場上已出現一些「固定費用型」的財務顧問，他們替客戶花錢投資，但不拿傭金，也不以任何形式從大型金融商品公司收取回扣，人數雖還不算非常多，可是過去數年來都有穩定成長。對於超優理財族群來說，如果要花錢購買財務諮詢服務，就勢必要雇請這種型態的顧問。至於所謂的「固定費用」，可能是「納管資產」（Assets under Management，也就是行內所說的「AUM」）中的某個百分比，或者是較為直接且可以預測的年／月期預繳款或顧問費。

2. 你能帶給我什麼價值？

金融顧問能創造的價值就算無法用肉眼清楚看見，也至少要能讓人明顯感受得到。多年來，Vanguard 都持續在出版《終極顧問》這份研究報告，將專業金融顧問所能帶來的價值分類整理，並進行量化分析。根據Vanguard的研究結果，顧問幫助客戶進行投資組合再配置、組合建置及投資行為優化（例如教導客戶不要買高賣低）之後，平均而言，投資組合的收益會有百分之三的持續性成長。

然而，這份研究僅量化了專業金融顧問對已儲蓄並用以投資的資產帶來多少加分，但投資人因為金融顧問的意見而多存下來，且最後也拿去投資的錢又有多少呢？我們透過委託數據點公司進行的市場調查發現，跟不擅儲蓄的族群比起來，能夠好好存錢的人通常也都能改善財富累積能力。就儲蓄年增率而言，前後二者的調查數值分別為百分之七和百分之十七，差異比率高達百分之一百四十三。（請注意：憑藉自身努力或請專業金融顧問幫忙都可以，但無論如何，要想增加財富，都一定得先改善理財行為。）換句話說，擁有持續性優異理財行為（如節儉、不追隨社會潮流、負責等特質）的受調者每年存下來的錢平均比理財行為不佳的族群多上百分之一百四十三，所以如果有哪位金融顧問能幫助你提升年儲蓄率，就算幅度只有百分之一百四十三的一半，也請務必好好珍惜。

3. 你在提供服務時，有把我的最佳利益當作第一優先嗎？（我可以相信你嗎？）

無論是尋求哪一種專業服務，這個問題都應當是第一優先，在找金融顧問時也不例外。我們若想與人進行企業合作或尋求諮詢，必然會評估對方可不可信，當服務攸關財產管理時，這個問

他們真的還有什麼過人之處嗎？

華爾街景氣好時，附近賣奢侈品的商人也會因而獲益，關於這點，我父親幾年前在他部落格分享的這篇文章中就有所闡述：

在二〇一二年的某集《有錢真好》（Mad Money）中，吉姆．克萊摩（Jim Cramer）分析了幾家專攻有錢人的零售商，其中一間就是Tiffany。吉姆表示，該公司的股價當然與營業額和最終獲利有著高度相關，不過除此之外，Tiffany這種高檔零售商的股票也會隨著金融商品、服務及其販售機構的表現而大幅改變，講白一點，意思就是華爾街族群賺到錢後，自然會去Tiffany灑錢買東西。

我自己的研究資料顯示，專門投資商品與服務的族群通常是「收入型」，而非「資產型」的富裕人士。這種消費者的收入一旦衝高，媒體上會見到他們豪氣消費的報導；相對來說，若他們的獲利減少，消費也會大幅下降，這時奢侈品的零售商可就得擔心了。《紐約時報》一篇文章中曾寫道：「……紐約的證券公司在二〇一一年只賺了一百三十五億美元，相較於二〇一〇年的兩百七十六億美元，可說是慘烈銳減。華爾街的薪水下降，紐約的奢侈品店也就跟著受苦。」[34] 所以 Tiffany 的銷售量會受到怎樣的影響呢？答案各位心中想必明白。

高收入的人啊，在所得大增時，很容易就會開始過度消費。在此，我想以另一個產業的族群來與華爾街的富裕人士作為對比。近年來，農人的收入有很大的成長：「……美國農夫在二〇一一年的淨所得達到九百八十一億美元，創下歷史新高，和前一年相比，更成長了百分之二十四。」多數農人都屬於資產豐富的類型，他們獲得意外之財時，通常會把那些錢用於加強資本或投資優良的股票與債券，而不是跑去買奢侈品炫耀。在農業世界裡，新的穀倉和拖曳機才是地位的象徵，誠如《華爾街日報》所述：「……強鹿公司（John Deere's）的股票表現和每英斗玉米的價格之間，存在很緊密的關係，因為農地收入高時，農人就會有動力投資強鹿的黃綠色大型機具，如拖曳機等等。」[35]

在《別再裝闊了》中，我就曾提過農人們能有效地將收入轉化為財富，事實上，在全美收入前二百高的職業中，他們積攢財富的能力可是高居第八。至於專賣投資服務的顧問們表現又如何呢？我計算這類族群中的百萬富翁比例後，發現他們排在同樣高所得的醫生和律師之間，但排名比農人低，不過若是改看高收入人口的比例，他們可就位居前十了。

題格外重要。過去數十年來，「金融顧問」多半是以「股票經紀人」的薪資結構為基礎執業，透過賣商品的方式來賺取傭金，導致一般人很難確定他們提供建議的動機為何。但前面說過，現今市場上已出現不少固定費用型的金融顧問，通常他們在提供服務時，都必須遵守信託標準（就好比律師必須遵守各州公會的規定一樣），以客戶的最佳利益為優先——說來實在很不可思議，這麼重要的規定以前竟然沒有。

金融顧問要幫客戶提供哪些「非財務」建議

我們在財務方面的責任與行為，都和生活中的其他層面緊密相連，正因如此，為客戶提供全方位服務的金融專業人士才得以取得優勢。前面也提過，我們在尋求理財服務時，其實會把自身的特質、經驗、當下面臨的挑戰，以及生活中勢必存在的家庭關係都帶到顧問面前，換言之，金融服務業者必須真正融合財務管理、心理學、諮商和生命規劃等各方面的技能，才有辦法提供客戶所需的服務。

金融顧問必須幫助客戶克服的「非金融」問題很多，舉凡家庭事務、健康狀況、婚姻挑戰、傷痛情緒與宗教難題等等都包含在內。幾年前，一份大規模的相關研究讓我們對於金融顧問逐漸衍生的「導師」角色有了豐富的認知。[36] 該份研究訪問了美國財務規劃協會（Financial

Planning Association）和理財顧問認證協會（Certified Financial Planner Board of Standards）的一千四位顧問，歸納出顧問們在處理非金融領域的問題時，曾遇到過那些議題、挑戰和關鍵事務。將近百分之九十的顧問都表示，自己曾針對非金融事務替客戶進行輔導與諮商，而且他們與客戶聯絡時，有百分之二十五的時間都是用於討論這種非金融議題。此外，三分之四的受訪者都認為，非金融問題的討論時間在過去五年來有所增加，至於常被提及的幾項主題則如下所列：

- 客戶的人生目標（百分之六十四）
- 身體健康（百分之五十二）
- 職涯相關問題（百分之五十）

此外，客戶們最常討論的還有家人或朋友過世、跟孩子吵架或不合，以及婚姻上的挑戰。至於時間方面，受訪顧問則表示討論客戶人生目標、身體狀況及職涯相關問題所花費的時數最多。

金融顧問服務演化至今，重心已從「交易」轉移到「客戶關係經營」，[37]顧問不再只針對買賣給予建議，而是著重提供整體化的服務。正因如此，學界和業界人士常用來區分金融指導專家、諮詢師和顧問的定義也逐漸受到挑戰。三者間的界線變得模糊後，願意關注客戶身心健康的顧問便有機會發展這方面的專業技能，並讓潛在客戶知道他們有心提供這樣的服務。

前述研究的作者結論如下：

在一般人眼裡，離婚、家庭衝突、自殺、嗑藥、心理健康、宗教、靈性以及病與死等議題似乎應該交由神職人員、社工、心理學家或醫生處理。不過就我們的研究結果來看，財務規劃師其實也經常面臨這些問題。要想幫助客戶處理這些挑戰，光是具備投資與保險知識當然不夠；在會計、稅務、金融或投資領域擁有高學歷的人或許可以把理財顧問當得不錯，但仍舊無法滿足客戶的所有需求。由於幫助客戶達成人生目標，正是理財服務的宗旨，所以人生規劃與輔導技能也就成了財務管理專家不可或缺的能力。[38]

傑克先生和丹尼斯先生若是看到前段列出的這些議題，想必會覺得難以應付。但在當今這個時代，「財務」與「生命」的管理的確越發重疊，而且這樣的趨勢也逐漸取代了舊時代的理財服務，所以就長期而言，珍金斯小姐的策略才是致勝要訣。

投資自己的知識

在我們最近一次的樣本中，僅有不到三分之一的富翁表示自己高度倚賴投資顧問。所以這些經濟成功人士究竟都是如何進行投資管理呢？在積攢財富的路上，時間這項不可再生資源是相當重要的因子，富翁們就是知道該如何分配時間，有效管理財富、創造收入，並累積財務相關知識，所以才得以成功。

投資技巧多半須靠後天養成，很少有誰是天生好手。若想瞭解複雜的相關知識，就得尋求適當的指導，但一般而言，我們很難從家庭中習得充足的投資技能。舉例而言，在我們針對一般富裕階級的投資人所進行的調查中，只有不到五分之一的受訪者表示父母曾傳授投資技巧，但超過百分之五十五的受訪者都表示父母曾教導他們儲蓄對未來的重要性。[39]一位來自阿拉斯加的百萬美元等級富人（職業為鑽油工程師）就這麼告訴我們：「如果我年輕時就知道該怎麼投資，那該有多好啊。我父母對這方面不太瞭解，他們的長期計畫基本上就是靠著退休金和休閒農場的事業生活……一九九〇年代初期，油價和阿拉斯加的房地產雙雙暴跌，我們一家也因而喪失了所有資產。那段時間實在非常辛苦，但當時的經驗深深影響了我們現在的投資與金融管理概念，我們現在所擁有的一切也都是從那時開始累積的。」

最新的研究顯示，資產達百萬以上的投資人多半都表示，他們在投資的經營方面花費了很多時間。此外，依照財富累積表現分類而出的兩個族群，在投資領域也各自呈現出不同模式，具體而言，跟超遜理財族相比，超優理財組用於研究投資商品及制定未來投資決策的時間永遠比較長。不過自一九九六年以來，兩組之間的差距已逐漸縮小：在當年的調查資料中，超遜理財族每個月耗費在研究與擬定未來投資計畫的時間是超優組的百分之五十五，到了二〇一六年這個數值則為百分之七十七。差距為什麼會變小，成因並不明顯，但我們認為部分原因可能在於股票、投資相關的高品質網路新聞與評論數量大增。一九九六年時，投資人如果想取得客觀的投資訊息，多半必須訂閱（通常都很貴的）出版品，像是私人機構的投資快報期刊；時至二〇一六年，前述的付費資訊依舊存在，但在網站、部落格、Podcast 等媒介提供了無數高品質免費資源的情況下，投資行為也因而變得相當普遍——除了指數基金數量激增、交易費用大減之外，免費資訊內容的傳播在這方面也扮演了很重要的角色。

無論年齡大小、收入多寡（也就是統計上的控制項），一個人用於管理投資標的及制定未來投資決策的時間都與資產淨值呈正向關係，所以超優理財族的財務成功人士（也就是擅於將收入化為財富的族群）花在投資研究方面的時間比超遜組來得長。這點不意外吧？

結語

我們要相信自己！對自己的能力要有信心！謙卑固然重要，但同時也必須具備不卑不亢的自信，才能成功又快樂。

——諾曼・文森特・皮爾（Norman Vincent Peale）

如果說世上真有什麼「鄰家富人養成聖經」的話，那麼握有這本祕技的，並不一定會是住在昂貴地段、開名車、戴名錶，或是握有什麼終極投資組合的有錢人。事實上，若想尋找、甚至親身成為下一位鄰家富人，那麼我們日常生活裡的理財行為模式與相關經驗，才是最重要的條件。財富的多寡經常與一個人所屬的社經階層有關。各位如果想要破除窠臼，就必須注意自己日常的一舉一動，畢竟鄰家富人就是因為能使用有利於財富累積的方式分配時間、精力與金錢，才能靠著自己的努力致富；他們在儲蓄、花費和投資方面都極為自制，不會被過度消費的社會牽著鼻子走。此外，對於自身長處以及未來可能成為財富累積障礙的市場、經濟與痛點，他們也都一清二楚。

若是無法大幅衝高收入，也沒能獲得鉅額的意外之財，那麼要想成功累積財富，就得重整自己的生活型態與理財行為——即便時代替換，這樣的道理也不會改變。可惜的是，許多人都不願投入改變所需的努力，也有些人則是覺得攢積財富的條件太難達成，所以就直接斷定這世上不可能有人能靠著自身努力，取得財務上的獨立。

過去這些年來，我們無論是研究一般性消費、投資、購屋或其他令人財務決策，都發現了一個共通的結果：擅於將收入轉化為財富的族群經常逆向操作。他們的思考與行為模式不但異於常人，更是超乎許多人的想像，所以讀者們若想成為財富累積專家，獲得經濟自主的話，或許也該把傳統式的教育、職涯與投資拋諸腦後，活出與父母不一樣的人生。如果從小就是在高消費家庭中長大，那就更得勇於捨棄一路以來所養成的生活型態了。

相信各位多少都曾聽過一些關於牛仔褲價格和如何避免常見投資錯誤的趣聞與調查，這些資訊雖然有趣，也或許能夠產生一定功效，但並不足以幫助我們培養出有助長期財富累積的行為模式。本書在第五章就曾提過，若要成功管理個人財務，就必須具備某些特定的能力與行為模式，才能持續又有效地將收入化為財富，但如果一年只節儉一天，或久久才做一次聰明的消費者，那麼要想累積財富，不僅效果不夠，甚至可說是比登天還難。

事實上，我們必須能夠，而且願意把開銷控制在收入之下，對自身的理財決策也得抱持信心，同時更要為家庭的理財成效負起責任，才能有效攢積財富。在這個人人愛比較的年代，各位必須忽視旁人都怎麼花錢、開什麼車又穿什麼名牌，才能專心一致地監控自己的財務狀況。此外，

滿足地享受致富過程

想當有錢人，就非得改變生活型態不可嗎？因為經濟後盾強大，所以輕鬆就能坐擁財富的不也大有其人嗎？關於這點，我父親在二〇一〇年就曾撰文指出，享有安全經濟防護網的族群，沒有親自經歷財富累積的過程，所以特別容易把錢看得理所當然：

在當今這個時代，要靠著自己的努力打造財富確實有其難度，事實上，一九九六年的時局也同樣不易。不過難歸難，若說不可能的話，倒是言過其實，而且如果想要獨立過生活，那麼財務自主可就是非達成不可的目標了。

那如果是獲得大筆遺產的那些人呢？他們的生活應該很輕鬆吧？其實即便有財產可以繼承，每個人對財富的利用方式也大不相同。某些人成功，也有些人失敗，這樣的案例各位在家族或社區之中或許都曾見過。

對於全部或幾乎所有財富皆為繼承而來的族群，我會如何歸類呢？其實我並不覺得這種人特別幸運，甚至還覺得他們的權利遭到剝奪，因為一般人靠著自身努力攢積財富時的那種自豪與滿足，他們都無法享受。至今已有無數富翁在與我分享時表示，財富累積的過程遠比終點來得令人滿足，還說他們每每回首再看來時路，都會想起自己當年是如何設定目標，而達標時又是多麼感到欣慰。沒錯，富翁們最常拿出來誇口的，其實是他們追求經濟自主的努力過程，而非最後的成果。

對於不必往前走就已站在終點的那些繼承人，各位請千萬不要忌妒，畢竟多數人的財務獨立之路都仍是以積蓄為起點，一步一腳印地走出來的。下次如果剛好在哪看到橡實，請順手撿回家放在桌上，這樣就能時常提醒自己：巨大的橡樹和財富一樣，都是從毫不起眼的橡實開始累積的。

各位如果有讀過《原來有錢人都這麼做》這本書，可能會記得我跟戴夫．諾斯博士的訪談片段。[1]當時才首度獲得「鄰家富人名人堂」提名就馬上入選的戴夫表示，最讓他感到自豪、滿足的，不是他那超過七百萬美元的資產淨值，而是追求財務獨立的過程。我在訪問戴夫時，他曾提到早年的財富累積經驗是如何幫助他提升自尊與以及對生活的滿意程度：

「我十一歲在雜貨店打工時，賺到了人生中的第一個五十塊，當時我就懂得把錢存起來，一直到現在，也還是這樣，只是金額後面加了幾個0而已。0的數量雖然增多，但存錢的原則和規矩並沒有改變。我還在念書時，我跟我太太就靠著她教書的微薄薪水過活。即便是在那種情況下，我跟她都還是規定自己必須儲蓄，而且也真的有所成果，畢竟如果沒有資金，又怎麼能投資呢？所以當然得先存錢囉。發現絕佳的投資機會時，一定要趕快抓住。但在入場投資前，還得先握有搶攻先機的本錢才行。由於成長背景的緣故，我始終都抱持著這樣的理念。」

就算不是什麼高薪專業人士，也不是像戴夫那樣的高階管理人，也都還是有機會獲得財務獨立。事實上，美國每五位百萬美元等級的富翁當中，就有四位是靠著自身努力將財富攢積而成；而在《別再裝闊了》研究的九百四十四名百萬富翁之中，有整整百分之四十二的受訪者在剛出社會開始從事全職工作時，都是處於零資產，甚至是負債的狀態。所以，走在財富累積之路上時，請別一心想著攢錢，也要享受過程所帶來的快樂，並用心體會自己主宰人生、不當消費奴隸的喜悅。

我們也必須根據心目中的生活方式訂立目標與計畫，把理財方向刻劃清楚，然後想辦法達標。Vanguard 近來發表了一篇「經濟預測」報告，不過說來有趣，這篇研究理應教導讀者該如何制定短中期的交易策略，但最後，報告卻是以這樣的結論收尾：長期而言，對於財富累積影響最大的因子其實是儲蓄。

就算不是天生就有辦法對財務相關的決策充滿自信，或是偶爾喜歡逛街買買東西也沒關係，因為世上所有人的行為特質都是先天遺傳與後天培養的混合體，只是每個人在兩方面的比例不同而已。換言之，無論現下的處境如何，只要能改變財務行為與生活習慣，一切都不會太晚；如果要再說得更明白的話：**累積財富的能力，多半都是後天培養出來的，而非先天優勢**。

這話想必讓各位為之振奮吧。理財行為可以超越社會階層與性別的界線，而且就算從前財務狀況不佳，未來也並非不可能翻盤；雖然就某種程度而言，過往的跡象確實可作為日後發展的預測依據，但只要我們夠專注、夠努力地改善理財手法，就不必擔心。值得慶幸的是，跟一九九六年相比，我們現今可取得的免費資源非常豐富，對於想要成長、學習，並汲取理財知識的族群是一大福音。此外，科技如果能善用的話，對於自我成長來說也必會有其助益。簡言之，無論生長於怎樣的家庭，也無論美國總統換誰當，個人理財方式都隨時可以改變，只是看各位願不願意行動而已。

基本上，只要社會繼續自由，讓勇於創業、自律性強而且努力不懈的人都能獲得回報，那麼鄰家富人們就會以各種形式繼續存在、成功。針對追求財務成功時的必要條件，我們在此提供幾點要訣：

- 破除財富的迷思，譬如辨別收入與資產淨值間的差異；相信自己能夠破除障礙，靠著自己的努力累積財富。
- 注意他人對自身理財態度與行為的潛在影響，要效法同樣以累積財富為目標的族群，而不是學人擺闊。
- 堅持審慎消費的原則，並從社區鄰居的言行開始評估，留意周遭眾人對自身財務目標的潛在影響。
- 評估自己在理財方面的優點與短處，並以可行的方式進行改善，譬如培養節儉的生活型態、為理財成效負責，或是累積相關知識，以便有信心地制定決策。
- 及早確定工作與職涯理念，不要全盤接受傳統的職場觀念。誰說所有人都得朝八晚六地工作，一路從二十五做到六十七歲呢？
- 相信成功的投資行為可以透過努力習得、改善，而且如果能將積蓄有效地用來進行投資，那麼生活中的許多重要層面都能獲得保障。

或許二十年後，學者會研究出什麼祕密絕招或神奇藥物，讓我們輕鬆又有效地將收入化成財富。到時，什麼理財行為、自律性、節儉、資源分配和毅力自然都不必再談。不過在那之前，要想開創出成功的理財之路，還是得靠自己努力，至於前方的道路雖然不免艱難，但也絕對會讓人甘之如飴。

附錄A：

研究手法

透過居住區域與企業擁有狀態來選擇研究對象

本書收錄的表格與討論中，作為依據的富翁資料大部分來自二〇一五年四月至二〇一六年一月所進行的研究。確切來說，我們透過商業途徑取得資料庫，並利用其中涵蓋的住宅與企業資料來蒐集富裕人士樣本。事實上，提供該資料庫的公司所採用的資料採集手法與我們從前在尋找百萬資產家庭的過程（例如在蒐集《原來有錢人都這麼做》的樣本）相當類似。換言之，研究中的高收入和／或高淨值家庭是透過地理編碼來辨識的。我們選擇了Experian歸類為「美國貴族」（American Royalty）的Mosaic組別，此組人數在美國總人口之中所占的比例約為百分之零點七三，[1]係根據郵遞區號及地址編碼資料攢集而成。而且就Experian的定義而言，這些人足以代表全美最富裕的家庭。

此外，我們也採用了國稅局在二〇一二年提供的收入統計資料，[2]根據遺產稅額多寡來為全國各州進行排序，但在稅額排名前七的州別中，我們擷取的家庭樣本較少（含加州、佛羅里達州、伊利諾州、紐澤西州、紐約州、賓州及德州，僅占所有樣本的百分之二十），至於擷取自其他州別的樣本數則相對較多（占所有樣本的百分之八十）。我們之所以採取這樣的取樣方法，是為了從百萬富翁數量較少的州別中取出較多樣本，如此一來，才能確保受訪對象的多元性。

除了透過住宅資料選出富裕家庭外，我們也借助了同一家公司的資料庫，並在研究中加入企業擁有權相關的選項以及總裁、業主、執行長和創辦人等職稱，藉此將小型企業主所組成的子樣本也納入調查。

綜觀而言，我們的研究共包含了九千九百四十七個家庭的戶長以及一千五百一十六位小型企業主。

在訪問手法方面，我們設計了與生活型態、個人資料、行為模式及平日習慣相關的各種問題。其中有許多題目都曾在過去的調查中使用，不過我們也新增了關於房地產購置及投資行為的題組。本次的問卷係以紙本與網路形式呈現，並由肯尼索州立大學（Kennesaw State University）的A. L. 布羅斯公眾服務與研究學院（A. L. Burruss Institute of Public Service and Research）負責執行（包括郵寄／回收問卷並將紙本資料輸入系統）。資料的收集分為數個階段：

第一階段：透過郵件請五千位戶長以一美元為酬勞協助完成調查，並於問卷寄出的大約三到四週後加以提醒。本階段共有四百六十一位受訪者完成問卷，回應率為百分之九點二。

第二階段：本階段的資料涵蓋了兩組樣本，每組各有五百名戶長。我們發出調查的方式分為以下兩種：1. 透過郵寄的方式發出簡要說明，隨後再補上紙本問卷；2. 透過郵寄的方式發出說明，隨後再補上明信片，請受訪者以二美元為酬勞協助完成線上問卷。在我們於本階段聯繫的一千位戶長中，共有一百四十八位參與調查，紙本問卷的回應率為百分之十八點二，至於網路版則為百分之十一點四。

第三階段：我們將題目分為兩組，藉此縮短問卷長度，並將 A 卷與 B 卷隨機分配給受訪對象。在這個資料收集階段中，我們先是寄發了介紹信給三千九百四十七位戶長及一千五百一十六位小型企業主，而後再補上明信片，請他們以二美元為酬勞協助完成線上問卷。參與本階段調查的戶長有二百九十八人，小型企業主有一百，回應率則分別為百分之七點三二和百分之六點六。

我們在著手進行分析前共回收了九百九十八份問卷，總體而言，回應率為百分之九，不過答案不完整的問卷有一百六十四份，因此只有八百三十四份可以使用。在這八百三十四名受訪者中，共有六百六十九位是百萬或千萬富翁。

額外研究

我們在籌備本書時，參考了《原來有錢人都這麼做》與其他相關著作的資料收集手法，並加入了一些額外的樣本與研究。至於這些額外資料的兩大來源，將於本段與下段詳述。我們透過亞馬遜的 Mechanical Turk 群眾外包服務，使用前述問卷（即用以蒐集富裕人士樣本的問卷）針對五百二十八位受訪者進行調查，酬勞同樣是二塊美元，不過受訪門檻如下：年滿二十五歲，平時即負責處理家中的全部或部分理財事務，而且每年的稅前收入必須達到兩萬五千元以上。透過這三項條件收集而成的樣本多半皆為富裕大眾，平均年齡為三十七點九歲，男性比例超過一半（百分之五十三點五），年收入中位數的預估值為八萬七千一百零一點二二元。近半數受訪者（百分之四十七點七）的資產淨值低於二十萬美元，至於淨值介於二十萬和九十九萬九千九百美元的樣本比例則為百分之四十四點二。

行為與經驗研究

為了剖析過往經驗與行為預示未來發展的可能性，我們參考了二〇一二到二〇一七年間的多項研究，至於這些研究則是透過兩組不同的樣本，來檢視傳記式資料對於財富累積的分析是否有效。兩組樣本分別來自1. 富裕市場協會（Affluent Market Institute）的報告及2. 兩份幾乎皆由富裕美國大眾所提交的群眾外包資料。若想多加瞭解我們使用的研究，不妨參考數據點公司的〈財富累積技術報告〉（Building Wealth Technical Report）與〈財務行為與致富潛力白皮書〉（Financial Behaviors and Wealth Potential White Paper），[3]以及相關的期刊文章與簡報。[4]

附錄B：獨資企業的獲利比率排行（1998 & 2015）[1]

	1998		2015	
產業	獲利比率	回應數量	獲利比率	回應數量
塑膠與橡膠製品			98%	3,188
內科與心理治療診所	93%	21,698	91%	37,200
投資銀行家與證券交易商	49%	2,246	90%	12,810
牙醫診所	94%	91,998	89%	77,693
足部治療診所	75%	6,296	88%	7,905
社會救助單位	83%	75,876	87%	834,770
證券經紀商	67%	20,839	86%	10,176
推拿診所	84%	31,285	86%	33,912
其他移動式健康照護服務（包括救護車、血庫和器官銀行）	—	—	86%	35,594
廢料管理與環境整治服務	69%	15,741	85%	24,059
醫院	—	—	85%	9,787
建屋服務	—	—	84%	622,653
專業貿易承包商	87%	1,789,725	84%	2,035,724
建商	86%	2,243,044	84%	2,696,797
健康照護與社會救助	86%	1,506,387	84%	2,181,372
工程製圖、建築勘查與地球物理調查服務	91%	50,347	83%	44,376
看護與安養機構	72%	48,026	83%	81,300
機動車輛零件專賣店	79%	80,665	83%	70,691
法律服務	83%	318,005	83%	345,480
行政支援與廢料管理服務	—	—	82%	2,471,954
行政支援服務	83%	1,235,496	82%	2,447,895
內科診所（不含心理治療）	87%	170,538	82%	179,425
科學研究與發展服務	53%	12,566	82%	40,461
倉儲機構	74%	3,826	82%	8,290

	1998		2015	
產業	獲利比率	回應數量	獲利比率	回應數量
公路運輸服務	—	—	82%	643,728
移動式健康照護服務	87%	760,492	81%	1,255,515
病患照護中心與其他各式照護服務的從業人員	—	—	81%	259,314
其他轉送與運輸服務	—	—	80%	655,423
個人化與洗衣服務	81%	1,208,071	80%	2,493,940
心理治療診所與社工	92%	150,205	80%	197,753
運輸與倉儲服務	80%	790,262	80%	1,619,557
其他會計服務	83%	345,408	80%	356,199
其他服務	81%	1,857,237	79%	3,512,160
居家健康照護服務	83%	93,523	79%	386,214
合格公共會計師事務所	93%	48,585	79%	46,475
未分類機構	82%	348,125	78%	589,940
金屬加工品	75%	29,319	78%	36,733
檢測實驗室	—	—	78%	6,564
商品契約經紀／交易商	65%	7,621	78%	3,031
教育服務	79%	292,813	77%	855,798
驗光機構	98%	12,810	77%	22,796
各式維修服務	85%	342,797	77%	398,593
快遞與郵寄服務	76%	182,092	77%	189,460
家具與相關產品	58%	31,772	76%	23,881
建築相關服務	87%	70,786	76%	102,545
航空與鐵路運輸	61%	13,722	76%	16,929
廣告與相關服務	81%	86,337	75%	144,018
市場與民意調查	49%	28,111	75%	53,368
博物館、歷史遺跡與相關機構	—	—	75%	8,028

建築、工程與相關服務	84%	226,852	75%	249,754
汽車修繕與維護服務	78%	306,369	75%	360,747
所有非農產業	75%	17,408,809	74%	25,226,245
電子配備、元件與電器	71%	7,936	74%	8,239
專業、科學與技術服務	78%	2,431,374	74%	3,486,604
醫學與診療實驗室	83%	19,427	74%	17,709
宗教、捐贈、公眾、職業與相關組織	—	—	74%	258,879
機動車輛的機械／電子修繕與維護服務	77%	138,276	74%	197,540
其他各式服務	75%	454,840	73%	775,788
其他專業、科學與技術服務	76%	1,145,409	73%	1,932,153
木材製品	44%	37,081	73%	31,955
管理、科學與技術諮詢服務	77%	563,555	73%	918,517
皮革與皮製品			72%	6,038
電腦系統設計服務	74%	205,552	72%	286,069
採礦支援服務	70%	12,818	71%	19,300
房地產仲介、經紀、管理與估價機構	—	—	71%	858,484
各式生產服務	—	—	71%	66,390
資料處理、網路資料發布／傳播與搜尋入口網站	—	—	71%	100,357
工程服務	74%	86,090	71%	85,798
運輸支援服務（包括機動車輛拖吊）			71%	90,138
保險機構與證券經紀公司	77%	294,680	70%	311,554
化學品製造服務	—	—	70%	15,976
保險仲介、經紀與相關服務	76%	387,774	70%	422,069
其他	—	—	70%	92,517
其他汽車修繕與維護服務（包括更換汽油、上潤滑油及洗車）	62%	121,885	70%	106,930
農林業支援服務	73%	93,095	70%	110,515
其他保險相關活動與其他金融工具	77%	796,471	69%	1,167,939

房地產	—	—	69%	1,030
石油與煤炭產品	—	—	69%	1,214,655
房地產租賃	73%	598,939	68%	636,234
金融與保險	70%	12,937	68%	16,891
電腦與電子產品	—	—	67%	52,006
林業與伐木業（包括林木苗圃與森林區）	67%	361,254	67%	380,959
製造業	67%	361,254	67%	380,959
電影與聲音錄製	59%	54,643	67%	112,826
餐廳（全日與特定時段服務皆包括在內）與酒吧	—	—	66%	427,770
機動車輛裝備租賃	80%	17,803	66%	15,330
機動車輛與相關零件買賣	69%	131,095	66%	132,250
與房地產相關的其他活動	79%	102,301	66%	257,276
水路運輸	98%	2,720	66%	6,033
資訊業	65%	212,455	66%	337,957
耐久財（包括機械、木材、金屬等等）	74%	186,195	66%	189,507
表演藝術、觀眾性運動與相關產業	60%	820,312	66%	1,346,487
印刷與相關支援服務	77%	36,768	66%	31,950
水電服務	44%	7,147	65%	20,235
藝術、休閒與娛樂	61%	986,769	65%	1,499,737
專業設計服務	60%	141,563	65%	270,473
信用中介與相關活動	76%	63,151	65%	39,213
證券、商品契約與其他金融投資標的服務	64%	148,034	65%	174,952
食宿服務與酒吧	64%	302,777	65%	486,163
餐飲店	81%	127,853	65%	92,538
採礦	50%	119,376	64%	134,638
娛樂、博弈與休閒產業	67%	165,341	64%	145,222

重型機械製造與土木工程	—	—	64%	38,439
油氣探勘			63%	109,099
服飾業	61%	23,213	63%	22,701
一般零售商	73%	27,061	63%	28,966
出版業（不包括網路出版品）	70%	48,598	62%	77,200
批發業（批發商）	73%	376,581	61%	371,148
其他金融投資活動（投資顧問）	64%	115,889	61%	147,617
運輸裝備	100%	8,092	61%	11,931
機械	85%	32,967	61%	24,012
其他採礦活動	—	—	61%	6,239
農林漁獵	64%	288,922	60%	269,704
食品製造			60%	54,971
建材與園藝裝備／用品交易商	73%	51,639	59%	26,585
電子產品與家電專賣店	82%	39,038	59%	13,704
調查與製圖（不包括地球物理層面）服務	100%	15,598	59%	10,471
消耗財（包括食品、纖維、化學製品等等）	71%	190,386	58%	142,190
非金屬礦物製品	88%	8,078	58%	9,178
廣播（不包括網路形式的傳播活動）與電信服務及網路供應商	—	—	58%	47,574
漁業與狩獵	—	—	58%	66,144
各式零售商店	48%	453,894	57%	618,370
服裝與飾品專賣店	70%	120,917	57%	164,182
旅遊住宿業（包括飯店、汽車旅館與民宿）	—	—	56%	38,853
零售交易	55%	2,349,535	55%	2,460,635
加油站	71%	37,767	55%	16,546
運動相關產品、嗜好性商品、書籍與音樂專賣店	61%	140,232	54%	104,898
租賃服務	58%	75,143	54%	45,550

遊賞與觀光運輸	40%	4,491	54%	9,556
電子產品批發與代理／經紀商	—	—	53%	39,451
住宿服務	63%	56,380	53%	58,393
健康與個人照護商店	44%	143,921	53%	136,758
家具與居家擺設專賣店	78%	58,877	52%	25,876
無店鋪零售商	47%	1,017,241	52%	1,099,962
房地產出租（包括迷你倉庫與自助寄物）	—	—	51%	52,178
商用與工業用機械／裝備租賃	—	—	50%	15,176
露營車（RV）與休閒營地	72%	14,107	49%	9,999
住房與租屋服務	56%	11,862	47%	9,542
一般租借中心與其他消費性商品租借	52%	13,620	45%	11,906
消費性電子產品與家電租借	—	—	38%	2,671
紡織物與紡織機械	94%	5,668	35%	13,115
畜牧生產（包括貓與狗的繁殖）	25%	26,188	34%	44,625
一級金屬產業	—	—	27%	2,781
證券與商品交易所	—	1,439	11%	1,317

附錄C：

兼職的超優理財族平時的正職

學術顧問	維修經理	法院行政人員
廣告文案寫手	經理	資料輸入人員
分析師	經理暨企業夥伴	褓姆
助理	中階經理	數位行銷經理
律師	護士	教育顧問
稽查員	行政主管	教育專員
自動化工程師	生產管理經理	工程師
記帳員	律師助理	創業家
商業分析師	人資專員	農夫
企業主	藥物技師	金融分析師
企業主兼營運人	攝影師	財務經理
企業主／農業經理	物理學家	食品科學家
企業主／承包人	程式設計師	堆高機駕駛
商業企劃總監	品管總監	自由接案者
神職人員	品管經理	健康照護專家
諮詢專員	房地產仲介	高中歷史老師
老師	休閒活動指導員	

家庭主夫／主婦	在家育兒	
保險業務代表	學生	
投資專員	統計式研究顧問	
科技從業人員	系統管理員	
科技經理	講師	
房東	團隊主管	
作家	電視新聞寫手	
法律寫手	無業	
營養午餐監督員	植被管理專員	
招募專員	網頁管理員	
研究計畫經理	網頁工程師	
零售經理	軟體工程師	
已退休	作家	
業務與企業發展專員		
業務經理		
科學家		
自雇人士（自由接案）		
資深健康照護顧問（科技產業）		
小型企業主		
監督員		

註釋

前言

1 Stanley and Danko, 1996, 3.
2 Federal Reserve, 2015.
3 American Psychological Association, 2015.
4 Fallaw, 2017.

第一章

1 Mr. Money Moustache, 2013.
2 Rockstarfinance.com, 2018.
3 Stanley and Danko, 2010.
4 World Economic Forum report, 2017.
5 Spectrem Group, 2018.
6 United States Census Bureau, 2017.
7 Congress of the United States Congressional Budget Office, 2016.
8 Federal Reserve, 2017a.
9 Semega, Fontenot, and Kollar, 2017.
10 Federal Reserve, 2017a.
11 Genworth, 2016.
12 United States Census Bureau, 2017.

13 Bureau of Labor Statistics, 2017.
14 Kruger, Grable, and Fallaw, 2017; Fallaw, Kruger, and Grable, 2018.
15 Gatewood & Feild, 1998.
16 Kruger, Grable, and Fallaw, 2017; Fallaw, Kruger, and Grable, 2018.
17 Fallaw, 2017.
18 Associated Press-NORC Center for Public Affairs Research, 2017.
19 Federal Reserve, 2015.
20 Internal Revenue Service Statistics of Income, 2015.
21 Crowdsourced samples came from research conducted by both the Affluent Market Institute and DataPoints between 2013 and 2017.
22 Pew Research Center, 2017.
23 Shoen, 2015.

第11章

1 Bureau of Labor Statistics, 2016a.
2 Numbers related to income and net worth in this section are from 2013.
3 Tax Foundation, 2012.
4 Johnson, Raub, and Newcomb, unknown.
5 Muller, 2011.
6 Stanley, 2012.
7 Stanley and Danko, 1996.
8 Berkowitz, 2013.
9 Sahadi, 2011.
10 Berkowitz, 2011.
11 Kroll, 2012.
12 Fallaw, 2017.
13 Taylor, Klontz, and Lawson, 2017.
14 Trevelyan et al., 2016.

15 Stanley, 2009.
16 Horwitz, 2011.
17 Kroll, 2012.
18 Paletta, 2014.
19 Leonhardt, 2014.
20 Sorkin, 2011.
21 Corrado, 2011.
22 Pew Research Center, 2014.
23 Stanley, 2009. Note in 2016, 80% of millionaires rated hard work as important or very important to their success.

第三章

1 Global Financial Literacy Excellence Center, 2018.
2 Stokes, Mumford, and Owens, 1989; Snell, Stokes, Sands, and McBride, 1994.
3 Solheim, Zuiker, and Levchenko, 2011.
4 Letkiewicz and Fox, 2014.
5 Ibid.
6 Gatenby, 2000.
7 National Bureau of Economic Research, 2012.
8 Zagorsky, 2005.
9 Stanley, 2000; Yarrow, 2015.
10 Dokko, Li, and Hayes, 2015.
11 Easton, 2012.
12 Stanley, 2000.
13 Internal Revenue Service, 2012.
14 Norton, 2014; Anderson, Kraus, Glainsky, and Keltner, 2012.
15 Mangleburg, Doney, and Bristol, 2004.
16 Lee, 2012.
17 Fallaw, 2017.

18 Bentley, 2010.
19 Stanley, 2009, 21.
20 Bureau of Labor Statistics, 2016e.
21 Stanley, 2013.
22 Stanley and Danko, 1996, 75.
23 Stewart, 2016; Asano, 2017.
24 See, for example, Wang, Yu, and Wei, 2012.
25 Margalit, 2016.
26 Godin, 2008.
27 Byron, 2010.
28 Ibid.
29 Inmar, 2014.
30 Cavale, 2018.

第四章

1 Stanley and Danko, 1996, 27.
2 Fallaw, 2017; Fallaw, Kruger, and Grable, 2018.
3 Weinberg, Reagan, and Yankow, 2004.
4 Stanley, 2009, 43.
5 Zhang, Howell, and Howell, 2014.
6 Williams, 2014.
7 Federal Reserve Bulletin, 2017b.
8 Bankrate.com, 2012a.
9 Bankrate.com, 2012b.
10 Bernardo, 2017.
11 Stanley and Danko, 1996, 68.
12 Note: The dollar amounts for 1996 were converted into 2016 dollars using the Bureau of Labor Statistics' CPI Inflation Calculator.
13 Statistic Brain, 2017.

14 Cotton Incorporated, 2013.
15 ShopSmart, 2010; Tuttle, 2011.
16 American Apparel and Footwear Association, 2016.
17 Mesnik, 2017.
18 Stanley, 2000, 289.
19 Snyder, 2011.
20 Sawyers, 2013.
21 Stanley, 2009, 14.
22 Internal Revenue Service, 2017.
23 Stanley and Danko, 1996, 37.

第五章

1 Bureau of Labor Statistics, 2016c.
2 Fallaw, 2016; Fallaw, 2017; Fallaw, Kruger, and Grable, 2018; Grable, Kruger, and Fallaw, 2017; Kruger, Grable, and Fallaw, 2017.
3 Fallaw, Kruger, and Grable, 2018.
4 Schmidt and Hunter, 1998.
5 Letkiewicz and Fox, 2014. Fallaw, 2017.
6 Ibid.
7 Chernow, 2018.
8 Bolduc, 2012.
9 Fallaw, 2017.
10 Stanley, 2009, 54 (paraphrased).
11 National Center for O*NET Development, 2016.
12 Lehrer, 2011.
13 Zagorsky, 2007.
14 McGrath, 2015.
15 Lusardi and Mitchell, 2011.

16 Ibid.
17 Letkiewicz and Fox, 2014.
18 Rich, 2012.
19 Atlanta Journal-Constitution, March 4, 2012.
20 Stanley, 2009, 97.
21 Ibid, 296.
22 Ibid.
23 Stanley, 2000, 107.
24 Atlanta Journal-Constitution, March 18, 2012.
25 Judge and Hurst, 2007.
26 Fidelity Investments, 2016.
27 Federal Reserve, 2017b.
28 National Center for Education Statistics, 2018.
29 Hanks, 2015.
30 Schmidt and Hunter, 1998.
31 Stanley, 2000, 83.
32 Cassuto, 2013.
33 Stanley, 2000, 85.
34 O'Connor, 2012.
35 Stanley, 1998.
36 Stanley, 2004.
37 Stanley, 2000, 98.
38 Bureau of Labor Statistics, 2016h. (All data except social media usage)
39 Asano, 2017.
40 University College of London, 2009; Farrell, 2015.
41 Farrell, 2015.
42 Fallaw, 2017.

第六章

1 Neuharth, 2013.
2 Bureau of Labor Statistics, 2016g.
3 Levanon, Kan, and Li, 2016.
4 Pew Research Center, 2013.
5 Society for Human Resource Management, 2015.
6 Gallup, 2017.
7 CareerBuilder, 2017.
8 Martin, 2014.
9 Stanley, 2000, 393.
10 Stanley, 2005, 8.
11 Atlanta Journal-Constitution, 2014.
12 Stanley and Danko, 1996, 241.
13 Semega, Fontenot, and Kollar, 2017.
14 Bureau of Labor Statistics, 2016b.
15 Stanley, 2014; Stanley, 2011.
16 Stanley and Danko, 1996, 256.
17 Phillips, 2013.
18 Speights, 2017.
19 Hagerty, 2014.
20 Stanley, 2000, 120–21.
21 Geldhof and Lerner, 2015.
22 Richards and Fox, 2010.
23 Ibid, 103.
24 Ibid, 173.

第七章

1 Su, 2016.

2 Financial Industry Regulatory Authority, 2017. Note that this figure is different than that of the Bureau of Labor Statitics (2016).
3 Grable, Lytton, O'Neill, Joo, and Klock, 2006.
4 Buffett, 2017.
5 Lynch, 2012, 86, 140, 185, 190, 191, 227–28, 305.
6 Carlson, 2017.
7 Stanley and Moschis, 1984.
8 Internal Revenue Service, 2017.
9 Barber and Odean, 2011, 36–37.
10 Finke and Huston, 2003.
11 Grable, 2000; Grable and Joo, 2004; Wang, 2009.
12 Mayfield, Perdue, and Wooten, 2008.
13 Fallaw, 2018a.
14 Ibid.
15 Barber and Odean, 2001.
16 Fallaw, 2018a.
17 Sages and Grable, 2010.
18 Grable, 2000.
19 Howlett, Kees, and Kemp, 2008.
20 Hartog, Ferrer-i-Carbonell, and Jonker, 2002.
21 Sages and Grable, 2010.
22 Kruger, Grable, and Fallaw, 2017.
23 Fallaw, 2018a.
24 Barber and Odean, 2001.
25 Corter and Chen, 2006.
26 The complete list of investing behaviors is available from DataPoints.
27 Bureau of Labor Statistics, 1996.
28 Bureau of Labor Statistics, 2016f. Note that this number differs from Financial Industry Regulatory Authority (2017) estimate of the number of registered representatives, or stockbrokers, in the US.
29 Bodnaruk and Simonov, 2015.

30 Vanguard, 2016.
31 Baker and Nofsinger, 2002.
32 Waggoner, 2011.
33 Ibid.
34 Roose, 2012.
35 Jakab, 2012.
36 Dubofsky and Sussman, 2009.
37 Fallaw, 2016.
38 Dubofsky and Sussman, 2009, 57.
39 Fallaw, 2018b.

結語

1 Stanley and Danko, 1996, 72–93.

附錄A

1 Experian, 2014.
2 Internal Revenue Service, 2012.
3 Fallaw, 2016; Fallaw, 2017; Fallaw, 2018a.
4 Grable, Kruger, and Fallaw, 2017; Kruger, Grable, and Fallaw, 2017; Fallaw, Kruger, and Grable, 2018.

附錄B

1 Internal Revenue Service, 1998; Internal Revenue Service, 2015. Note rankings are for proprietorships with more than 1,000 returns. Due to changes in categorizations of proprietorships between 1998 and 2015, some direct comparisons cannot be made.

參考書目

American Apparel and Footwear Association. (2016). "ApparelStats and ShoeStats 2016 At-a-Glance." https://www.aafaglobal.org/AAFA/ApparelStats_and_ShoeStats_at-a-glance.aspx.

American Psychological Association. (2015). "Money Stress Weighs on Americans' Health." http://www.apa.org/monitor/2015/04/money-stress.aspx.

Anderson, C., Kraus, M. W., Galinsky, A. D., and Keltner, D. (2012). "The Local-Ladder Effect: Social Status and Subjective Well-Being." Psychological Science 23(7), 764–71.

Associated Press-NORC Center for Public Affairs Research. (2017). "Phasing into Retirement: Older Americans' Experiences with Work and Retirement Planning." http://www.apnorc.org.

Asano, E. (2017). "How Much Time Do People Spend on Social Media? [Infographic]. Social Media Today. https://www.socialmediatoday.com.

Baker, H. K., and Nofsinger, J. R. (2002). "Psychological Biases of Investors." Financial Services Review 11(2), 97.

Bankrate. (2012a). "How Much House Can I Afford?" https://www.bankrate.com/calculators/mortgages/new-house-calculator.aspx.

Bankrate. (2012b). "Home Values: Prices Rise, Fall Equally." https://www.bankrate.com/finance/real-estate/home-values-prices-rise-fall-equally.aspx.

Barber, B. M., and Odean, T. (2001). "Boys Will Be Boys: Gender, Overconfidence, and Common Stock Investment." Quarterly Journal of Economics, 261–92.

Barber, B. M. and Odean, T. (2011). "The Behavior of Individual Investors." http://dx.doi.org/10.2139/ssrn.1872211.

Bentley, T. (2010, October 16). "A Chart Topping Cave Dweller." Wall Street Journal. https://www.wsj.com/articles/SB10001424052748703843804575534513063943170.

Berkowitz, B. (2011, October 12). "Buffett Tells Congressman He Paid $6.9 mln taxes." Reuters. https://www.reuters.com/article/buffett/buffett-tells-congressman-he-paid-6-9-mln-taxes-idUSN1E79B1AV20111012.

Berkowitz, J. (2013, April 23). "Checkpoint Carlo: How Tax Cops Killed Italy's Supercar Market." Car & Driver. https://www.caranddriver.com/news/checkpoint-carlo-how-tax-cops-killed-italys-supercar-market.

Bernardo, R. (2017, March 13). "2017's Happiest Places to Live." Wallethub. https://wallethub.com/edu/happiest-places-to-live/32619/.

Bodnaruk, A., and Simonov, A. (2015). "Do Financial Experts Make Better Investment Decisions? Journal of Financial Intermediation 24(4), 514–36.

Bolduc, B. (2012, February 11). "Leadership Secrets of George Washington." Wall Street Journal. https://www.wsj.com/articles/SB10001424052970204369404577211010507347208.

Buffett, W. (2017, February 25). Berkshire Hathaway Letter to Shareholders 2016. www.berkshirehathaway.com/letters/2016ltr.pdf.

Bureau of Labor Statistics. (1996). Occupational Outlook Handbook, 1996-1997. https://www.bls.gov/news.release/history/ecopro_031596.txt.

Bureau of Labor Statistics. (2016a). "College Tuition and Fees Increase 63 Percent Since January 2006." -2006.htm.

Bureau of Labor Statistics. (2016b). "Employed Persons by Disability Status, Industry, Class of Worker, and Sex, 2016 Annual Averages." https://www.bls.gov/news.release/disabl.t04.htm.

Bureau of Labor Statistics. (2016c). "Entrepreneurship and the U.S. Economy." https://www.bls.gov/bdm/entrepreneurship/entrepreneurship.htm.

Bureau of Labor Statistics. (2016d). Occupational Outlook Handbook: Personal Financial Advisors. http://www.bls.gov/ooh/business-and-financial/personal-financial-advisors .htm.

Bureau of Labor Statistics. (2016e). Occupational Outlook Handbook: Physicians and Surgeons. https://www.bls.gov/ooh/healthcare/physicians-and-surgeons.htm.

Bureau of Labor Statistics. (2016f). Occupational Outlook Handbook: Securities, commodities, and Financial Services Sales Agents. https://www.bls.gov/ooh/sales/securities-commodities-and-financial-services-sales-agents.htm.

Bureau of Labor Statistics. (2016g). "Self-Employment in the United States." https://www.bls.gov/spotlight/2016/self-employment-in-the-united-states/pdf/self-employment-in-the-united-states.pdf.

Bureau of Labor Statistics. (2016h). "Time Spent in Detailed Primary Activities and Percent of the Civilian Population Engaging in Each Activity, Averages per Day by Sex, 2016 Annual Averages." https://www.bls.gov/tus/a1_2016.pdf.

Bureau of Labor Statistics. (2017). CPI Inflation Calculator. Retrieved from https://www.bls.gov/data/inflation_calculator.htm.

Byron, E. (2010). "Wash Away Bad Hair Days." Wall Street Journal. https://www.wsj.com/articles/SB10001424052748704911704575327141935381092.

CareerBuilder. (2017). Living Paycheck to Paycheck is a Way of Life for Majority of U.S. Workers, According to New CareerBuilder Survey [press release]. http://press.careerbuilder.com/2017-08-24-Living-Paycheck-to-Paycheck-is-a-Way-of-Life-for-Majority-of-U-S-Workers-According-to-New-CareerBuilder-Survey.

Carlson, B. (2017). "How the Bogle Model Beats the Yale Model" [blog entry]. http://awealthofcommonsense.com/2017/02/how-the-bogle -model-beats -the-yale-model/.

Cavale, S. (2018, March 1). "P&G Says Cut Digital Ad Spend by $200 million in 2017." Reuters. https://www.reuters.com/article/us-procter-gamble-advertising/pg-says-cut-digital-ad-spend-by-200-million-in-2017-idUSKCN1GD654.

Chernow, R. (2010). Washington: A Life. Boston, MA: Penguin Press. Congress of the United States Congressional Budget Office (2016). Trends in Family Wealth: 1998–2013. https://www.cbo.gov/sites/default/files/114th-congress -2015-2016/reports/51846-familywealth.pdf.

Consumer Reports (2017). "Consumer Reports' Car Reliability FAQ." https://www.consumerreports.org/car-reliability-owner-satisfaction/consumer -reports -car-reliability-faq/.

Corrado, C. (2011, November 20). "The Wealth Race." American Thinker. https://www.americanthinker.com/articles/2011/11/the_wealth_race.html.

Corter, J. E., and Chen, Y. J. (2006). "Do Investment Risk Tolerance Attitudes Predict Portfolio Risk?" Journal of Business and Psychology, 20(3), 369–82.

Cotton Incorporated. (2013). "Driving Demand for Denim Jeans." http://lifestylemonitor.cottoninc.com/driving-demand-for-denim-jeans/.

Credit Suisse Research. (2016). The Global Wealth Report 2016. http://publications.credit-suisse.com/tasks/render/file/index.cfm?fileid=AD783798 -ED07 -E8C2-4405996B5B02A32E.

Dokko, J., Li, G., and Hayes, J. (2015). "Credit Scores and Committed Relationships." Retrieved March 1, 2018 from www.kiplinger.com/article/credit/T017-C023-S002-what-your-credit-score-says-about-your-love-life.html.

Dubofsky, D., and Sussman, L. (2009). "The Changing Role of the Financial Planner Part 1: From Financial Analytics to Coaching and Life Planning." Journal of Financial Planning, August 2009, 48–57.

Easton, N. (2012). "Don't Blame the 1% for America's Pay Gap." Fortune. http://fortune.com/2012/04/24/dont-blame-the-1-for-americas-pay-gap/.

Experian. (2014). Experian Mosaic Guide [PDF document]. Costa Mesa, CA: Experian.

Fallaw, S. S. (2016). Financial Behaviors and Wealth Potential [white paper]. DataPoints.
https://www.datapoints.com/research/.

Fallaw, S. S. (2017). The Building Wealth Technical Report. DataPoints. https://www.datapoints.com/.

Fallaw, S. S. (2018a). The Investor Profile Technical Report. DataPoints. https://www.datapoints.com/.

Fallaw, S. S. (2018b). Understanding Great Investors: The Competencies of Investing Success.[white paper]. DataPoints. https://www.datapoints.com/research/.

Fallaw, S. S., Kruger, M., and Grable, J. (2018). The Household CFO: Using Job Analysis to Define Tasks Related to Personal Financial Management. 2018 Academic Research Colloquium for Financial Planning and Related Disciplines. https://ssrn.com/abstract=3040904.

Farrell, M. (2015). "New Year, Same You." Psychology Today. https://www.psychologytoday.com/blog/frontpage-forensics/201501/new-year-same-you.

Federal Reserve. (2015). Report on the Economic Well-Being of U.S. Households in 2015. https://www.federalreserve.gov/2015-report-economic-well-being-us-households-201605.pdf.

Federal Reserve. (2017a). "Changes in U.S. Family Finances from 2013 to 2016: Evidence from the Survey of Consumer Finances." Federal Reserve Bulletin 103(3), 1–42. https://www.federalreserve.gov/publications/files/scf17.pdf.

Federal Reserve. (2017b). Report on the Economic Well-Being of U.S. Households in 2016. https://www.federalreserve.gov/publications/files/2016-report-economic-well-being-us-households-201705.pdf.

Fidelity Investments. (2016). 10th Annual College Savings Indicator: Executive Summary of Key Findings. https://www.fidelity.com/bin-public/060_www_fidelity_com/documents/press-release/csi-exec-natl.pdf.

Financial Industry Regulatory Authority. (2017). Key Statistics for 2017. Retrieved from http://www.finra.org/newsroom/statistics.

Finke, M. S., and Huston, S. J. (2003). "The Brighter Side of Financial Risk: Financial Risk Tolerance and Wealth." Journal of Family and Economic Issues 24(3), 233–56.

Gallup. (2017). State of the American Workplace Report. Retrieved from http://news.gallup.com/reports/199961/7.aspx.

Gatenby, R. (2000). Married only on the weekends? A study of the amount of time spent together by spouses [research paper]. Office for National Statistics. Retrieved from https://www.ons.gov.uk/ons/rel/lifestyles/time-use/2000-edition/married-only-at-the-weekends--a-study-of-the-amount-of-time-spent-together-by-spouses.pdf.

Gatewood, R. D., & Feild, H. S. (1998). Human Resource Selection (4th edition). Fort Worth, TX: The Dryden Press.

Geldhof, J., and Lerner, R. M. (2015, May 26). "How to Recognize a Budding Entrepreneur." Wall Street Journal. https://www.wsj.com/articles/how-to-recognize-a-budding-entrepreneur-1432318006.

Genworth. (2016). Annual Cost of Care Study: Costs Continue to Rise, Particularly for Services in Home. Retrieved March 1, 2018 from http://investor.genworth.com/investors/news-releases/archive/archive/2016/Genworth-2016-Annual-Cost-of-Care-Study-

Costs-Continue-to-Rise-Particularly-for-Services-in-Home/default.aspx.

Global Financial Literacy Excellence Center. (2018). The TIAA Institute-GFLEC Personal Finance Index. http://gflec.org/initiatives/personal-finance-index/.

Godin, S. (2008, January 31). "Permission Marketing" [blog entry]. https://seths.blog/2008/01/permission-mark/.

Grable, J. E. (2000). "Financial Risk Tolerance and Additional Factors That Affect Risk Taking in Everyday Money Matters." Journal of Business and Psychology, 14(4), 625–31.

Grable, J. E., & Joo, S. H. "Environmental and biophysical factors associated with financial risk tolerance." Financial Counseling and Planning. 15(1), 1–6.

Grable, J. E., Kruger, M., & Fallaw, S. S. (2017). "An Assessment of Wealth Accumulation Tasks and Behaviors." Journal of Financial Service Professionals, 71(1), 55–70.

Grable, J. E., Lytton, R. H., O'Neill, B., Joo, S. H., and Klock, D. (2006). "Risk Tolerance, Projection Bias, Vividness, and Equity Prices." Journal of Investing, 15(2), 68–74.

Hagerty, J. R. (2014, January 25). Entrepreneur Let No Impediment Stop Him. Wall Street Journal. Retrieved March 2, 2018 from https://www.wsj.com/articles/entrepreneur-let-no-impediment-stop-him-1389835205.

Hanks, T. (2015, January 14). "Tom Hanks on His Two Years at Chabot College." New York Times. https://www.nytimes.com/2015/01/14/opinion/tom-hanks-on-his-two-years-at-chabot-college.html?_r=0&mtrref=undefined&gwh=3CEBA5FE3A28B253BDDD61A2BF967E2E&gwt=pay&assetType=opinion.

Hartog, J., FerreriCarbonell, A., and Jonker, J. (2002). "Linking Measured Risk Aversion to Individual Characteristics." Kyklos 55 (1), 3–26.

Horwitz, S. G. (2011, January 26). "Data Overlook Upward Mobility." Atlanta Journal-Constitution. https://www.ajc.com/news/opinion/data-overlook-upward-mobility/2R5x19rNC2jfAnkd0ppPQI/.

Howlett, E., Kees, J., & Kemp, E. (2008). "The Role of Self-Regulation, Future Orientation, and Financial Knowledge in Long-Term Financial Decisions." Journal of Consumer Affairs 42, 223–42.

Inmar. (2014). 2014 Coupon Trends: 2013 Year-End Report. http://go.inmar.com/rs/inmar/images/Inmar_2014_Coupon_Trends_Report.pdf.

Internal Revenue Service. (1998). Table 3—1998, Nonfarm Sole Proprietorships: Business Receipts, Selected Deductions, Payroll, and Net Income, by Industrial Groups Classified with the North American Industry Classification System. https://www.irs.gov/statistics/soi-tax-stats-nonfarm-sole-proprietorship-statistics.

Internal Revenue Service. (2012). SOI Tax Stats—Individual Income Tax Returns—2012.

https://www.irs.gov/statistics/soi-tax-stats-individual-income-tax-returns.
Internal Revenue Service. (2015). Table 1. Nonfarm Sole Proprietorships: Business Receipts, Selected Deductions, Payroll, and Net Income, by Industrial Sectors, Tax Year 2015. https://www.irs.gov/statistics/soi-tax-stats -nonfarm-sole-proprietorship-statistics.
Internal Revenue Service. (2017). SOI Tax Stats—Individual Income Tax Returns—2016. https://www.irs.gov/statistics/soi-tax-stats-individual-income-tax-returns.
Internal Revenue Service. (2018). SOI Tax Stats—Estate Tax Filing Year Tables. https://www.irs.gov/statistics/soi-tax-stats-estate-tax-filing-year-tables.
Jakab, S. (2012, February 15). "It Is Time to Reap What Deere Has Sown." Wall Street Journal. https://www.wsj.com/articles/SB10001424052970204062704577223624164009432.
Johnson, B., Raub, B., and Newcomb, J. (unknown). A New Look at the Income-Wealth Connection for America's Wealthiest Decedents. Internal Revenue Service, Statistics of Income. https://www.irs.gov/pub/irs-soi/13rpwealthdedents.pdf.
Judge, T. A., and Hurst, C. (2007). "Capitalizing on One's Advantages: Role of Core Self-Evaluations." Journal of Applied Psychology 92 (5), 1212.
Kahlenberg, R. D. (2012). "Should Colleges Consider Legacies in the Admissions Process?" Wall Street Journal. https://www.wsj.com/articles/SB10001424052970204653604577249230164868846.
Kroll, L. (2012, September 12). "The Forbes 400: The Richest People in America." Forbes. https://www.forbes.com/sites/luisakroll/2012/09/19/the-forbes-400-the-richest-people-in-america/.
Kruger, M., Grable, J. E., and Fallaw, S. S. (2017). "An Evaluation of the Risk-Taking Characteristics of Affluent Households." Journal of Financial Planning 30(7), 38–47.
Lehrer, J. (2011, April 2). "Measurements That Mislead." Wall Street Journal. https://www.wsj.com/articles/SB10001424052748704471904576230931647955902.
Lee, S. H. (2012). "When Are Frugal Consumers Not Frugal? It Depends on Who They Are With." Advances in Consumer Research 40, 584.
Leonhardt, D. (2014, January 23). "Upward Mobility Has Not Declined, Study Says." New York Times. https://www.nytimes.com/2014/01/23/business/upward-mobility-has-not-declined-study-says.html?_r=0&mtrref=undefined.
Letkiewicz, J. C., and Fox, J. J. (2014). "Conscientiousness, Financial Literacy, and Asset Accumulation in Young Adults." Journal of Consumer Affairs 48(2), 274–300.
Levanon, G., Kan, M., and Li, A. (2016, July 19). "Job Satisfaction Continues to Rise." Conference Board blog. https://www.conference-board.org/blog/postdetail.cfm?post=5231.

Lusardi, A., and Mitchell, O. S. (2011). "Financial Literacy around the World: An Overview." Journal of Pension Economics and Finance 10(4), 497–508.

Lynch, P. (2012). Beating the Street. New York: Simon and Schuster.

Mangleburg, T. F., Doney, P. M., and Bristol, T. (2004). "Shopping with Friends, and Teen's Susceptibility to Peer Influence." Journal of Retailing 80 (2), 101–16.

Margalit, L. (2016). "What Screen Time Can Really Do to Kids' Brains." Psychology Today. https://www.psychologytoday.com/blog/behind-online-behavior/201604/what-screen-time-can-really-do-kids-brains.

Martin, D. (2014). "Paula Kent Meehan, Co-Founder of a Hair Giant, Dies at 82." New York Times. https://www.nytimes.com/2014/06/26/business/paula-kent-meehan-hair-care-entrepreneur-dies-at-82.html.

Mayfield, C., Perdue, G., and Wooten, K. (2008). "Investment Management and Personality Type." Financial Services Review 17, 219–36.

McGrath, M. (2015, November 18). "A Global Financial Literacy Test Finds That Just 57% of Adults in U.S. Are Financially Literate." Forbes. https://www.forbes.com/sites/maggiemcgrath/2015/11/18/in-a-global-test-of-financial-literacy-the-u-s/#62cf5a0c58f0.

Mesnik, H. (2017, April 10). "Fast Fashion: with the Rise of Disposable Fashion Trends, Americans Are Purchasing and Throwing Out Clothing Faster Than Ever." State Press. www.statepress.com/article/2017/04/spmagazine -sustainability-recycling-fashion-in-arizona.

Mr. Money Moustache. (2013, February 23). "Getting Rich: from Zero to Hero in One Blog Post" [blog post]. https://www.mrmoneymustache.com/2013/02/22/getting-rich-from-zero-to-hero-in-one-blog-post/.

Muller, J. (2011, December 30). "What the Rich People Really Drive." Forbes. https://www.forbes.com/sites/joannmuller/2011/12/30/what-the-rich -people-really-drive/#7a34b9e54e04.

National Bureau of Economic Research. (2012). Were They Prepared for Retirement? Financial Status at Advanced Ages in the HRS and Ahead Cohorts. NBER Working Paper No. 17842. www.nber.org/papers/w17824.pdf.

National Center for Education Statistics. (2018). Table 303.70. Total undergraduate fall enrollment in degree-granting postsecondary institutions, by attendance status, sex of student, and control and level of institution: Selected years, 1970 through 2026. https://nces.ed.gov/programs/digest/d16/tables/dt16_303.70.asp.

National Center for O*NET Development. (2016). Summary Support for Ship Engineers (53-5031.00). https://www.onetonline.org/link/summary/53-5031.00.

Neuharth, A. (2013, March 28). "Neuharth: Best Way to Get Rich Is the Stock Market." USA Today. https://www.usatoday.com/story/

opinion/2013/03/28/neuharth-best-way-to-get-rich-is-the-stock-market/2029129/.

Norton, M. I. (2013). "All Ranks Are Local: Why Humans Are Both (Painfully) Aware and (Surprisingly) Unaware of Their Lot in Life." Psychological Inquiry 24(2), 124–25.

O'Connor, C. (2012, March 7). "Undercover Billionaire: Sara Blakely Joins the Rich List Thanks to Spanx." Forbes. https://www.forbes.com/sites/clareoconnor/2012/03/07/undercover-billionaire-sara-blakely-joins-the-rich-list-thanks-to-spanx/#8dfe410d736f.

Paletta, D. (2014). "New Data Muddle Debate on Economic Mobility." Wall Street Journal. https://www.wsj.com/articles/new-data-muddle-debate -on-economic-mobility-1390453098.

Pew Research Center. (2013). "The Demographics of Job Satisfaction." www.pewsocialtrends.org/2013/12/11/on-pay-gap-millennial-women-near-parity-for-now/sdt-gender-and-work-12-2013-4-06/.

Pew Research Center. (2014). "Most See Inequality Growing, but Partisans Differ over Solutions." http://assets.pewresearch.org/wp-content/uploads/sites/5/legacy-pdf/1-23-14%20Poverty_Inequality%20Release.pdf.

Pew Research Center. (2017). "Key Trends in Social and Digital News Media." www.pewresearch.org/fact-tank/2017/10/04/key-trends-in -social-and-digital-news-media/.

Phillips, M. M. (2013, April 13). "This Ain't No Bull: Nary a Cowboy Can Ride 'Em These Days." Wall Street Journal. https://www.wsj.com/articles/SB10001424127887323916304578400503374361938.

Rich, M. (2012, January 31). "In Atlanta, Housing Woes Reflect Nation's Pain." New York Times. http://www.nytimes.com/2012/02/01/business/economy/in-atlanta-housing-woes-reflect-nations-economic-pain.html?ref=motokorich.

Richards, K., and Fox, J. (2010). Life. London: Little, Brown and Company.

Rockstarfinance.com (2018). Rockstar Directory: A Directory of Personal Finance Blogs (and Resources). https://directory.rockstarfinance.com/personal-finance-blogs/category/general-finance.

Roose, K. (2012, February 29). "Bonuses Dip on Wall St., but Far Less Than Earnings." New York Times. https://dealbook.nytimes.com/2012/02/29/as-bank-profits-plunge-wall-street-bonuses-fall-modestly/.

Sages, R. A., and Grable, J. E. (2010). "Financial Numeracy, Net Worth, and Financial Management Skills: Client Characteristics on Financial Risk Tolerance." Journal of Financial Service Professionals 64(6), 57–65.

Sahadi, J. (2011, October 12). "Buffett Made $62,855,038 Last Year." CNN Money. http://money.cnn.com/2011/10/12/news/economy/buffett_taxes_2010/index.htm.

Sawyers, A. (2013, September 23). "Leases Buoy Market, Add Factory Risk." Automotive News. www.autonews.com/article/20130923/RETAIL/309239957/leases-buoy-market-add-factory-risk.

Schmidt, F. L., and Hunter, J. E. (1998). "The Validity and Utility of Selection Methods in Personnel Psychology: Practical and

Theoretical Implications of 85 Years of Research." Psychological Bulletin 124(2), 262–74.
Semega, J. L., Fontenot, K. R., and Kollar, M. A. (2017). Income and Poverty in the United States: 2016. United States Census Bureau. https://www.census.gov/library/publications/2017/demo/p60-259.html.
Shoen, J. W. (2015). "Why Does a College Degree Cost So Much?" CNBC. https://www.cnbc.com/2015/06/16/why-college-costs-are-so-high-and-rising.html.
ShopSmart. (2010). Jeaneology: ShopSmart Poll Finds Women Own 7 Pairs of Jeans, Only Wear 4 [press release]. https://www.prnewswire.com/news-releases/jeaneology-shopsmart-poll-finds-women-own-7-pairs-of-jeans-only-wear-4-98274009.html.
Snell, A. F., Stokes, G. S., Sands, M. M., and McBride, J. R. (1994). "Adolescent Life Experiences as Predictors of Occupational Attainment." Journal of Applied Psychology, 79(1), 131.
Snyder, J. (2011, January 10). "Retail Joins Fleet in Driving Growth." Automotive News. www.autonews.com/article/20110110/RETAIL01/301109953/retail-joins-fleet-in-driving-growth.
Society for Human Resource Management. (2015). 2015 Employee Job Satisfaction and Engagement: Optimizing Organizational Culture for Success. https://www.shrm.org/hr-today/trends-and-forecasting/research-and-surveys/pages/job-satisfaction-and-engagement-report-optimizing-organizational-culture-for-success.aspx.
Solheim, C. A., Zuiker, V. S., and Levchenko, P. (2011). "Financial Socialization Family Pathways: Reflections from College Students' Narratives." Family Science Review 16(2).
Sorkin, A. R. (2011, August 29). "The Mystery of Steve Jobs's Public Giving." New York Times. https://dealbook.nytimes.com/2011/08/29/the-mystery-of-steve-jobss-public-giving/?mtrref=undefined.
Spectrem Group. (2018). New Spectrem Group Market Insights Report Reveals Significant Growth in U.S. Household Wealth in 2017 [press release]. Retrieved from https://spectrem.com/Content/press-release-new-spectrem-group-market-insights-report-reveals-significant-growth-in-US-household-wealth-in-2017.aspx.
Speights, K. (2017, May 21). "Success Rate: What Percentage of Businesses Fail in Their First Year?" USA Today. Retrieved March 2, 2018 from https://www.usatoday.com/story/money/business/small-business-central/2017/05/21/what-percentage-of-businesses-fail-in-their-first-year/101260716/.
Stanley, T. J. (1989). Marketing to the Affluent. Irwin Professional Publishing.
Stanley, T. J. (1991). Selling to the Affluent: The Professional's Guide to Closing the Sales That Count. Irwin Professional Publishing.
Stanley, T. J. (1993). Networking with the Affluent and Their Advisors. Irwin Professional Publishing.
Stanley, T. J. (2000). The Millionaire Mind. Kansas City, MO: Andrews McMeel Publishing.
Stanley, T. J. (2005). Millionaire Women Next Door: The Many Journeys of Successful American Businesswomen. Kansas City, MO:

Andrews McMeel Publishing.
Stanley, T. J. (2009). Stop Acting Rich: . . . and Start Living Like a Real Millionaire. Hoboken, NJ: John Wiley & Sons.
Stanley, T. J. (2011, July 26). "One Man's Junk, Another Man's Treasure" [blog post]. www.thomasjstanley.com/2011/07/one-mans-junk-another-mans-treasure/.
Stanley, T. J. (2012, January 31). "Drive Rich or Be Rich" [blog post]. http://www.thomasjstanley.com/2012/01/drive-rich-or-be-rich/.
Stanley, T. J. (2013, November 30). "Wealth? No, Not Yet!" [blog post]. www.thomasjstanley.com/2013/11/wealth-no-not-yet/.
Stanley, T. J. (2014, March 25). "Does Your Chosen Vocation Have Great Market Opportunities?" [blog post]. www.thomasjstanley.com/2014/03/does-your -chosen-vocation-have-great-market-opportunities/.
Stanley, T. J., and Danko, W. D. (1996). The Millionaire Next Door. Atlanta, GA: Longstreet Press.
Stanley, T. J., and Moschis, G. P. (1984). "America's Affluent." American Demographics 6 (3), 28–33.
Statistic Brain. (2017). Denim Jeans Industry Statistics. https://www.statisticbrain.com/denim-jeans-industry-statistics/.
Stewart, J. B. (2016). "Facebook Has 50 Minutes of Your Time Each Day. It Wants More." New York Times. https://www.nytimes.com/2016/05/06/business/facebook-bends-the-rules-of-audience-engagement-to-its-advantage.html.
Stokes, G. S., Mumford, M. D., and Owens, W. A. (1989). "Life History Prototypes in the Study of Human Individuality. Journal of Personality 57(2), 509–45.
Su, J. B. (2016, September 28). "The Global Fintech Landscape Reaches Over 1,000 Companies, $105B in Funding, $867B in Value: Report." Forbes. https://www.forbes.com/sites/jeanbaptiste/2016/09/28/the-global-fintech-landscape-reaches-over-1000-companies-105b-in-funding-867b-in-value-report/#66689d1326f3.
Tax Foundation. (2012). Fiscal Fact No. 317: Who Are America's Millionaires?
https://taxfoundation.org/who-are-americas-millionaires/.
Taylor, C. D., Klontz, B., and Lawson, D. (2017). "Money Disorders and Locus of Control: Implications for Assessment and Treatment." Journal of Financial Therapy 8(8), 124–37.
Trevelyan, E., Gambino, C., Gryn, T., Larsen, L., Acosta, Y., Grieco, E., Harris, D., and Walters, N. (2016, November). Characteristics of the U.S. Population by Generational Status: 2013. United States Census Bureau. https://www.census.gov/content/dam/Census/library/publications/2016/demo/P23-214.pdf.
Tuttle, B. (2011). A Weak Argument: Why Some Jeans Cost $300. Time. http://business.time.com/2011/07/08/a-weak-argument-why-some-jeans-cost-300/.
United States Census Bureau. (2016). State and County Quickfacts. http://quickfacts.census.gov/qfd/states/00000.html.

United States Census Bureau. (2017). Wealth and Ownership Data Tables - 2013. https://www.census.gov/topics/income-poverty/wealth/data/tables.all.html.

University College London. (2009). "How Long Does It Take to Form a Habit?" www.ucl.ac.uk/news/news-articles/0908/09080401.

Vanguard. (2016). "Vanguard's Advisor Alpha." https://www.vanguard.com/pdf/ISGAA.pdf.

Waggoner, J. (2011). "Pit Stock Analysts vs. Short Sellers for Rich Clues." USA Today. https://usatoday30.usatoday.com/money/perfi/columnist/waggon/2011-02-18-investing18_st_N.htm.

Wang, A. (2009). "Interplay of investors' financial knowledge and risk taking." The Journal of Behavioral Finance, 10(4), 204–213.

Wang, X., Yu, C., and Wei, Y. (2012). "Social Media Peer Communication and Impacts on Purchase Intentions: A Consumer Socialization Framework." Journal of Interactive Marketing 26(4), 198–208.

Weinberg, B., Reagan, P. B., Yankow, J. (2004). "Does Neighborhood Affect Hours Worked? Evidence from Longitudinal Data." Journal of Labor Economics 22(4), 891–924.

Williams, G. (2014, April 30). "The Hidden Costs of Moving." US News & World Report. https://money.usnews.com/money/personal-finance/articles/2014/04/30/the-hidden-costs-of-moving.

World Economic Forum (2017). We'll Live To 100—How Can We Afford It. http://www3.weforum.org/docs/WEF_White_Paper_We_Will_Live_to_100.pdf.

Yarrow, A. L. (2015). "Falling Marriage Rates Reveal Economic Fault Lines." New York Times. https://www.nytimes.com/2015/02/08/fashion/weddings/falling-marriage-rates-reveal-economic-fault-lines.html?mcubz=0.

Zagorsky, J. L. (2005). "Marriage and Divorce's Impact on Wealth." Journal of Sociology 41(4), 406–24.

Zagorsky, J. L. (2007). "Do You Have to Be Smart to Be Rich? The Impact of IQ on Wealth, Income and Financial Distress." Intelligence 35(5), 489–501.

Zhang, J., Howell, R. T., and Howell, C. J. (2014). "Living in Wealthy Neighborhoods Increases Material Desires and Maladaptive Consumption." Journal of Consumer Culture 16(1), 297–316.

國家圖書館出版品預行編目資料

如何把收入轉化爲財富：原來有錢人都這麼做2——經濟低迷時代學習有錢人致富的財務行爲 / 湯瑪斯.史丹利(Thomas J. Stanley), 莎拉.史丹利.法洛(Sarah Stanley Fallaw)著；李自軒, 戴榕儀譯. -- 初版-- 臺北市：遠流, 2019.04
面； 公分
譯自：The Next Millionaire Next Door : Enduring Strategies for Building Wealth
ISBN 978-957-32-8526-7(平裝)

1.理財 2.財富 3.成功法

563 108003817

如何把收入轉化為財富：原來有錢人都這麼做 2——經濟低迷時代學習有錢人致富的財務行為

The Next Millionaire Next Door：Enduring Strategies for Building Wealth

作　　者 湯瑪斯・史丹利博士（Thomas J. Stanley, PhD.）、
莎拉・史丹利 法洛博士（Sarah Stanley Fallaw, PhD.）
譯　　者 李自軒 戴榕儀
行銷企畫 許凱鈞
責任編輯 陳希林
封面設計 陳文德
內文構成 6宅貓

發 行 人 王榮文
出版發行 遠流出版事業股份有限公司
地　　址 臺北市南昌路 2 段 81 號 6 樓
客服電話 02-2392-6899
傳　　真 02-2392-6658
郵　　撥 0189456-1
著作權顧問 蕭雄淋律師

2019 年 04 月 01 日 初版一刷
定價 新台幣 380 元（如有缺頁或破損，請寄回更換）

ISBN 978-957-32-8526-7
ylib 遠流博識網 http://www.ylib.com E-mail: ylib@ylib.com

Published by agreement with the Rowman & Littlefield Publishing Group
through the Chinese Connection Agency, a division of The Yao Enterprises, LLC.